CHILD SAFETY MANAGEMENT

아동안전관리

정재경 · 송민서 · 이현아 공저

동 문 사

'2014년 4월 16일', 오전 8시 52분 32초! 전남소방본부 119 상황실에 급박한 목소리의 신고 전화가 걸려왔다. 최초 신고자인 학생이 던진 첫마디는 "살려주세요!"였고, 이후 학생은 배가 침몰하고 있음을 알렸다. 모든 국민들은 TV 등 속보를 통해 이 소식을 알게 되었고, 온 마음으로 배에 타고 있던 승무원과 탑승객들의 안전을 기대하였다. 그러나 '세월호' 탑승 인원 476명 중 304명이 사망하였고, 지금까지도 5명이 실종된 채 유가족의 애끓는 슬픔이 이어지고 있다. 누구나 말하듯 세월호 사고는 인재라고 한다. 우리나라에 만연해 있는 안전 불감증이 한곳으로 모이고 모여 많은 희생자를 내고 만 것이다.

인간은 누구나 안전하고 편안한 생활을 원하면서도 일상생활 속에서는 안전을 경시하거나 전혀 의식하지 못하다가 사고가 난 다음에야 안전의 중요성을 깨닫는 경향이 있다. 안전은 인간의 행복한 생활과 건강한 생활에 가장 관련이 깊기 때문에 안전의 중요성을 깊이 인식하고 적극적인 예방조치를 할 필요가 있다. 안전은 자신뿐만 아니라 타인의 위험까지도 인식하여 모든 위험을 최소화하고 타인을 배려하는 데서 출발한다. 안전은 개인의 생명 연장과 직결된다는 점에서 인간을 존중하는, 삶의 가장 기본적인 가치가 되어야 한다.

영유아는 영유아 교육기관에서의 일상생활에서 안전이 무엇보다도 우선시되어야 하며, 특히 가장 중요한 것이라고 생각된다. 아무리 좋은 교육 프로그램이 있더라도 안전이 지켜지지 않으면, 그 어떤 프로그램도 제대로 시행되기 어렵다. 영유아들은 발달이 미성숙하여 자신의 신체를 마음대로 조절할 수 없으며, 여러 가지 상황을 판단하고 예측하여 사고를 사전에 예방할 수 있는 지적능력의 발달이 충분히 이루어지지 못한 발달적 특성으로 인해 항상 위험에 노출되어 있다. 또한, 우리나라의 생활수준이 높아지고 의학이 발달함에 따라 영유아는 질병에 의한 사망률이 낮아지는 대신 사고로 인한 사망이 높아지고 있다. 따라서 영유아를 교육하게 될 예비 유아교사들은 영유아에게 안전한 환경제공과 안전교육의 실시, 영유아의 사고 유형 및 영유아의 발달 특성을 충분히 고려하여 모든 위험으로부터 보호할 수 있어야 할 것이다.

이제는 영유아에게 안전한 습관을 형성시켜야 안전해진다. 언제나 안전을 중요하다고 생각은 하지만 교사가 실천하지 않고 영유아들이 습관을 형성하지 못한다면 의미가 없어진다. 화재나 각종 재난에서의 올바른 대처능력 등 안전습관이 형성된다면 좀 더 안전한 대한민국이 될 수 있으리라 생각된다.

'안전'은 행복의 시작이라 할 수 있다. 안전사고를 당하게 되면 자신의 건강을 해치는 것은 물론이며, 가정의 행복도 보장받지 못하게 된다. 안전사고의 위협은 항상 우리 주위에 산재해 있으며, 자칫 불안전한 행동은 큰 사고로 이어질 수 있다는 것을 인식하고, 스스로 자신의 안전을 위해 또 타인의 안전을 위해 안전한 환경과 안전한 행동을 습관화하고, 실천할 수 있어야 할 것이다. 부디 이 책이 예비 영유아교사와 영유아교육기관에서 영유아의 행복을 위해 애쓰고 있는 많은 영유아 교사에게 도움이 되기를 바라며, 끝으로 자료수집에 도움을 주신 여러 영유아교육기관과 이 책이 출판되기까지 애써주신 동문사 직원분들께 감사의 마음을 전한다.

2021년 10월

저자 일동

CONTENTS

차 례

PART 3. 영유아 안전교육의 내용

CONTENTS

PART 1

영유아 안전교육의 기초

CHAPTER 01 :: 영유아 안전교육에 대한 이해

CHAPTER 02 :: 연령별 발달 특성 및 안전사고

CHAPTER 01 영유아 안전교육에 대한 이해

인간은 본능적으로 건강하고 행복한 삶을 살고자 하지만, 위험한 상황이나 사고 및 재난 등은 예상치 못한 때 불가피하게 발생한다. 또한 건강하고 행복한 삶을 살고 싶어 하는 바람에 비해 실제로 일상생활 속에서는 안전에 대해 깊이 인식하지 않는 경향을 보이기도 한다.

보다 나은 건강하고 행복한 삶을 살아가는 것은 일상생활 속에서 안전과 관련된 지식, 기능(기술) 그리고 태도를 배우고 익힘으로써 가능해진다. 더불어 안전에 대한 올바른 가치관을 형성하고 안전사고를 예방할 수 있는 능력을 키움으로써 질 높은 삶을 살 가능성이 더욱 높아진다(국민안전처, 2016).

따라서 이번 장에서는 영유아 안전교육의 개념과 원리, 필요성, 사고 관련 이론 및 법칙을 살펴보고 영유아 안전사고 실태를 알아보도록 하겠다.

1 영유아 안전교육의 개념과 원리

1) 안전의 정의

'안전'은 건강하고 행복한 삶을 살고자 하는 인간의 기본 욕구를 충족시키기 위한 전제조건이자 삶의 질을 결정하는 기본적인 요소이다. 사전적 의미로의 '안전'은 위험하지 않고 마음이 편안하며 몸이 온전한 상태를 말하며, 일반적 의미로는 사고의 위험을 줄이기 위해 인간의 행동을 수정 또는 물리적으로 환경을 안전하게 조성한 조건이나 상태를 '안전'이라고 한다(국민안전처, 2016).

'안전'은 삶을 살아가기 위한 수단이다. 안전과 건강의 경우, 상실하지 않은 상태에서는 그 가치를 실감하기 어려운 특성으로 인해 사후에야 중요성을 인식하게 되고, 이에 대한 정보와 기술을 습득하려는 경향이 있다. 그러므로 영유아기 때부터 안전에 대한 지식과 행동 기술 등을 학습하여 일상생활 속에서 실천하며 살아갈 필요가 있다.

2) 영유아 안전교육의 개념

성장과 발달이 매우 활발히 이루어지는 영유아기는 일상생활 속에서 호기심으로 인한 안전사고가 발생할 가능성이 높다. 이러한 사고 발생 위험도를 감소시키기 위해서 필요한 것이 바로 '안전교육'이다. 핸드릭스와 스미스(Hendricks & Smith, 1996)는 안전교육의 효과가 가장 잘 나타나는 시기를 '영유아기'로 보았다. 그렇기 때문에 영유아기 때부터 안전한 삶을 영위하기 위해 알아야 할 안전 관련 '지식'을 배우고, 체험과 실습을 통한 안전한 생활 경험치를 올려 안전하게 행동하는 '기능(기술)'을 습득할 수 있도록 해야 한다. 더불어 위험한 상황을 예측하고 발생할 수 있는 안전사고를 예방하기 위해서 매사에 신중하고 조심하는 '태도'를 길러, 이를 통해 안전사고를 예방하기 위한 '종합적 능력'을 획득할 수 있도록 해야 한다(국민안전처, 2016).

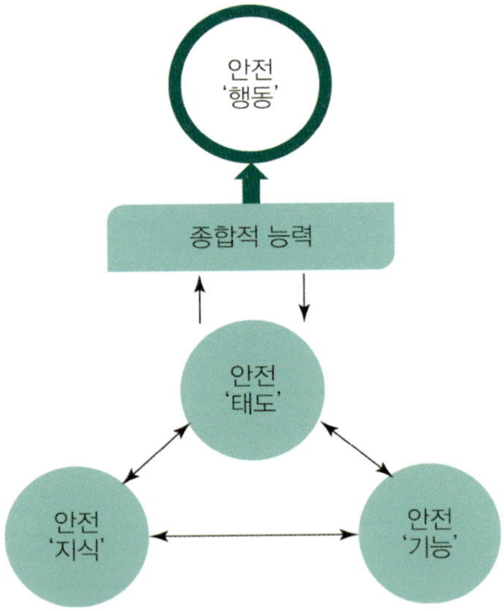

그림 1-1 안전교육훈련 체계도

출처: 국민안전처, 2016.

안전교육훈련 체계에 따른 영유아 안전교육 예시(실종 · 유괴 대비)

- 안전 '지식': 영유아를 대상으로 실종이나 유괴와 같은 위해한 상황을 이해할 수 있도록 한다.
- 안전 '기능': 위험한 상황에 처했을 경우, 믿을 수 있는 성인에게 도움을 요청하고 경찰서와 같은 안전한 곳으로 가 도움을 요청할 수 있도록 한다.
- 안전 '태도': 평소에 위험한 장소에서 놀이를 하지 않도록 하고, 낯선 사람의 유인책에 대한 경계심을 가질 수 있도록 한다.

정리해보면, 영유아 안전교육은 영유아의 일상생활 속 다양한 사고와 재해의 위험을 예방하며, 이미 발생한 사고와 재해에 대한 피해를 최소화할 수 있는 능력을 갖출 수 있도록 계획하고 실행하는 내용을 포함한 교육이다.

3) 안전교육의 원리

국민안전처(2016)에서 제시한 안전교육의 원리는 다음과 같다.

첫째, 일회성의 원리이다.

대부분의 교육이 직접 경험의 효과성을 가장 높이 평가하고 있으나 사고의 경우에는 직접 경험이 불가능하다. 그래서 안전교육은 시행착오로 배울 수 없는 지식이라고 한다. 하지만 단 1회의 교육 실시 및 경험 여부에 따라 유사 사고로 인한 생사를 결정할 수 있다는 특성을 지닌다.

둘째, 지역적 특수성의 원리이다.

안전교육은 일상생활 속 사고와 재해의 위험을 예방하고 이에 대한 피해를 줄이는 것이 목적이기 때문에 지형, 사업, 인구 구조와 같은 지역적 특수성을 고려하여 실시하도록 해야 한다(예: 교통 구조가 복잡한 지역에서는 교통안전교육에 중점을 두도록 함).

셋째, 인성교육의 원리이다.

안전교육은 인격에 관한 교육으로, 자신의 생명과 더불어 타인의 생명도 존중받아야 하며 이들의 복지에 대한 의식을 갖출 수 있도록 인성교육이 이루어져야 한다.

넷째, 실천의 원리이다.

단순히 안전교육에 대한 지식만을 갖추고 있는 것이 아니라 그를 바탕으로 안전태도 및 습관을 형성하여 잠재적인 위험한 상황에 대해 예측하고 올바르게 대처할 수 있는 실천적인 기술을 습득할 수 있도록 해야 한다.

2 영유아 안전교육의 필요성

■ 어느 날 한가롭게 해변을 걷고 있는데, 바닷물이 갑자기 프라이팬에서 기름이 튀듯 부글거린다. 여러분이 이 장면을 목격했다면, 가장 먼저 무엇을 할 것인가?

☞ 2004년 12월 26일, 틸리 스미스라는 영국 소녀는 위와 같은 태국의 푸껫 해안을 관찰하고, 이 현상이 지진해일의 전조임을 알아차렸다. 푸껫 여행 2주 전, 학교에서 '지진해일'에 대한 안전교육 때 배운 내용과 동일한 특이현상이었던 것이다.
틸리 스미스는 자신의 가족이 묵고 있던 호텔의 관계자들에게 이 사실을 전달하여 관계자가 조기 경보를 내릴 수 있는 기회를 제공함으로써 그 해안에 있던 100여 명이 안전하게 대피할 수 있었다. 틸리 스미스의 대처로 이 해안에서는 인명피해가 없었으나, 태국의 다른 해안과 섬에서는 5,400여 명이 목숨을 잃었다.

출처: 국민안전처, 2016.

영유아는 일상생활에 요구되는 기능(기술)이 완벽하게 발달되어 있지 않은 상태이기 때문에 단순한 안전사고에도 매우 심각한 상해를 입을 가능성이 높다. 이러한 영유아기의 안전사고는 예측 가능한 범위 내의 사고가 대부분이며, 이런 특성으로 인해 가정과 교-보육기관의 주된 성인 보호자(가정_주양육자, 기관_교사)가 발생 가능한 안전사고에 대해 철저히 사전 대책을 세워 관리감독을 하면 사고위험 발생도를 낮출 수 있다(Berman & Fromer, 1991; Mickalide & Angela, 1994).

1) 영유아 발달과 안전교육의 시기 적절성 측면

영유아는 신체적으로도 정서적으로도 미성숙된 상태이다. 이러한 영유아의 미성숙은 동일한 환경에 노출되어 있는 성인에 비해 안전사고에 취약할 수밖에 없다. 또한 주변 사물이나 환경의 위험요소를 인지하려 하기보다는 호기심이나 탐구심에 따른 돌발행동을 주로 보이기 때문에 성인들의 주의가 더욱 필요하다.

더불어 영유아들은 연령의 차이에서 오는 발달차도 있지만, 동일 연령이라도 개인차가 존재하기 때문에 각 영유아에게 적합한 개별화된 안전교육이 필요하다.

성인의 안전한 행동을 신뢰하고 모방하는 특성을 지닌 영유아를 위한 안전교육은 최대치의 효과를 위해 영유아의 성인 보호자 역시 교육의 대상이 되어야 하는데, 이것이 아동 및 청소년기 안전교육과의 차별화된 점이라고 할 수 있다(김현자 외, 2020). 예를 들면, 영아기에는 입으로 호기심의 대상을 파악하는 시기이기 때문에 질식이나 이물질 삼킴 등과 관련된 안전교육을 성인 대상으로 실시하여 안전사고를 줄일 수 있도록 해야 한다.

2) 자연재해와 사회적인 변화 측면

(1) 자연재해

요즘은 과거와 다른 여러 가지 자연재해와 사회적 변화 등에 의해 예상치 못한 사고와 재난을 경험한다. 대표적인 자연재해의 예로, '지진'의 경우 과거에 비해 발생 횟수나 강도가 증가하는 추세에 있으며, 특히 우리나라는 삼면이 바다에 인접해 있는 국가로 강진 발생 시 지진해일로 인한 큰 피해가 우려된다. 지진이나 홍수와 같은 자연재해는 언제, 어디에서, 어느 정도의 피해가 발생할지 그 누구도 예상하기 어렵기 때문에 각 재난 상황별 예상되는 피해 유형과 대처방안에 대한 철저한 교육이 필요하다.

(2) 사회적인 변화

급변하는 사회 속에서 생활이 풍요로워짐에 따라 아동*들의 사춘기 평균 연령이 낮아지고, 성의 가치관 또한 혼란해지면서 성관련 범죄가 급증하고 있다. 최근에는 영유아가 성폭력 피해 대상이 되는 경우도 빈번하게 발생하고 있기 때문에 자신을 보호하는 능력이 부족한 영유아들의 수준에 맞춘 성폭력 대비 안전교육도 반드시 실시해야 한다(권덕수 외, 2020).

더불어 스마트 기기나 전자 미디어의 역기능에 의한 안전 문제 또한 새롭게 떠오르는 사회적 문제로 인식되고 있으며 이를 위한 철저한 안전교육을 필요로 한다.

자연재해 및 사회적 변화에 의한 사고 대비 안전교육 역시 특정 대상을 지정하여 안전교육을 실시할 것이 아니라 영유아와 성인, 즉 우리 사회 구성원 모두를 대상으로 실시하여야 교육 효과가 명확하게 나타날 수 있다.

3 안전사고 관련 법칙과 이론

현대 사회에서 '사고'는 머지않아 질병으로 인한 사망자 수보다 많아질 것으로 예상되는 심각한 보건학적 문제로 볼 수 있다. 사고는 일반적으로 의도치 않은 상황에서 불안전한 행동과 습관으로 인해 예기치 않게 발생된 상해를 말한다. 사고로 인한 피해, 특히 사망의 경우는 개인의 손실과 국가적 차원의 인적 자원 손실이기도 하기 때문에 사고 예방 및 대처능력을 키우는 것이 매우 중요하다(국민안전처, 2016).

* 아동복지법 기준, 18세 미만의 자.

1) 1:29:300 법칙

오늘 @@어린이집 교사 A씨는 아찔한 순간을 경험했다. 원아 한 명이 원내 화장실에서 슬리퍼를 신고 미끄러져 타박상을 입는 사고를 당한 것이다. 하마터면 원아에게 큰 치명상을 남길 뻔하였는데... 그런데 이 사고, 낯설지가 않다. 2주 전, 옆 반 교사가 유사한 사고를 겪었던 그 화장실, 그 위치였다.

이것은 단순한 사고인가, 아니면 다가올 큰 사고의 잠재적 원인인가?

하인리히(Heinrich, 1980)는 상해·재해 발생과 관련하여 사망이나 중상과 같은 한 건의 재해가 일어나기 전에 29건 정도의 경상의 사건·사고가 발생하고, 이는 300여 건의 무상해 사고 요인들을 내재하고 있다는 1:29:300의 법칙을 주장하였다. 더불어 300여 건의 무상해 사고 요인들 뒤에는 수천수만 건의 불안전 행동 및 상태가 존재한다고 보았다.

이 법칙에 따르면 안전 관련 요인들에 대한 체계적이고 철저한 분석을 통해 사고 요인을 줄일 수 있으며, 이는 곧 사고의 예방 및 재해의 대처 방법과도 연결될 수 있다. 결과적으로 재해에 의한 사고를 감소시키기 위해서는 그 바탕이 되는 수천수만 건의 다양한 위험요소들을 하나씩 줄여 나가는 것이 최우선이어야 한다.

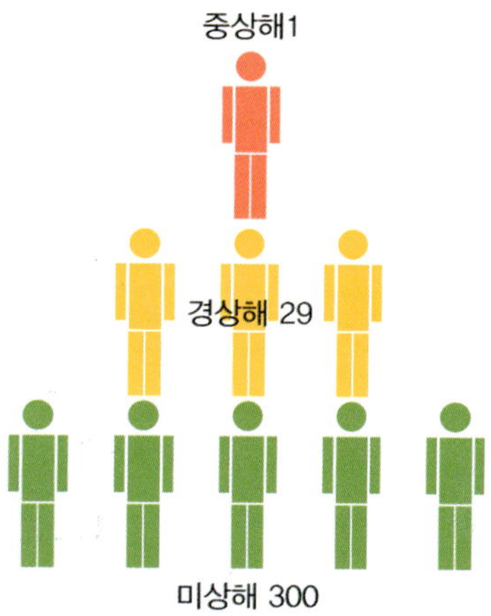

그림 1-2 사고의 피라미드

출처: 국민안전처, 2016.

예를 들어, 영유아 사망의 주된 사고 유형인 교통사고에 의한 사고율을 줄이기 위해서는 영유아를 대상으로 교통안전교육을 철저히 실시하고, 특별히 교통사고가 자주 발생하는 지역이나 특정 위치에 존재하는 사고 유발 위험요인들을 제거해야만 한다.

2) 도미노 이론

하인리히(Heinrich, 1980)는 1:29:300 법칙과 더불어 재해는 언제나 사고 요인들 간 연쇄반응의 결과로 인해 발생한다는 도미노 이론(domino's theory)을 주장하였다. 큰 재해가 발생하기까지는 총 5단계의 요소가 연쇄적으로 일어나며, 하나의 요소는 항상 그 선행요소에 의한 결과로 발생한다. 이 이론은 5단계 중 단 한 가지 단계라도 제거가 되면 재해는 발생하지 않는다는 것을 말한다.

안전관리, 안전활동 및 교육으로 제거할 수 있는 단계는 3단계, 즉 불안전 행동 및 상태이며 재해 방지를 위해서는 불안전 행동 및 상태 두 요인을 모두 제거하여야 한다.

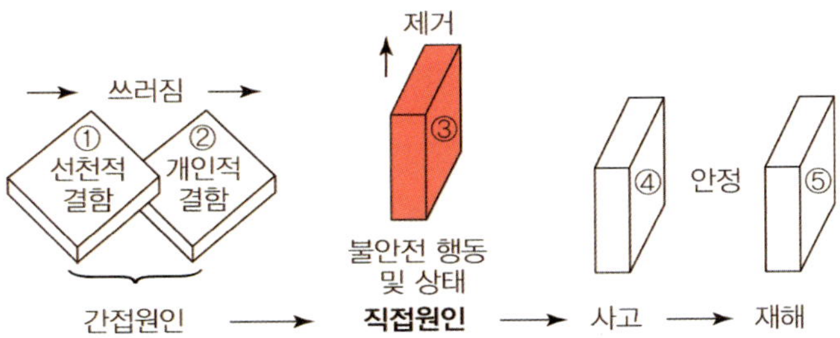

그림 1-3 Heinrich(1980)의 도미노 이론

출처: 정재경 외, 2017.

표 1-1 Heinrich(1980) 도미노 이론의 단계와 내용

	단계	내용	사례
1	선천적 결함 (사회적 환경 및 유전적 요소)	인간의 내적 요소(성격, 특성 등)는 유전적으로 형성되거나 성장과정에서 환경의 영향을 받음	어려운 가정 형편과 방임하는 부모 아래에서 성장한 영유아 A
2	개인적 결함 (인간의 결함)	선천적 결함과 더불어 후천적인 개인적 결함은 불안전 행동 및 상태를 유발함	A는 성인의 적절한 보호 아래에서 성장하지 못해 불안정 애착으로 인한 정서적 결핍 및 부정적인 상호작용 특성을 지님
3	불안전 행동 및 상태	사고를 일으키는 주된 요인. 물리적·기계적 위험	심리적 안정감을 주지 못하는 불안정한 가정의 상태와 이로 인해 자기방어가 목적인 공격적인 태도를 보이는 A

(계속)

4	사고	3단계인 불안전한 행동 및 상태가 직접적인 원인이며, 고의성은 없으나 인적 손해와 물적 손해를 가져올 수 있음	자신의 생각대로 놀이가 진행되지 않자 주위를 의식하지 않고 폭력적인 언행(부정적인 상호작용)을 행사함
5	재해 · 상해	사망이나 부상 등에 해당되는 4단계 사고의 결과로 일어나는 상해	A의 주변에서 놀이를 하던 친구들은 의도치 않게 위험 상황에 노출되고, A가 자신의 부정적인 감정을 표출하기 위해 던진 종이 블록에 맞아 다치는 영유아들이 발생함

4 영유아 안전사고 실태

1) 어린이* 안전사고 동향

(1) 어린이 안전사고 접수현황

한국소비자원 소비자위해감시시스템(CISS)을 통해 수집된 어린이 안전사고 건수는 2016년 22,545건(32.7%), 2017년 25,699건(36.2%), 2018년 24,097건(33.5%), 2019년 24,971건(34.2%) 그리고 2020년 18,494건(26.4%)으로 나타났다. 2020년은 최근 5년간의 어린이 안전사고 현황 중 최저 비율을 기록했다. 그러나 우리나라의 총인구 대비 어린이 인구 비중(12.2%)에 비해서는 여전히 매우 높은 수치로, 안전사고의 취약 계층임을 알 수 있다. 최근 5년간 CISS에 접수된 어린이 안전사고 현황을 살펴보면 다음과 같다(한국소비자원, 2021).

---

* 한국소비자원(2021)에서 발표한 '2020년 어린이 안전사고 동향 분석'에 근거하여 작성된 내용으로, 대상을 지칭하는 용어를 '영유아'로 변경하지 않고 출처에 근거하여 '어린이'로 표기함

표 1-2 최근 5년간 CISS에 접수된 어린이 안전사고 현황

[단위: 건, (%)]

구분		2016년	2017년	2018년	2019년	2020년
전체 안전사고 건수		69,018	71,000	72,013	73,007	70,022
어린이 안전사고 건수		22,545	25,699	24,097	24,971	18,494
	전년대비 증감률	△10.4	14.0	△6.2	3.6	△25.9
	어린이 안전사고 비율*	32.7	36.2	33.5	34.2	26.4

* 전체 안전사고 중에서 어린이 안전사고가 차지하는 비율

출처: 한국소비자원, 2021.

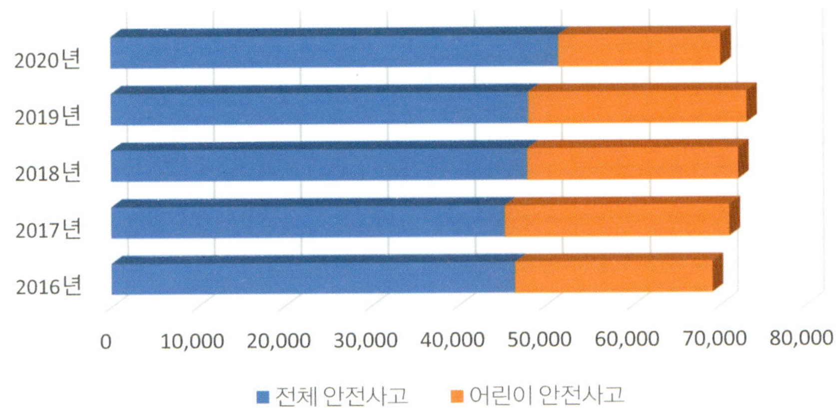

그림 1-4 어린이 안전사고 현황

(2) 성별 현황

한국소비자원(2021)은 남아가 여아에 비해 상대적으로 활동량이 많기 때문에 안전사고 건수가 여아보다 많은 것으로 분석하고 있다. 2020년 기준 '남아'의 안전사고는 11,002건으로 전체 어린이 안전사고 건수의 59.5%를 차지하였고, '여아'는 7,462건으로 40.3%를 차지하였다. 최근 5년간의 성별에 따른 안전사고 현황은 매년 '남아'와 '여아' 비율 6:4 정도로 비슷한 양상을 보였다. 최근 5년간 CISS에 접수된 어린이 안전사고 성별 현황을 살펴보면 다음과 같다(한국소비자원, 2021).

표 1-3 최근 5년간 CISS에 접수된 어린이 안전사고 성별 현황

[단위: 건, (%)]

구분	2016년		2017년		2018년		2019년		2020년	
남아	13,929	(61.8)	15,706	(61.1)	14,704	(61.0)	15,257	(61.1)	11,002	(59.5)
여아	8,613	(38.2)	9,990	(38.9)	9,388	(39.0)	9,676	(38.7)	7,462	(40.3)
미상	3	(0.0)	3	(0.0)	5	(0.0)	38	(0.2)	30	(0.2)
합계	22,545	(100.0)	25,699	(100.0)	24,097	(100.0)	24,971	(100.0)	18,494	(100.0)

출처: 한국소비자원, 2021.

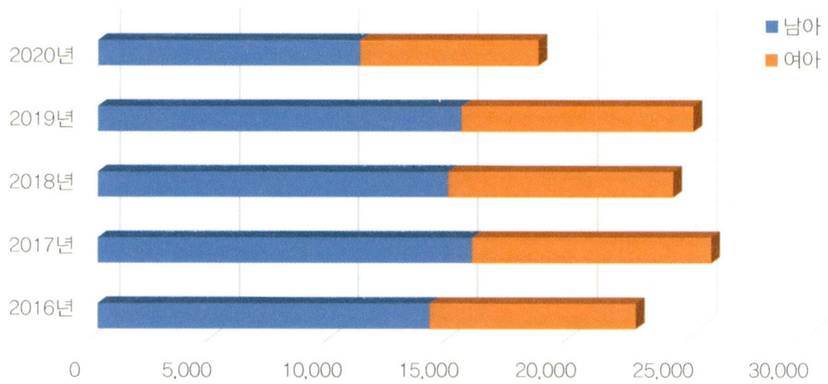

그림 1-5 어린이 안전사고 성별 현황

(3) 발달단계별 현황

한국소비자원(2021)에서 제시한 총 4단계의 '어린이 발달단계*'에 근거해 분석한 발달단계별 안전사고 현황을 살펴보면 다음과 같다. 취학 전의 '걸음마기'가 7,933건(42.9%)으로 가장 많이 나타났고, '유아기' 4,438건(24.0%), '학령기' 4,403건(23.8%), '영아기' 1,720건(9.3%) 순으로 다발하였다. 이런 결과는 최근 5년간 비슷한 양상을 보였으며, 어린이의 활동 범위가 넓어지는 시기인 '걸음마기'가 완전하지 못한 균형감과 신체 민첩성으로 인하여 안전사고에 가장 취약한 것으로 분석된다. 최근 5년간 CISS에 접수된 어린이 안전사고 발달단계별

* 2020년 어린이 안전사고 동향분석 결과(한국소비자원, 2021)에서 제시한 어린이 발달단계는 크게 취학 전(영아기(0세), 걸음마기(1~3세), 유아기(4~6세))과 학령기(7~14세)로 구분됨

현황을 살펴보면 다음과 같다(한국소비자원, 2021).

표 1-4 최근 5년간 CISS에 접수된 어린이 안전사고 발달단계별 현황

구분		2016년		2017년		2018년		2019년		2020년	
취학전	영아기(0세)	2,219	(9.8)	2,340	(9.1)	1,986	(8.2)	2,167	(8.7)	1,720	(9.3)
	걸음마기(1~3세)	11,081	(49.2)	12,186	(47.4)	11,678	(48.5)	11,495	(46.0)	7,933	(42.9)
	유아기(4~6세)	4,924	(21.8)	5,907	(23.0)	5,586	(23.2)	5,669	(22.7)	4,438	(24.0)
소계		18,224	(80.8)	20,433	(79.5)	19,250	(79.9)	19,331	(77.4)	14,091	(76.2)
학령기(7~14세)		4,321	(19.2)	5,266	(20.5)	4,847	(20.1)	5,640	(22.6)	4,403	(23.8)
합계		22,545	(100.0)	25,699	(100.0)	24,097	(100.0)	24,971	(100.0)	18,494	(100.0)

출처: 한국소비자원, 2021.

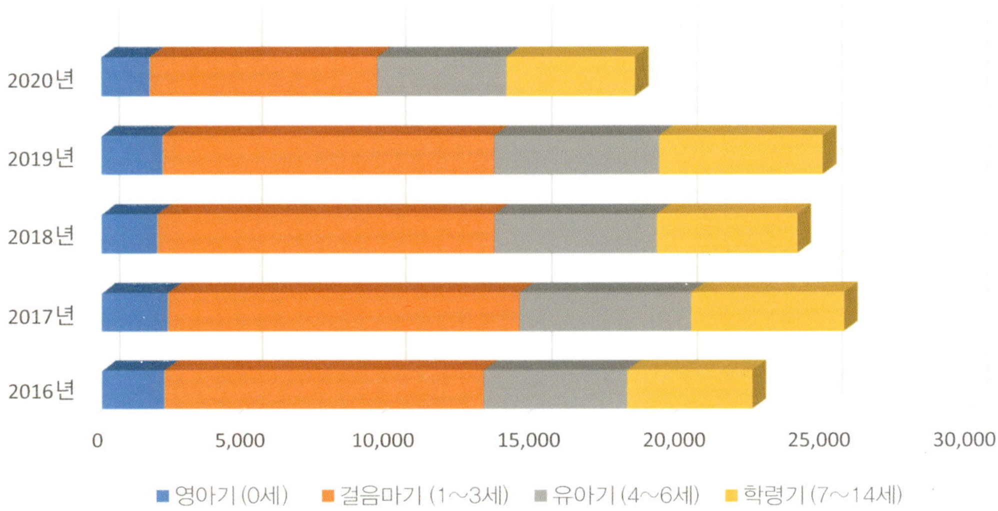

그림 1-6 어린이 안전사고 발달단계별 현황

(4) 위해 발생 장소별 현황

어린이 안전사고가 가장 많이 발생한 장소는 '주택(13,218건, 71.5%)'으로 조사되었으며, 이어 '도로 및 인도(1,528건, 8.3%)'와 '여가문화 및 놀이시설(788건, 4.3%)'로 나타났다. '주택'에서의 발생하는 어린이 안전사고의 비중은 최근 5년

평균 69.0%로 전 연령의 사고 비중인 52.5%보다 높게 나타났다. 이는 주택 내에서 생활하는 시간이 많아 그 비중이 높은 것으로 분석되며, 이어 '도로 및 인도', '여가·문화 및 놀이시설'의 경우도 타 장소에 비해 일상생활 속 어린이의 이용률이 상대적으로 높아 그만큼 안전사고 발생 비율도 높게 나타난 것으로 분석된다.

'주택'과 같이 가장 안전할 것이라고 생각되는 장소에서 일어나는 안전사고의 비율이 높은 만큼 보호자는 다양한 안전사고 유형을 인지하고 적절한 예방법 등 정기적으로 안전교육에 참여할 필요가 있다.

최근 5년간 CISS에 접수된 어린이 안전사고 위해 발생 장소별 현황을 살펴보면 다음과 같다(한국소비자원, 2021).

표 1-5 최근 5년간 CISS에 접수된 어린이 안전사고 위해 발생 장소별 현황

[단위: 건, (%)]

구분	2016년		2017년		2018년		2019년		2020년	
주택	15,836	(70.2)	17,605	(68.5)	16,343	(67.8)	16,749	(67.1)	13,218	(71.5)
교육시설	1,157	(5.1)	1,492	(5.8)	1,474	(6.1)	1,602	(6.4)	513	(2.8)
여가문화 및 놀이시설	1,177	(5.2)	1,395	(5.4)	1,309	(5.4)	1,500	(6.0)	788	(4.3)
도로 및 인도	868	(3.9)	1,132	(4.4)	789	(3.3)	1,147	(4.6)	1,528	(8.3)
숙박 및 음식점	530	(2.4)	812	(3.2)	827	(3.4)	725	(2.9)	473	(2.5)
스포츠/레저시설	440	(2.0)	540	(2.1)	428	(1.8)	614	(2.5)	340	(1.8)
쇼핑시설	277	(1.2)	302	(1.2)	265	(1.1)	266	(1.1)	110	(0.6)
기타 상업시설*	123	(0.6)	103	(0.4)	98	(0.4)	112	(0.4)	76	(0.4)
교통시설	95	(0.4)	105	(0.4)	125	(0.5)	108	(0.4)	32	(0.2)
의료서비스시설	65	(0.3)	87	(0.3)	87	(0.4)	121	(0.5)	70	(0.4)
종교 및 문화시설	40	(0.2)	62	(0.2)	55	(0.2)	63	(0.3)	12	(0.0)
자연 및 관련시설	49	(0.2)	24	(0.1)	30	(0.1)	27	(0.1)	33	(0.2)
복지 및 노인요양시설	2	(0.0)	10	(0.1)	10	(0.1)	10	(0.0)	3	(0.0)
농·수·축산업지역	2	(0.0)	4	(0.0)	1	(0.0)	7	(0.0)	7	(0.0)
공공시설	5	(0.0)	2	(0.0)	5	(0.0)	8	(0.0)	–	–
그 외 또는 미상	1,879	(8.3)	2,024	(7.9)	2,251	(9.4)	1,912	(7.7)	1,291	(7.0)
합계	22,545	(100.0)	25,699	(100.0)	24,097	(100.0)	24,971	(100.0)	18,494	(100.0)

* 주유소, 세차장, 편의점, 제과점, 이·미용실 등

출처: 한국소비자원, 2021.

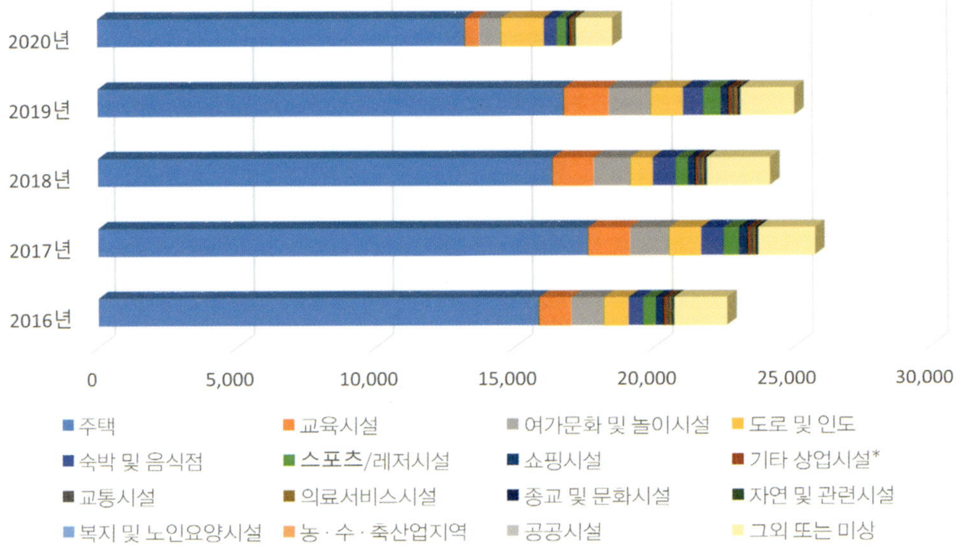

그림 1-7 어린이 안전사고 위해발생 장소별 현황

2) 어린이* 안전사고 사망 유형별 현황

한국소비자원(2020)에 접수된 우리나라의 어린이 안전사고 사망자 수는 꾸준히 감소하고 있지만, 매년 평균 199명의 어린이가 안전사고로 희생되고 있다. 사망 유형별로는 '교통사고'가 최근 5년간(2014~2018년) 조사 평균 79.8명으로 가장 많으며, '추락', '익사', '화재', '중독'이 그 뒤를 이었다. 최근 5년간 CISS에 접수된 어린이 안전사고 사망 유형별 현황을 살펴보면 다음과 같다(한국소비자원, 2020).

---

* 한국소비자원(2020)에서 발표한 '2019년 어린이 안전사고 동향 분석'에 근거하여 작성된 내용으로, 대상을 지칭하는 용어를 '영유아'로 변경하지 않고 출처에 근거하여 '어린이'로 표기함

표 1-6 어린이 안전사고 사망 유형별 현황

구분	2014년	2015년	2016년	2017년	2018년	평균
교통사고	80	103	87	75	54	79.8
익사	36	28	28	26	28	28.2
추락	31	28	19	24	18	25.0
화재	5	10	5	7	8	7.0
중독	2	0	1	2	4	1.8
기타	61	56	56	62	51	57.2
합계	215	225	196	196	163	199.0

출처: 한국소비자원, 2020.

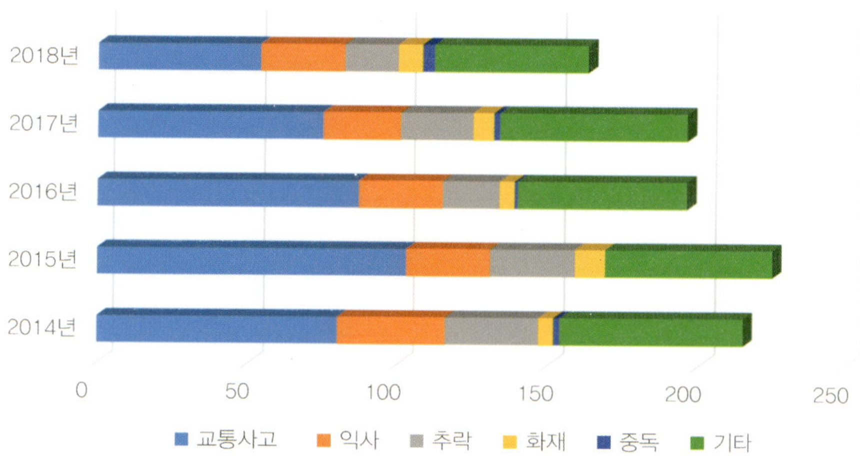

그림 1-8 어린이 안전사고 사망유형별 현황

표 1-7 어린이 사망사고로 접수된 위해정보 사례

일산화탄소 중독	형제가 가스보일러의 가스를 마셔 일산화탄소 중독으로 사망함(2018. 2. 7., 만 6세, 만 8세, 남).
알레르기에 의한 피부 발진	자반고등어를 먹고 전신에 피부 발진이 발생하여 사망함(2019. 5. 31., 만 7세, 여).
침대 추락	침대에서 떨어지며 침대와 벽 사이에 끼여 사망함(2020. 7. 9., 4개월, 여).

출처: 한국소비자원, 2021.

CHAPTER 02 연령별 발달 특성 및 안전사고

영유아기 안전사고는 연령에 따른 발달 특성과 매우 밀접한 관계가 있기에 발달 특성과 안전사고의 위험 요소 간 관계성을 파악하는 일은 영유아 안전관리에 있어서 매우 중요한 일이다.

따라서 이번 장에는 영유아의 발달단계를 영아기, 걸음마기, 유아기로 분류하여 대표적인 발달 특성을 알아보고, 그 시기에 자주 발생하는 안전사고 유형에 대해 알아보도록 하겠다.

1 영아기 발달 특성과 안전사고

1) 영아기 주요 발달 특성

(1) 0～6개월 영아의 발달 특성

① 외형적 발달

출생 후 6개월 동안은 신체 발달이 매우 급속도로 이루어진다. 몸무게는 보통 하루에 20～30g 정도씩 증가하며, 생후 5개월이 되면 몸무게가 출생 시의 2배가 된다. 키도 몸무게만큼 빠르게 성장하는데 평균적으로 매달 2.5cm씩 자란다.

② 감각 발달

감각 기능 중 미각과 후각 능력은 출생 시 거의 완전하게 발달된 상태에 가까우며, 생후 3주 정도가 되면 어머니와 낯선 이의 목소리를 구분할 수 있게 된다. 1개월경에는 움직이는 물체를 눈으로 잠시 동안이지만 따라갈 수 있게 되며, 3개월 정도가 되면 전체적인 형태를 인식하게 된다. 4개월경에는 소리가 나는 물체를 쳐다보고 팔을 뻗는 행동을 취하게 된다.

③ 운동능력 발달

- 대근육 발달

1개월경에는 엎드려서 턱을 들 수 있게 되며, 2개월경에는 엎드린 상태에서 가슴을 펴고 어깨를 들 수 있게 된다. 3개월경에는 머리나 가슴을 들기 위해 팔을 사용하기 시작하고, 3~4개월경이 되면 혼자서 몸을 뒤집고, 뒤를 받쳐주면 앉을 수 있게 된다. 5개월경에는 양팔을 가슴 밖으로 빼고, 배에서 등으로 뒤집기를 할 수 있게 되며, 6개월경에는 영아용 의자에 앉을 수 있게 되며, 사람이나 가구의 도움으로 설 수도 있게 된다.

그림 2-1 반사운동과 감각능력의 발달로 가장 극적인 성장과 발달이 이루어지는 영아기

출처: Pixabay.

- 소근육 발달

1개월경에는 장난감이 손에 닿으면 반사적으로 손으로 꽉 쥐며 고리를 쥘 수도 있게 된다. 2개월경이 되면 누워서 팔을 들며, 3개월경에는 느슨하게 손을 펴거나 오므린 채 있기도 한다. 6개월경이 되면서 손 전체를 사용해 작은 크기의 블록 장난감을 잡기 시작한다.

- 일상생활

영아들은 기본적으로 잡기와 빨기에서 반사적 행동양식이 나타난다. 3개월 정도가 되면 수면, 수유, 그리고 깨어 있는 시간이 보다 규칙적으로 시행된다. 그리고 6개월 정도가 되면 낮에 깨어 있는 시간이 점차 많아지고, 치아가 나기 시작한다.

④ 정서 발달

3개월 정도가 되면 소리 내어 웃기 시작하며, 3~6개월경 사이에 미소를 짓고, 목을 울리는 소리를 내면서 좋아한다. 4~5개월경에는 양육자와 밀접한 심리적 유대감을 형성하며, 즐거운 감정을 나타낸다. 갑작스러운 큰소리에는 공포를 느끼며, 특히 5개월경부터 감정이 세분화되고 6개월이 되면 새로운 사람에 대해 전보다 두려움을 나타낸다.

⑤ 사회성 발달

생후 3개월 정도가 되면 양육자와의 애착이 이루어지기 때문에 양육자는 일관된 태도로 영아를 양육할 필요가 있다. 4개월경에는 혼자 미소도 지으며, 낯선 분위기에는 울거나 당황스러운 표현을 하기도 한다. 5개월경에는 자기에게 낯선 사람과 친숙한 사람을 구분하며, 6개월 정도가 되면 다른 영아를 보며 미소를 짓고, 손으로 만지기도 하며 옹알이를 한다.

⑥ 언어 발달

울음으로 시작한 영아들의 의사소통은 점차 쿠잉과 옹알이로 변한다. 1개월경에는 소리를 내기 시작하고, 2개월이 되기 전부터 목을 울려 소리를 낸다. 4개월 정도가 되면 크게 소리 내어 웃기도 하고, 괴성을 지르기도 하며 사람의 소리에 보다 분명하게 반응하기 시작한다. 5개월부터는 '마마', '파파' 등의 의미 있는 옹알이를 시작하며 자신의 귀로 들으려는 활동을 한다. 6개월경이 되면 '마', '다', '나'와 유사한 발음들을 하기 시작한다.

⑦ 인지 발달

영아들은 오감을 활용해 적극적으로 탐색하기 시작하며, 4개월 정도가 지나면 의도적으로 어떤 행동을 시도하기도 한다. 더불어 흥미 있는 결과를 기대하며 반복행동을 시작한다.

(2) 7~12개월 영아의 발달 특성

① 외형적 발달

생후 1년 정도가 되면 출생 시 몸무게의 3배 정도가 된다. 다리 길이보다 몸체의 길이가 길어져서 상체가 길고 하체가 짧은 체형이 되며, 12개월 정도가 되면 뇌의 무게는 출생 시의 2.5배 정도로 증가하게 된다.

② 감각 발달

물체를 볼 때 눈의 초점을 맞출 수 있게 되며, 차츰 물체의 윤곽을 제대로 볼 수 있는 상태가 된다. 생후 1년이 되면 아주 작은 소리도 식별이 가능하며 소리의 높낮이나 음색 등도 구별할 수 있게 된다.

③ 운동능력 발달

- 대근육 발달

신체이동 능력이 증가하면서 주변 환경을 보다 적극적으로 탐색하기 시작한다. 7개월 정도가 되면 손으로 바닥을 짚고 앉게 되며, 8개월경이 되면 배밀이를 하며 몸을 이동시킨다. 혼자 앉기 시작하는 것도 이쯤이다. 9~10개월에는 손과 무릎을 이용해 기어 다니고 가구나 선반 등을 붙잡고 일어서게 된다. 11개월경이 되면 성인의 손을 잡고 걸을 수 있게 되며, 12개월경에는 혼자 일어서고 걸을 수 있게 된다.

그림 2-2 성인의 보살핌 속에서 세상을 알아가는 영아기

출처: Pixabay.

- 소근육 발달

6~7개월에는 손바닥으로 물건을 쥐고 손목을 돌릴 수 있게 된다. 8개월이 지나면서 손을 뻗는 행동과 잡기 능력을 조정하기 위해 시각 활동을 많이 하게 된다. 9~10개월경 장난감을 집어서 상자 안에 넣을 수 있게 되며, 10~12개월에는 손가락을 사용하여 물건을 잡을 수도 있다. 이 시기가 되면 눈과 손 그리고 눈과 발의 협응력이 눈에 띄게 향상된다.

- 일상생활

7개월경이 되면 잠자는 시간이 줄어들고, 오전과 오후에 두 차례 정도만 낮잠을 자게 된다. 음식에 대한 선호가 생기기 시작하고, 10개월 정도가 되면 직접 자기의 우유병을 제대로 잡게 된다.

④ 정서 발달

생후 1년 동안 형성된 신뢰감은 영아가 성인이 될 때까지 성격, 자아 개념, 사회성 발달에 있어서 중요한 기반이 된다. 생후 7~9개월이 되면 낯을 가리고 낯선 사람에게 불안을 표시하다가 점차 분화된 정서들을 나타내기 시작한다. 10~12개월 정도가 되면 다른 영아가 우는 것을 보면 같이 따라 울고, 12개월 정도가 되면 희로애락의 감정이 완성된다.

⑤ 사회성 발달

좋아하는 장난감에 대한 기호가 생기며, 사람이나 사물에 대한 소유권을 주장하기 시작한다. 다른 사람을 지켜보고 모방하기도 하며, 간단한 사회적 놀이를 시작하게 된다. 7~9개월이 되면 영아들은 사회적인 놀이를 하면서 주변 사람들에게서 반응을 얻으려 노력하고, 9~12개월경이 되면 주 양육자에게 크게 집착하게 된다. 또래를 도와주거나 위로하는 등의 친사회적 행동이 이 시기에 나타난다.

⑥ 언어 발달

7개월경에는 기침소리와 혀를 차는 소리 같은 것들을 모방하기 시작한다. 8개월 정도가 되면 옹알이가 절정에 이르며, 9~10개월 정도가 되면 의도적으로 다른 소리를 모방하기 시작한다. 보통 10개월경 두 단어, 11개월경 세 단어, 12개월경 네 단어를 말할 수 있게 되며, 타인의 얼굴 표정과 음성, 몸짓 같은 것을 보고 말뜻을 짐작할 수도 있게 된다.

그림 2-3 주변 환경 및 사회에 적응하며 놀이를 시작하는 영아기
출처: Pixabay.

⑦ 인지 발달

대상 영속성 개념이 발달하는 시기이며, 열고 닫기, 밀고 당기기 같은 간단한 행동이 가능해진다. 자신의 이름을 알아듣고, 간단한 명령에 따르기 시작한다. 과거의 사건을 기억하는 능력이 발달되며, 간단한 문제를 해결하는 능력도 이 시기에 생성된다.

2) 영아기 위해유형별 안전사고의 현황과 예방법

(1) 영아기 위해유형별 안전사고 현황

한국소비자원(2021)에 따르면, 최근 5년간 영아기의 위해유형별 안전사고 중 주요 사고 유형은 침대, 소파, 유모차, 유아용 침대 등에서의 '추락'이 5,303건으로 전체 건수의 50.8%를 차지하여 가장 많이 발생하는 것으로 나타났다. 추락사고는 하체에 비해 머리와 상체가 무거운 영아기의 특성상 머리부터 부딪히는 뇌진탕 등의 중상해를 입는 경우가 많으므로 각별한 주의가 필요하다. 이어

거실장 및 TV장, 침대, 테이블 등에 '부딪힘'이 1,076건(10.3%), 목재마루재, 바닥재, 유모차, 침대에서의 '미끄러짐 · 넘어짐' 858건(8.2%) 순으로 나타났다.

영아기 안전사고 사례

- 2019년 7월 정ㅇㅇ(여, 6개월)은 거실에서 열을 식히던 다리미에 데어 손과 손목에 화상을 입고 치료받음.
- 2019년 9월 이ㅇㅇ(남, 10개월)은 모기퇴치용 매트를 입에 넣고 씹고 빨아 소화계통의 이물로 치료받음.

출처: 한국소비자원, 2020.

최근 5년간 영아기 위해유형별 안전사고 현황을 살펴보면 다음과 같다(한국소비자원, 2021).

표 2-1 영아기 위해유형별 안전사고 현황

[단위: 건, (%)]

순위	사고 유형	주요 원인품목	건수	비율
1	**추락**	**침대, 소파, 유모차, 유아용 침대 등**	**5,303**	**50.8**
2	부딪힘	침대, 거실장 및 TV장, 식탁, 테이블 등	1,076	10.3
3	미끄러짐 · 넘어짐	목재마루재, 바닥재, 침대 등	858	8.2
4	식품 섭취로 인한 위해	분유류, 달걀, 치즈류, 이유식 등	694	6.7
5	고온물질에 의한 위해	커피포트, 전기밥솥, 전기압력밥솥 등	667	6.4
6	이물질 삼킴/흡인	스티커, 완구, 비닐 랩, 전지 등	553	5.3
7	눌림 · 끼임	문, 승용물, 옷장, 냉장고 등	468	4.5
8	베임 · 찔림	손톱깎이, 완구류, 면도기, 옷걸이 등	323	3.1
9	충돌 · 추돌 등 물리적 충격	전신거울, 완구류, 선풍기, 덤벨 등	159	1.5
10	약물 부작용	주사액, 약품류, 항생제 등	52	0.5

출처: 한국소비자원, 2021.

(2) 영아기 위해유형별 안전사고 예방법

- 영아의 침대는 반드시 안전보호대를 설치하여 사용하도록 한다.
- 추락의 위험이 있는 높은 가구 위에 영아를 혼자 두거나 함부로 올려두지 않는다.
- 보호장치가 없는 가구에는 영아가 다가가지 못하도록 주의한다.
- 욕실이나 주로 생활하는 공간의 바닥이 미끄럽지 않도록 미끄럼 방지 효과가 있는 매트를 깔거나 충격을 흡수할 수 있는 조치를 취해 두도록 한다.
- 영아가 수면을 취하는 방의 온도는 너무 덥지 않게 유지한다.
- 양육자가 영아를 안고 있는 상태에서는 주방의 출입을 자제한다.
- 영아가 삼킬 수 있거나 입을 쉽게 넣을 수 있는 크기의 모든 물체는 주변에 두지 않는다.
- 영아의 생활반경 내에 있는 문이나 서랍은 끼임방지 또는 잠금장치를 설치해 두도록 한다.

그림 2-4 영아기 안전사고는 침대, 소파 등에서의 '추락'이 가장 많다.

출처: Pixabay.

- 영아가 이유식을 시작하기 전에는 반드시 알레르기 반응 검사를 하도록 한다.
- 날카로운 물건의 사용은 영아가 없는 장소에서 하도록 하며, 날카롭고 뾰족한 물건을 보관하는 곳은 잠금장치를 해두어 영아의 손이 닿지 않도록 한다.
- 각종 세제는 영아의 손이 닿지 않는 높이에 두고 약품의 보관은 잠금장치가 설치된 곳에 보관하여 영아의 손이 닿지 않도록 보관한다.
- 영아를 승용차에 태울 때에는 반드시 영아용 카시트를 설치하고 벨트를 착용시킨다.

2 걸음마기 발달 특성과 안전사고

1) 걸음마기 주요 발달 특성

(1) 13~18개월 걸음마기의 발달 특성

① 외형적 발달

생후 1년이 지나면서 신체 발달속도는 영아기에 비해 더뎌진다. 얼굴과 신장의 비율이 1 : 4(영아기)에서 1 : 5 정도로 변화한다. 신장은 1년 동안 보통 10cm 정도 자라게 되며, 몸이나 머리보다 다리의 길이가 상대적으로 더 길어진다.

그림 2-5 걸음마기는 운동능력이 향상되고, 신장에서 머리의 비중이 작아져 신체균형이 발달하는 시기이다.

출처: Pixabay.

② 운동능력 발달

- 대근육 발달

  12개월 정도에 다른 사람의 도움 없이 스스로 서게 되는 것이 조금 더 발달하여 13개월 정도에는 혼자서 힘겹지 않게 걸을 수 있게 된다. 도움을 받아서 계단을 오르내리게 되며, 15개월경에는 거의 넘어지지 않고 혼자서 서고 걷는 것이 가능해진다.

- 소근육 발달

  13개월경에는 두꺼운 책장을 넘길 수 있게 되며, 연필로 낙서하는 것을 모방하려고 하기 시작한다. 14개월경에는 무엇인가를 쌓는 작업을 시작하며,

15개월경에는 컵 사용이 자연스러워진다. 그렇지만 이 시기에는 숟가락 사용은 조금 미숙한 성향을 보인다. 18개월 정도가 되면 3~4개의 나무토막을 쌓을 수 있을 정도로 소근육이 발달하며, 그려져 있는 수직선을 보며 따라 긋는 것이 가능해진다.

그림 2-6 걸음마기는 '혼자', '스스로' 하는 것에 자신감을 얻어가는 시기이다.

출처: Pixabay.

- 일상생활

음식에 대한 선호가 나타나며 18개월경이 되면 음식을 흘리기는 하지만 혼자서 먹기 시작한다. 더불어 칫솔을 사용하여 양치질을 할 수 있게 된다.

③ 정서 발달

부정적인 정서가 발달하기 시작하고, 표현법이 세분화되지 못한 것에서 오는 화냄이나 짜증 섞인 울음이 자주 나타난다. 떼쓰기나 '싫어'라는 표현을 자주 사용하며, 성취감을 통해 긍정적인 자존감을 발달시키고자 하는 시기이다.

④ 사회성 발달

또래보다 상대적으로 성인에게 의존하며, 자기중심적이고 혼자놀이를 하는 성향을 보인다. '나'나 '내 것'과 같은 언어를 많이 사용하며, 자신의 일을 스스로 하고자 하는 의지를 자주 표현한다.

⑤ 언어 발달

13개월경에는 뜻 없는 소리를 혼자 재잘거리며, 14개월경에는 여덟 단어 정도를 말할 수 있게 된다. 15개월경에는 열 단어 정도를 말하게 되고, 18개월경에는 그림 카드에서 흔한 물건 하나 정도는 맞춰 말할 수 있게 된다. 그림책과 동요를 좋아하게 되는 시기가 이때이기도 하다.

⑥ 인지 발달

결과를 보기 위해 의도적으로 자신의 행동을 변화시키기도 하고, 다양한 문제상황을 해결하기 위해 새로운 행동양식을 보이기도 한다. 이러한 과정에서 시행착오를 겪기도 한다. 움직이는 장난감을 좋아하며 블록으로 간단한 구성물을 만들거나 쌓기, 간단한 퍼즐놀이를 즐기게 된다.

(2) 19~24개월 걸음마기의 발달 특성

① 외형적 발달

24개월 정도가 되면 몸무게는 출생 시의 4배 정도가 된다.

② 감각 발달

24개월경까지 모든 감각기관의 능력이 지속적으로 발달하며 미각, 후각, 촉각까지 완전하게 발달하게 된다.

③ 운동능력 발달

- 대근육 발달

  서거나 앉고, 넘어지지 않고 똑바로 서 있을 수 있을 정도로 대근육이 발달한다. 20개월경이 되면 두 발 모아 뛰기를 할 수 있고, 21개월경에는 난간을 잡고서 계단을 어렵지 않게 오르내리게 된다. 24개월경에는 몸의 균형을 잡고 스스로 옷을 벗을 수 있게 되지만, 입을 때는 성인의 도움을 필요로 한다.

- 소근육 발달

  18개월이 지나면서 숟가락을 사용하는 것이 자연스러워지며, 21개월경이 되면 포크와 숟가락을 함께 사용하는 것이 가능해진다. 자신의 옷 지퍼를 다루거나 신발 끈을 구멍에 낄 수 있는 정도의 소근육 발달이 이루어지며, 자신이 주로 사용하는 손이 결정된다.

- 일상생활

  배변 훈련에 흥미를 보이기 시작하며, 화장실 변기를 사용해 용변을 처리하기 시작한다.

④ 정서 발달

타인의 정서를 이해하기 시작하고, 타인의 반응을 나름의 기준에서 해석하는 능력이 발달한다. 강한 행동으로 자신의 정서를 표현하기도 하며, 환상에 대한 느낌이 많아져 가끔씩 크게 놀라고 공포감에 의한 불안감이 나타날 수 있다.

그림 2-7 타인의 정서에 대한 이해를 시작하는 걸음마기

출처: Pixabay.

⑤ 사회성 발달

성인의 행동을 모방하며 특히 가사일 모방이 주로 나타난다. 다른 또래들과 함께 놀이를 하기는 하지만, 상호작용이 많이 나타나지는 않고 타인과 장난감을 나누어 사용하는 것이 어려운 시기이다.

⑥ 언어 발달

사물을 명명하면서 급속한 언어 발달이 이루어진다. 21개월경이 되면 30개 정도의 어휘수준을 갖게 되며, 24개월이 되면 서너 개의 단어로 된 단순한 문장을 사용하기도 한다. 그리고 대소변, 음식, 음료수 등 자신이 원하는 것이나 필요로 하는 것을 말로 표현할 수 있게 된다.

⑦ 인지 발달

대상 영속성과 인간관계의 개념을 제대로 이해하기 시작하며, 자신의 신체를 자유롭게 조절할 수 있게 된다. 목표달성을 위해 생각하고 행동하는 것이 가능해지며, 비슷한 물건을 분류하고 묶는 활동이 가능해진다.

(3) 25~36개월 걸음마기의 발달 특성

① 신체 발달

- 대근육 발달

  평행선을 따라 걷거나 반듯한 선을 따라 걷기를 할 수 있으며, 뛰거나 뒤로 걷는 것도 가능해진다. 뛰다가 갑자기 서는 등의 속도 조절능력도 갖게 되며, 세발자전거 타기가 가능해진다.

- 소근육 발달

  빨대를 사용하여 음료를 마실 수 있으며, 큰 구슬을 꿰거나 문손잡이를 돌릴 수 있을 정도의 소근육이 발달한다. 다른 사람을 따라서 종이를 반으로 접는 작업도 가능해지고, 무작위로 긁적이는 작업을 즐기는 시기로 그림에서 점이나 선이 많이 등장하게 된다.

그림 2-8 걸음마기의 놀이는 대·소근육의 발달 정도에 따라 다양하게 나타난다.

출처: Pixabay.

- 일상생활

  숟가락과 포크를 사용하는 방법을 배울 수 있는 정도의 이해 수준이 되며, 배변 훈련을 할 수 있는 준비가 된 시기이다. 대부분의 걸음마기들은 36개월 이내에 배변훈련을 마치게 된다.

② 정서 발달

감정을 강하게 표현하며, 감정 표현과 관련된 여러 가지 기술을 완성해 나간다. 자아에 대한 감정이 계속해서 발달하며 그 과정 중에 가끔씩 반항심을 가지고 좌절하는 모습도 보인다. 자신의 통제력을 느끼기 위해 공격성을 드러내기도 하며, 타인의 도움에 대한 필요성을 깨닫지만 보다 독립적으로 생활하고자 하는 의지를 나타낸다.

③ 사회성 발달

자기 자신을 지칭할 때 이름을 사용하며, 점차 탈중심적이 되어 가고 자기통제 능력이 향상되기 시작한다. 도덕적 행동에 대한 초보적인 개념이 형성되며, 타인의 관심을 얻으려 하고, 다양한 형태의 협동놀이가 나타난다.

④ 언어 발달

의사소통 능력이 증가하며, 타인과 계속해서 대화하기를 원한다. 사용하는 단어의 수가 확대되며 사용하는 단어보다 더 많은 말을 알고 있다. 수와 색깔의 이름을 말하고, 질문하며, 그 질문에 대답할 수 있는 정도의 능력을 가지게 된다.

⑤ 인지 발달

시냅스와 뇌세포가 연결되는 과정이 가장 빠르게 나타나는 시기이며, 뇌 크기가 성인 크기의 80% 정도가 된다. 상상력이 발달하여 가상놀이가 자주 등장하고, 같은 모양의 도형을 분류하고 묶거나 크고 작음의 차이, 원인과 효과 등을 따질 수 있게 된다. 더불어 사물의 분류, 양·수·공간·시간에 대한 제한된 생각을 발전시키기 시작한다.

그림 2-9 신체·정서·사회성·언어·인지 발달을 거치며 걸음마아는 영유아로 성장해간다.

출처: Pixabay.

2) 걸음마기 위해유형별 안전사고의 현황과 예방법

(1) 걸음마기 위해유형별 안전사고 현황

한국소비자원(2021)에 따르면, 최근 5년간 걸음마기의 안전사고 총 54,373건 중 목재마루재, 바닥재, 킥보드 등에서의 '미끄러짐·넘어짐'이 14,285건(26.3%)

으로 가장 높게 조사되었으며, 이어 침대, 식탁, 책상, 테이블 등에 부딪힘이 12,615건(23.2%) 그리고 침대, 소파, 의자 등에서의 '추락'이 9,540건(17.5%) 순으로 조사되었다.

'미끄러짐·넘어짐'과 '부딪힘' 두 유형이 걸음마기 안전사고의 절반 가까이 차지하고 있다. 걸음마기의 특성상 왕성한 호기심을 바탕으로 끊임없이 주변을 탐색하고 활동범위가 넓어진다. 하지만 신체의 균형이 완전하지 못해 위험상황에 대한 인지능력이 부족하여 이와 관련된 안전사고의 발생 가능성이 높다고 볼 수 있다(한국소비자원, 2021).

걸음마기 안전사고 사례

- 2019년 1월 최ㅇㅇ(여, 만 1세)은 액체형 세탁세제를 삼켜 소화계통의 화학물질 중독으로 치료받음.
- 2019년 2월 이ㅇㅇ(남, 만 2세)은 쇼핑시설 내 계단에서 굴러떨어져 머리의 부종과 발목에 타박상을 입고 치료받음.
- 2019년 2월 신ㅇㅇ(여, 만 2세)은 콧구멍에 부러진 색연필 조각이 들어가 코의 이물로 치료받음.
- 2019년 8월 김ㅇㅇ(남, 만 2세)은 전기포트 뜨거운 물에 데어 얼굴과 흉부, 어깨, 다리에 2도 화상을 입고 치료받음.
- 2019년 11월 김ㅇㅇ(여, 만 2세)은 엄마의 신경안정제를 잘못 삼켜 약물 오용에 의한 전신의 약물 중독으로 치료받음.
- 2019년 12월 김ㅇㅇ(남, 만 2세)은 거실 비닐 바닥재에서 미끄러지며 테이블에 부딪혀 깨진 유리에 베여 이마에 열상을 입고 치료받음.

출처: 한국소비자원, 2020.

걸음마기 위해유형별 안전사고 현황을 살펴보면 다음과 같다(한국소비자원, 2021).

표 2-2 걸음마기 위해유형별 안전사고 유형

[단위: 건, (%)]

순위	사고 유형	주요 원인품목	건수	비율
1	미끄러짐·넘어짐	목재마루재, 바닥재, 킥보드 등	14,285	26.3
2	부딪힘	침대, 식탁, 책상, 테이블 등	12,615	23.2
3	추락	침대, 소파, 의자 등	9,540	17.5
4	이물질 삼킴/흡인	구슬, 완구, 조립용 블록, 스티커 등	4,917	9.0

(계속)

순위	사고 유형	주요 원인품목	건수	비율
5	눌림 · 끼임	문, 승용물, 엘리베이터 등	4,376	8.0
6	베임 · 찔림	칼, 완구, 가위 등	2,128	3.9
7	고온물질에 의한 위해	정수기, 전기압력밥솥, 커피포트 등	2,123	3.9
8	식품 섭취로 인한 위해	달걀, 우유, 조리식품, 치킨 등	1,990	3.7
9	충돌 · 추돌 등 물리적 충격	선풍기, 거울, 문, 서랍장 등	977	1.8
10	파열 · 파손 · 꺾여짐	유리컵, 유리병, 그릇 등	358	0.7
기타			1,064	2.0
합계			54,373	100.0

출처: 한국소비자원, 2021.

(2) 걸음마기 위해유형별 안전사고 예방법

- 욕실 내 미끄럼 방지 조치를 취하고 물기가 남아 있는 상태에서는 걸음마기 영아가 혼자 있지 않도록 한다.
- 주로 생활하는 공간의 바닥이 미끄럽지 않도록 미끄럼 방지와 충격흡수의 효과가 있는 매트를 깔아두도록 한다.
- 걸음마기 영아가 함부로 가구나 소파에 올라가거나 위에서 뛰는 장난을 하지 않도록 지도한다.
- 베란다나 창틀 주변에는 딛고 올라설 수 있는 물체를 두지 않도록 한다.
- 걸음마기 영아가 씹지 않은 상태에서 삼킬 수 있는 크기의 물건이나 음식은 주변에 두지 않고 제공하지 않도록 한다.
- 가정 내 문에는 끼임방지 장치를 해두고, 승용차나 대중교통을 이용할 때에는 걸음마기 영아가 문을 조작하지 않도록 주의한다.
- 날카롭고 뾰족한 물건은 보호자가 다루도록 하며, 잠금장치를 설치해 둔 곳에 보관하도록 한다.
- 이동성이 높은 걸음마기 영아의 키 높이에 뜨거운 조리도구나 열이 남아 있는 고데기, 제어장치 없이 온수가 나오는 정수기 등을 사용하거나 설치하지 않도록 한다.

- 각종 전기도구는 사용 후 플러그를 뽑아두고 안전장치로 반드시 막아둔다.
- 알레르기 반응 검사를 실시하여 간식이나 음식을 조절하여 제공하도록 한다.
- 손톱 리무버와 같은 미용제품과 실내 청소용품 및 각종 세제와 약품, 의약외품 등은 가능한 한 걸음마기 영아의 손이 닿지 않는 곳에 보관하며 어린이보호장치가 되어 있는 것을 사용하도록 한다.
- 애완동물은 걸음마기 영아가 애완동물에 의한 순간적인 위험상황에서 자신의 몸을 지킬 수 있는 시기가 될 때까지 기르는 것을 자제하도록 한다.

그림 2-10 걸음마기 영아는 반드시 카시트를 설치한 후 차량에 탑승하도록 한다.

출처: Pixabay.

- 걸음마기 영아를 승용차에 태울 때에는 반드시 걸음마기 영아용 카시트를 설치하고 벨트를 착용시킨다.

3 유아기 발달 특성과 안전사고

1) 유아기 주요 발달 특성

(1) 3세 유아의 발달 특성

① 신체 발달

- 대근육 발달

대근육 사용을 즐기며 몸의 균형이 증가되는 시기이다. 반듯한 선을 따라 걷고 얇은 평균대를 걷는 것 또한 안정적으로 시행할 수 있다. 한 발을 들고 서서 몇 초 동안 균형을 잡는 것이 가능하며, 장애물을 피해 진로 바꾸어 뛰기 등이 가능해진다.

- 소근육 발달

  손과 눈의 조정능력과 협응력이 높아져 한쪽 눈을 감고도 물건을 잘 잡을 수 있다. 연필도 바르게 잘 잡게 되며 간단한 형태의 모양은 쉽게 그릴 수 있게 된다.

- 일상생활

  신발을 스스로 신고, 단추를 풀 수도 있으며 음식을 적게 흘리며 혼자 잘 먹을 수 있게 된다.

② 정서 발달

언어가 발달함에 따라 울음으로 감정을 표현하는 횟수는 감소하며 말이나 웃음으로 기쁨을 표현하게 된다. 시각적인 것에 공포감을 많이 느끼며 분노가 일어나면 바닥에서 뒹굴거나 저항심이 강하게 나타나는 시기이다.

③ 사회성 발달

친구들과 간식이나 장난감 등을 나누어 가지는 것이 조금씩 가능해지며 가지고 놀았던 장난감을 정돈할 줄도 알게 된다. 타인에게서 호감 있는 반응과 주의집중을 얻고자 노력하며, 성역할이 형성되고, 단순한 놀이 친구를 가지게 된다.

④ 언어 발달

성인과 유사한 언어를 사용하게 되며 언어발달이 가속화되는 시기이다. 애매한 단어들과 무의미한 음률을 좋아하며 과장된 표현을 하는 것을 즐긴다. 의문사인 '누구?', '어디?', '뭐?'를 반복해서 말하는 특성이 있다.

그림 2-11 정서를 언어적으로 표현하는 것이 가능해지는 유아기

출처: Pixabay.

⑤ 인지 발달

모든 일이 발생하는 것에는 이유나 목적이 있다고 생각하여 끊임없이 질문하고 답을 기다리는 행동을 보인다. 일의 순서를 이해하기도 하며, 사건을 내면화하고 사물을 지칭하는 행위 대신 말 같은 상징을 활용하여 사고하는 능력 또한 증가한다. 지능의 대부분이 형성되며, 현재의 상황과 모순되는 사실은 믿지 않으려는 성향을 보인다.

(2) 4세 유아의 발달 특성

① 신체 발달

- 대근육 발달
  운동의 속도나 정확도가 증가하는 시기이며 이에 따라 한 발로 뛰기, 장애물을 피해 가며 자전거 타기, 한 손으로 매달리기 등 기본적인 운동 기능을 활용한 활동이 가능해진다.
- 소근육 발달
  선을 따라서 가위질을 하는 것에 어려움을 느끼지 않으며 실을 끼워 바느질도 할 수 있게 된다. 스스로 옷 입고 벗기, 벨트 풀기, 양말 신고 벗기, 혼자 먹기 등의 자조 능력이 증가하는 시기이기도 하다.

그림 2-12 기본운동 능력의 발달로 다양한 활동을 할 수 있는 유아기

출처: Pixabay.

② 정서 발달

모든 감정이 분화되어 표정이나 태도, 의사표현, 동작 등이 풍부하게 나타나는 시기이다. 독립심이 길러지고 주체성이 확립되기는 하지만, 인내심이 적고 기다리지 못하는 성향을 보인다. 화를 내는 대신 다른 방법으로 불만을 해소할 줄 알게 되면서 도덕심을 배우기 시작한다.

③ 사회성 발달

스스로 자신의 일을 처리할 수 있게 되며, 친구들과 다투기도 하지만 우정의 필요성을 알고 공동의 목적을 가지고 함께 노는 것을 즐긴다. 상상놀이를 할 때 역할을 나누어 조직적으로 놀이를 전개하며, 남녀의 성 차이에 대한 관심이 커지고 긴 시간 동안의 집단 활동이 가능해진다.

그림 2-13 함께 놀고, 함께 이야기를 나누며 자신들의 세상을 알아보고 그 범위를 넓혀가는 유아기

출처: Pixabay.

④ 언어 발달

목적이 있는 대화가 가능해지고 억양이 정확해진다. 적절한 형태의 질문과 정보를 얻기 위한 질문 등을 하는 것이 가능해지며, 구문을 이해하고 자신의 의사를 말로 정확하게 표현하기도 한다.

⑤ 인지 발달

많은 단어를 사용하여 전반적으로 의도가 분명한 대화를 나누는 것이 가능해진다. '어제, 오늘, 내일'의 시간적 개념을 이해하고, 원인과 결과를 때때로 혼동하지만 이치를 알고자 노력한다. 가능한 것과 불가능한 것의 구분이 많아지고, 불완전한 지식 때문에 지적 행동은 대부분 직관적인 생각과 행동으로 제한된다.

(3) 5세 유아의 발달 특성

① 신체 발달

- 대근육 발달

  8~10초간 한 발로 서 있을 수 있는 정도의 균형감을 가지게 되며, 발을 교대로 바꾸면서 도움 없이 긴 계단을 내려올 수 있는 정도의 대근육 발달 수준을 가진다.

- 소근육 발달

글쓰기와 그림 그리는 능력, 가위질 등의 소근육을 활용한 기술들이 점차 세련되어지고 사람을 그릴 때 얼굴, 머리, 몸, 팔, 다리를 세밀하게 구분하여 그리고 표현할 수 있게 된다.

그림 2-14 눈과 손의 협응력 그리고 소근육 발달의 결과가 빛을 보기 시작하는 유아기

출처: Pixabay.

② 정서 발달

매사에 활력적이며 열심히 배우고자 하는 의지를 보인다. 호기심이 많고 새로운 일에 흥미를 느끼는 경우가 많으며 무엇인가를 만들어 내는 생산적인 활동에 매우 적극적이게 된다.

③ 사회성 발달

가정과 유치원, 어린이집 등 주요 생활환경 내에서 사회적 제도와 관련된 내용을 배우게 되며, 성역할을 배우고 문화적인 특성들을 익히게 된다. 대인관계가 확장되어 가고 집단생활 내에서의 규칙 준수에 대한 의미를 배우기 시작한다. 협동놀이가 증가하며 협동심과 책임감을 갖게 되며, 지구력을 필요로 하는 활동을 즐기게 된다.

그림 2-15 집단생활을 통해 협력과 책임감을 익혀가는 유아기

출처: Pixabay.

④ 언어 발달

발음 자체가 완성형에 가깝게 되며, 풍부한 어휘를 사용하여 대화를 나누고 말을 하는 것이 가능해진다. 점차 문법규칙에 숙달되며 구체적인 명사의 사용 의미를 파악하기 위해 의미를 묻고, 아는 내용은 설명을 하는 등의 특징을 보인다.

⑤ 인지 발달

점차적으로 논리적인 사고가 가능해지며 10~12가지 정도의 색깔을 정확히 구분하여 표현해 낼 수 있다. 하지만 여전히 완전한 지식보다는 불완전한 지식을 가지고 있는 경우가 대부분이기 때문에 지적 행동이 직관적인 생각과 행동으로 제한되는 경향은 여전히 나타난다.

2) 유아기 위해유형별 안전사고의 현황과 예방법

(1) 유아기 위해유형별 안전사고 현황

한국소비자원(2021)에 따르면, 최근 5년간 유아기의 위해유형별 안전사고 총 26,524건 중 킥보드, 바닥재, 마루재 등에서의 '미끄러짐 · 넘어짐' 사고가 8,314건으로 전체의 31.3%를 차지하며 가장 높은 안전사고 사유로 나타났다. 이어 책상, 침대 등의 '부딪힘'이 5,706건(21.5%), 침대, 소파 등에서의 '추락'이 4,264건(16.1%)으로 나타났다.

유아기 안전사고 사례

- 2019년 4월 정ㅇㅇ(남, 만 3세)은 소파 철제 다리에 부딪혀 잇몸의 열상과 치아의 탈구로 치료받음.
- 2019년 5월 주ㅇㅇ(여, 만 3세)은 주차장에서 차문에 끼여 손가락의 찰과상과 부종, 통증이 발생하여 치료받음.
- 2019년 7월 홍ㅇㅇ(남, 만 3세)은 바퀴벌레 퇴치약을 삼킨 후 전신의 화학 물질 중독으로 치료받음.
- 2019년 12월 이ㅇㅇ(남, 만 3세)은 어린이용 침대에서 떨어지며 장난감 상자에 부딪혀 눈썹의 타박상 입고 치료받음.

- 2019년 2월 조○○(여, 만 4세)은 어린이용 퍼즐 쇠구슬을 가지고 놀다 삼켜 소화계통의 이물로 치료받음.
- 2019년 11월 이○○(남, 만 5세)은 킥보드를 타다 뒤로 넘어지며 머리를 부딪친 후 뇌진탕으로 두통, 메스꺼움이 발생하여 치료받음.

출처: 한국소비자원, 2021.

유아기 위해유형별 안전사고 현황을 살펴보면 다음과 같다(한국소비자원, 2021).

표 2-3 유아기 위해유형별 안전사고 현황

[단위: 건, (%)]

순위	사고 유형	주요 원인품목	건수	비율
1	미끄러짐・넘어짐	킥보드, 바닥재, 마루재 등	8,314	31.3
2	부딪힘	책상, 침대, 식탁, 문 등	5,706	21.5
3	추락	침대, 소파, 미끄럼틀, 놀이시설 등	4,264	16.1
4	눌림・끼임	문, 승용물, 어린이 자전거 등	2,105	7.9
5	이물질 삼킴/흡인	구슬, 완구, 블록, 동전 및 화폐 등	2,006	7.6
6	식품 섭취로 인한 위해	치킨, 고기류, 조리식품 등	1,240	4.7
7	베임・찔림	가위, 칼 등	1,108	4.2
8	충돌・추돌 등 물리적 충격	승용물, 시소, 문, 완구 등	538	2.0
9	고온물질에 의한 위해	화로, 글루건, 정수기, 고데기 등	414	1.6
10	파열・파손・꺾여짐	세면대, 유리컵, 유리병, 유리창 등	212	0.8
기타			617	2.3
총계			26,524	100.0

출처: 한국소비자원, 2021.

(2) 유아기 위해유형별 안전사고 예방법

- 문제가 발생하면 언어로 표현하여 해결할 수 있도록 지도한다.
- 유아가 주로 생활하고 활동하는 곳의 바닥은 충격을 흡수하고, 미끄럼 방지 처리가 되어 있는 바닥재를 사용하거나 매트를 깔아두도록 한다.

- 유아가 각종 가구나 놀이기구에 상해를 입지 않도록 모서리는 안전장치를 해두고 위험한 행동과 그 결과에 대해 유아가 인지할 수 있도록 지도한다.
- 높은 곳에 대한 호기심으로 위험한 곳에 올라가고 뛰어내리는 행동을 자제할 수 있도록 지도한다.
- 학용품이나 각종 제품을 입에 넣고 장난을 치지 않도록 지도한다.
- 날카롭고 뾰족한 물건은 성인의 지도 하에서 사용할 수 있도록 하며, 위험도가 높은 예기의 경우에는 유아가 직접 다루지 않고 성인이 안전한 사용법을 보여주도록 한다.
- 숟가락이나 젓가락, 포크 등을 손에 쥐고 있을 때에는 장난을 치지 않도록 지도한다.
- 다양한 생활도구에 대한 안전한 사용법을 알려주고, 성인이 모델이 되어 안전하게 사용하는 모습을 자주 보여준다.
- 연령에 맞는 학용품 및 학습용품을 확인하고 사용하도록 한다.
- 유아를 승용차에 태울 때에는 반드시 유아용 카시트를 설치하고 벨트를 착용시킨다.
- 자전거나 퀵보드처럼 바퀴가 달린 제품들은 계단이나 높은 곳에서는 사용하지 않도록 지도한다.
- 조리실이나 주방, 뜨거운 물체가 있는 곳에서는 주의하여 보행하고, 보호자의 허락이 있는 상태에서 출입을 할 수 있도록 한다.
- 유아가 애완동물로부터 자신의 안전을 확보할 수 있는 발달수준이 될 때까지는 애완동물을 기르는 것을 자제하도록 한다.
- 안전이 확보되고, 점검이 완료가 된 놀이시설을 이용할 수 있도록 한다.
- 도로나 주차장 등에서는 공놀이를 하지 않도록 하며, 안전함이 확인된 공간에서 놀이를 하도록 한다.

그림 2-16 유아들은 안전이 확보된 상황에서 가장 즐겁게 놀이를 할 수 있다.

출처: Pixabay.

PART 2

영유아 교육기관의 안전관리

CHAPTER

03 영유아 교육기관의 안전 환경

1 시설 안전관리(어린이집 안전공제회, 2021)

영유아들이 유아교육기관에서 하루 중 많은 시간을 보내는 영유아교육기관 실내 · 외 환경을 안전하게 관리하고 운영하는 것은 안전한 생활을 위해 필수적인 부분이다. 영유아의 안전을 위협하는 위험요인을 미리 점검하고 제거하기 위해서는 영유아의 주요사고에 대한 특징을 이해할 필요가 있다. 특히 어린이집 표준보육과정 개정(2020)으로 보육에 대한 패러다임이 영유아 중심, 놀이 중심으로 변화하면서 이에 자유놀이와 함께 지역사회와 연계되는 현장학습의 중요성이 커지게 됨에 따라 기관에서는 실내외 환경을 수시로 점검하고, 교사는 개별 영유아를 더욱 세밀히 관찰하는 것이 필요하다(어린이집 안전공제회, 2021). 교사들이 주기적으로 점검해야 하는 시설안전점검을 체크리스트를 항목별 확인을 하면서 체크를 해야 하고, 익숙해진 환경에서 점검이 어려울 경우에는 사진을 찍어 확인 및 회의시간의 장학을 통해 시설 환경의 안전을 살펴볼 수 있다. 따라서 영유아가 안전하게 생활할 수 있도록 유아교육기관의 안전과 함께 점검, 고려해야 할 부분을 살펴보면 다음과 같다.

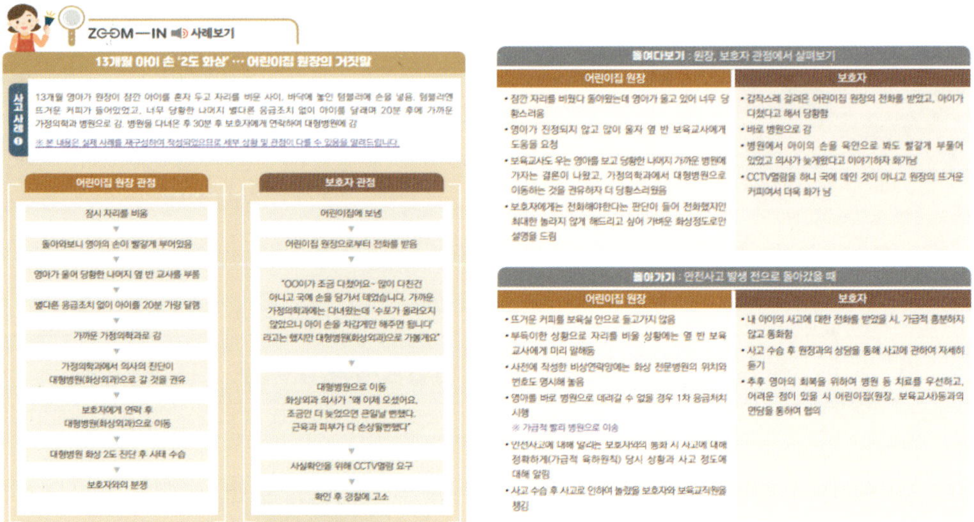

ZOOM—IN 사례보기

13개월 아이 손 '2도 화상' … 어린이집 원장의 거짓말

사고 사례 ❶

13개월 영아가 원장이 잠깐 아이를 혼자 두고 자리를 비운 사이, 바닥에 놓인 텀블러에 손을 넣음. 텀블러엔 뜨거운 커피가 들어있었고, 너무 당황한 나머지 별다른 응급조치 없이 아이를 달래며 20분 후에 가까운 가정의학과 병원으로 감. 병원을 다녀온 후 30분 후 보호자에게 연락하여 대형병원에 감

※ 본 내용은 실제 사례를 재구성하여 작성되었으므로 세부 상황 및 관점이 다를 수 있음을 알려드립니다.

어린이집 원장 관점

잠시 자리를 비움
▼
돌아와보니 영아의 손이 빨갛게 부어있음
▼
영아가 울어 당황한 나머지 옆 반 교사를 부름
▼
별다른 응급조치 없이 아이를 20분 가량 달램
▼
가까운 가정의학과로 감
▼
가정의학과에서 의사의 진단이 대형병원(화상외과)으로 갈 것을 권유
▼
보호자에게 연락 후 대형병원(화상외과)으로 이동
▼
대형병원 화상 2도 진단 후 사태 수습
▼
보호자와의 분쟁

보호자 관점

어린이집에 보냄
▼
어린이집 원장으로부터 전화를 받음
▼
"OO이가 조금 다쳤어요~ 많이 다친건 아니고 국에 손을 담가서 데었습니다. 가까운 가정의학과에는 다녀왔는데 '수포가 올라오지 않았으니 아이 손을 차갑게만 해주면 됩니다'라고는 했지만 대형병원(화상외과)으로 가볼게요"
▼
대형병원으로 이동
화상외과 의사가 "왜 이제 오셨어요. 조금만 더 늦었으면 큰일날 뻔했다. 근육과 피부가 다 손상될뻔했다"
▼
사실확인을 위해 CCTV열람 요구
▼
확인 후 경찰에 고소

들여다보기 : 원장, 보호자 관점에서 살펴보기

어린이집 원장	보호자
• 잠깐 자리를 비웠다 돌아왔는데 영아가 울고 있어 너무 당황스러움 • 영아가 진정되지 않고 많이 울자 옆 반 보육교사에게 도움을 요청 • 보육교사도 우는 영아를 보고 당황한 나머지 가까운 병원에 가자는 결론이 나왔고, 가정의학과에서 대형병원으로 이동하는 것을 권유하자 더 당황스러웠음 • 보호자에게는 전화해야한다는 판단이 들어 전화했지만 최대한 놀라지 않게 해드리고 싶어 가벼운 화상정도로만 설명을 드림	• 갑작스레 걸려온 어린이집 원장의 전화를 받았고, 아이가 다쳤다고 해서 당황함 • 바로 병원으로 감 • 병원에서 아이의 손을 육안으로 봐도 빨갛게 부풀어 있었고 의사가 늦게왔다고 이야기하자 화가남 • CCTV열람을 하니 국에 데인 것이 아니고 원장의 뜨거운 커피여서 더욱 화가 남

돌아가기 : 안전사고 발생 전으로 돌아갔을 때

어린이집 원장	보호자
• 뜨거운 커피를 보육실 안으로 들고가지 않음 • 부득이한 상황으로 자리를 비울 상황에는 옆 반 보육교사에게 미리 말해둠 • 사전에 작성한 비상연락망에는 화상 전문병원의 위치와 번호도 명시해 놓음 • 영아를 바로 병원으로 데려갈 수 없을 경우 1차 응급처치 시행 ※ 가급적 빨리 병원으로 이송 • 안전사고에 대해 알리는 보호자와의 통화 시 사고에 대해 정확하게(가급적 육하원칙) 당시 상황과 사고 정도에 대해 알림 • 사고 수습 후 사고로 인하여 놀랐을 보호자와 보육교직원을 챙김	• 내 아이의 사고에 대한 전화를 받았을 시, 가급적 흥분하지 않고 통화함 • 사고 수습 후 원장과의 상담을 통해 사고에 관하여 자세히 듣기 • 추후 영아의 회복을 위하여 병원 등 치료를 우선하고, 어려운 점이 있을 시 어린이집(원장, 보육교사)등과의 면담을 통하여 협의

그림 3-1 사례를 통한 안전사고 돌아보기

출처: 어린이집안전공제회, 2021.

1) 현관 및 출입구

그림 3-2 현관 신발장에서 발생하는 사고

출처: 2021년 보육사업안내(부록), 어린이집안전공제회, 2021.

(1) 영유아 및 외부인의 출입을 안전하게 관리

- 어린이집 내 모든 출입문 및 창문의 개폐관리
  - 모든 출입문 및 창문은 안쪽에서 잠기지 않고, 쉽게 열 수 있어야 한다. (비상구 제외)
  - 출입문 및 창문의 가장자리에는 영유아의 손이 끼지 않도록 손 끼임 방지 장치나 고무패킹 등 완충장치를 설치해야 한다.
- 현관문은 영유아가 성인의 보호 없이 나갈 수 없도록 개폐관리
  - 보안을 위한 잠긴 문이나 인터폰, 초인종의 정상 작동여부를 확인한다.
  - 현관 내부는 눈이나 비 오는 날 물기 제거를 한다(우산꽂이, 매트 등).
- 신발장
  - 신발장이 앞으로 넘어지지 않도록 고정한다.
  - 신발장 위에 위험한 물건을 두지 않고, 신발장 문틈 사이에 손 끼임 방지를 처리한다.
  - 성인용 신발장과 구분하여 수납한다.

유아교육기관 출입문 사진

신발장 사진

(2) 교직원 안전수칙 및 지도방법

- 현관문을 여닫을 때마다 개폐관리를 습관화한다(영유아 이탈을 예방할 수 있고, 외부인 출입을 통제시킬 수 있다).

- 외부인 방문 시 벨이나 인터폰으로 신원을 확인 후 출입을 한다.
- 영유아가 들어가고 나갈 경우 반드시 성인이 동반하고, 현관문에 영유아의 몸이나 발이 끼지 않도록 항상 주시(특히 자동문)하고 습관화한다.
- 현관 주변에 위험요소(바닥에 고인 물, 핀, 자전거, 유모차, 킥보드 등)가 있는지 확인하고 발견 즉시 제거하거나 안전한 곳으로 이동한다.
- 영유아 복장 및 신발 등에 대한 가정과의 연계 및 안전관리를 한다.
  - 구슬이나 장식에서 떨어진 것을 삼키거나 코, 귀에 넣을 수 있기 때문에 구슬이나 장식이 달린 옷을 피하도록 안내한다.
  - 신발은 크기가 지나치게 크거나 작은 것은 피하도록 하며, 끈이 있어서 밟혀 넘어지거나 신고 벗기 불편한 신발은 피하도록 안내한다.
- 귀가 시 현관 앞이 혼잡할 수 있으니 영유아들이 차례대로 나와서 준비할 수 있도록 안내한다.

코로나19 대응

1. 어린이집 외부인 출입관리

- 보육교직원 외 외부인 출입 시
  - 발열 또는 호흡기 증상 등이 있으면 출입 금지
  - 출입 시에는 마스크 착용 및 손 위생 실시, 보육실 출입 및 아동 접촉 최소화
  - 코로나19 발생장소 방문 이력, 발열 확인, 호흡기 증상 등 확인하여 기록(기록된 명부는 4주 후 폐기)

2. 접촉의 최소화

- 프로그램 운영 시
  - 아동 및 교직원 간 또는 방문객 등과 악수 등 직접적인 신체접촉 및 외부활동 자제
  - 실내외 프로그램은 방역수칙을 준수하여 해당 공간의 $4m^2$당 1명 범위 내에서 운영가능(활동 공간이 협소한 시설*은 “참여자 간 거리를 1m 이상”으로 완화(“$4m^2$당 1명 범위 내” 권장)하여 적용)
  - 활동 시 개별놀이 중심 원칙, 좌석의 경우 테이블 간 1m 거리두기
  - 특별활동 시 외부강사와 기관 구성원 간 밀접 접촉을 최소화하도록 지도, 악기 등 특별활동 도구 상호 교차 사용 금지(반드시 외부강사 건강상태, 위험장소 방문이력 등 확인)
  - 외부활동 불가피하게 진행되는 경우 생활 속 거리두기를 준수하고 밀폐도가 낮은 야

외에서 진행(특별활동 및 외부활동 진행 시 보호자 동의 필요)

3. 급·간식 시

식사 전·후 손 씻기 철저, 식사 시 여건상 최대 범위 내에서 일정 거리 유지, 가능한 일렬 식사 권장

4. 환경위생관리

- 어린이집 내 화장실 등에 개수대(비수동식 수도꼭지 등), 손 세척제(액체비누, 알코올 70% 이상 손 소독제 등)와 휴지 등을 충분히 비치
- 어린이집 내 마스크, 체온계 등 감염예방을 위한 필수물품을 충분히 비치
- 어린이집 내 주요 공간의 청소, 공기정화 및 일 2회 이상 수시 환기 실시
- 어린이집 내 냉난방기기 가동 시 ① 실내공기가 재순환되고, 바람으로 인해 비말이 멀리 확산될 우려가 있으므로 환기, 풍량(바람 세기 등)에 주의 ② 환기가 가능한 시설은 창문을 닫고 에어컨을 사용하되, 최소 2시간마다 1회 이상 환기 실시 ③ 에어컨 바람이 몸에 닿지 않도록 하고, 바람 세기를 낮춰서 사용

※ 내부순환방식의 공기청정기 가동은 제한하되, 미세먼지 나쁨 등 필요시 필터관리 및 환기에 철저를 기하고 가동

출처: 「코로나바이러스감염증-19」 유행대비 어린이집용 대응 지침 VII-1판, 보건복지부, 2020.

2) 복도 및 계단

그림 3-3 복도에서 발생하는 사고

출처: 2021년 보육사업안내(부록), 어린이집안전공제회, 2021.

(1) 복도

- 최소한 성인 두 사람이 어깨를 부딪치지 않고 지나갈 수 있는 정도의 너비 확보를 해야 한다(영유아 충돌 방지).
- 창문이 있는 경우 추락방지기구, 창문보호대 설치(120cm 이하 창문, 2층 이상)

(2) 계단(관련법령. 실내건축의 구조 · 시공방법 등에 관한 기준 – 제6조(안전난간 등)

- 계단 바닥재는 미끄럽지 않은 재질을 사용한다.
- 계단의 끝부분에 미끄럼 방지대를 설치한다.
- 계단 중간의 꺾임공간(참) 관리를 하고 유리재질, 철제 등 배치를 지양한다.
- 두 개 층 이상 개발된 계단 및 복도 등에 설치하는 난간 높이 120cm 이상으로 한다(실내공간의 난간은 영유아가 짚고 올라갈 수 없는 구조로 하되 난간 사이 간격은 10cm 이하).
- 추락방지를 위해 난간 사이 공간을 막아야 한다.

복도 사진

계단 사진

- 복도 내 분전반 관리 : 분전반 내 · 외부 필요한 물건이 적재 또는 방치되어 있을 경우 즉시 정리, 분전반 내부에는 차단기, 전선이 충전부와 연결되어

있어 감전 우려가 있기 때문에 영유아들이 접촉할 수 없도록 하고 전면에 전기 위험 표시판을 부착해야 한다.

- 인테리어(합판 등) 방염 : 제조 또는 가공 공정에서 방염처리한 제품을 사용해야 한다(창문 설치하는 커튼, 블라인드, 카펫, 두께가 2mm 미만 벽지-종이벽지는 제외, 전시용 합판, 섬유판, 무대용 합판 또는 섬유판 등). 실내 간이 칸막이 공사, 흡음재(방음재) 설치 및 인테리어 변경 시 등 관할소방서에 사전 문의를 해야 한다.
- 피난 유도등 / 피난안내도 관리 : 옥내로부터 직접 지상으로 통하는 출입구 및 그 부속실의 출입구로 바닥으로부터 1.5m 이상으로 출입구에 인접하도록 설치한다. 유도등은 상시 전원이 연결되어 항시 점등 및 충전을 해야 한다. 꺾임 공간 등으로 복도(거실)에서 비상출입구가 보이지 않을 시 거실통로유도 등(천장에 설치) 추가 설치해야 한다.

피난안내도를 구성할 때 각 보육실과 출입구 위치를 쉽게 알아볼 수 있도록 표시를 하고, 화재 시 대피할 수 있는 비상구 위치 표시, 소화기, 옥내소화전 등 소방시설 위치 표시, 피난동선 표시를 해야 한다.

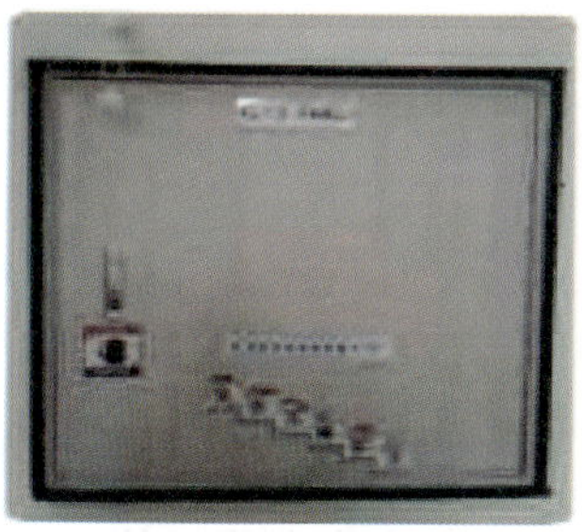
분전반 관리 우수사례

방염제품 사용 및 방염라벨

소방청 홈페이지(www.nfa.go.kr) > 소방소식 > 공지사항 > 다중이용업소 등 피난안내도 표준매뉴얼 참고

피난안내도

3) 보육실(교실)

그림 3-4 교실에서 발생하는 사고

출처: 2021년 보육사업안내(부록), 어린이집안전공제회, 2021.

(1) 문

- 여닫이문보다 미닫이문을 설치하는 것이 좋으며, 한 방향으로 열고 닫도록 설치한다.
- 영유아 신체에 손잡이가 닿을 경우 둥글게 처리된 손잡이를 사용하거나 손잡이 쿠션(커버)을 씌워서 사용한다.
- 영유아가 보육실에 들어가서 문을 잠그지 않도록 잠그는 기능을 제거하고, 가급적 안과 밖이 다 보일 수 있는 투명 강화유리를 설치하고 스티커 등을 부착하여 부딪침을 방지해야 한다.

(2) 창문

- 추락방지기구, 모서리보호대 등을 설치한다(바닥부터 120cm 이하). 커튼 블라인드 선을 정리하고 창문에 설치하는 커튼류의 경우 방염제품을 사용한다.

- 2층 이상 경우 창문에는 안전장치(안전창살, 이중창, 난간)를 설치하고, 강화유리가 아닐 경우 파손대비 투명 시트지를 부착한다.

(3) 벽면/바닥

- 필요시 게시판 모서리에 안전장치를 부착하고, 게시판 부착 시 고정한다.
- 미끄러질 우려가 있는 곳에는 고무매트나 카펫 두기(소음 및 충격방지). 문턱을 낮추거나 제거한다.

문

창문

벽면

4) 유희실(공동놀이실, 실내 놀이터)

그림 3-5 유희실에서 발생하는 사고

출처: 2021년 보육사업안내(부록), 어린이집안전공제회, 2021.

(1) 공동놀이실

- 대근육활동 기구는 충분한 주변 공간을 두고, 넓은 공간을 확보하기 어려운 경우 소그룹으로 활동을 진행한다. 창문이 없는 벽면에 놀이기구를 배치한다.
- 영유아의 키 높이의 벽면, 바닥, 기둥, 모서리에 충격을 완화할 수 있는 장치 또는 안전매트 설치, 대근육 활동 시 충격을 흡수할 수 있는 매트를 설치한다.

(2) 실내 놀이기구

- 놀이기구는 영유아의 신장, 체중을 고려해야 한다. 놀이기구에 살이 베이거나 찔릴 수 있는 날카로운 부분(모서리 등), 돌출 부분(볼트, 너트 등), 파손 부분이 없어야 한다.
- 1m 이상 높이 모든 놀이기구에는 벽면, 바닥, 기둥, 모서리면에 충격을 완화할 수 있는 장치(충격 흡수용 표면제) 또는 안전매트를 설치하고, 미끄럼틀에서 내려오는 바닥에는 안전매트를 설치하여 충격을 최소화해야 한다.

5) 화장실

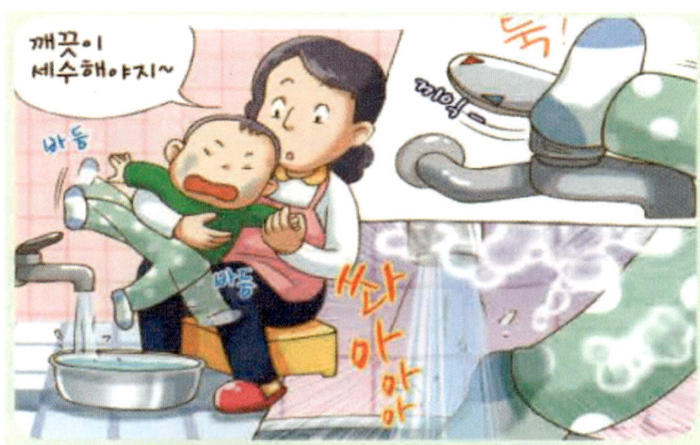

그림 3-6 화장실에서 발생하는 사고

출처: 2021년 보육사업안내(부록), 어린이집안전공제회, 2021.

- 화장실 세면대는 단단하게 고정을 하고, 바닥이 미끄러울 경우 미끄럼방지 또는 물기 제거판을 설치해야 한다.
- 영유아용 화장실 문은 쉽게 열고 닫을 수 있도록 설치한다(문에 손끼임방지장치 설치).
- 영유아가 사용하는 화장실의 휴지걸이, 수건걸이 등은 영유아의 신체 크기에 맞게 설치하며, 위험요소(날카로운 부분 등)가 없는지 확인한다.
- 성인용 화장실을 별도 설치하는 것이 바람직하고, 성인 눈높이 잠금장치를 설치하는 것이 좋다.
- 화장실에 변기청소용 솔, 변기 압축기, 대걸레, 세제, 표백제, 세척용 소독, 스프레이 등은 유아의 손이 닿지 않는 잠금장치가 된 비품 보관함에 따로 보관한다.
- 화상방지를 위해 영유아가 사용하는 세면대의 물이 고온으로 나오지 않도록 온수 조절장치 혹은 중간밸브를 통해 수온을 조절한다.

화장실 사진

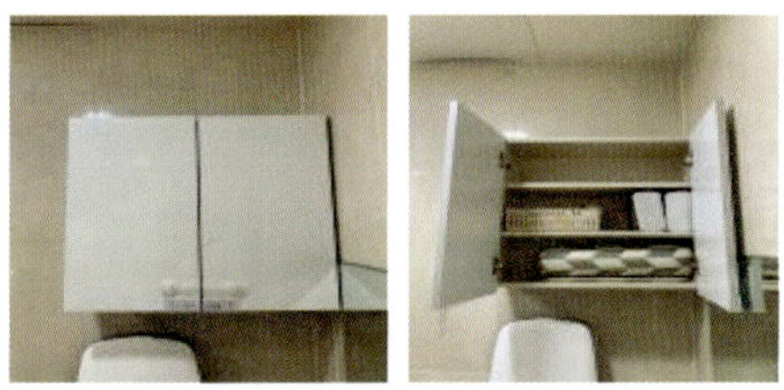

비품 보관 사진

6) 조리실 및 식당

그림 3-7 점심시간(식당)에 발생하는 사고

출처: 2021년 보육사업안내(부록), 어린이집안전공제회, 2021.

(1) 조리실 안전문 설치 및 공간 구성

- 조리실은 영유아 활동 공간과 분리되어야 하고, 분리가 어려운 경우 안전장치를 설치해야 한다.
- 주방에서 교실로 음식을 이동 시 가능한 전용 카트, 덤웨이터에 싣고 한 번에 나르도록 권장한다. (뜨거운 물과 음식은 화상 방지를 위해 미리 식혀서 제공한다.)
- 조리실 내에 소화기 등 소방설비를 설치한다.

(2) 영유아 급 · 간식 배식

- 급 · 간식 배식 사이에 영유아들은 정해진 곳에 앉아서 식사할 수 있도록 안내하고, 음식을 자르는 과정에서 안전사고가 잦기 때문에 식품 절단은 조리과정의 일부로 주방에서 미리 잘라서 제공해야 한다.

- 입소 시 영유아의 식품 알레르기 등을 입소신청서, 식생활 요구 조사서 등에 구체적으로 기록 및 확인을 해야 한다. (개별 알레르기에 대한 정보를 모든 교직원 - 조리사, 간호사에게 알려 사고 예방해야 한다.)
- 연령별 주의해야 할 주요 알레르기 유발 식품은 만 0~24개월에는 계란, 우유, 땅콩, 대두, 밀을 조심해야 하고, 25개월~만 5세는 계란, 우유, 땅콩, 대두, 견과류, 밀을 조심해야 한다.

조리실 사진

〈자동확산소화기〉 〈주방용 K급 소화기〉

화재 사고 예방을 위한 조리실 소화기

7) 바깥놀이

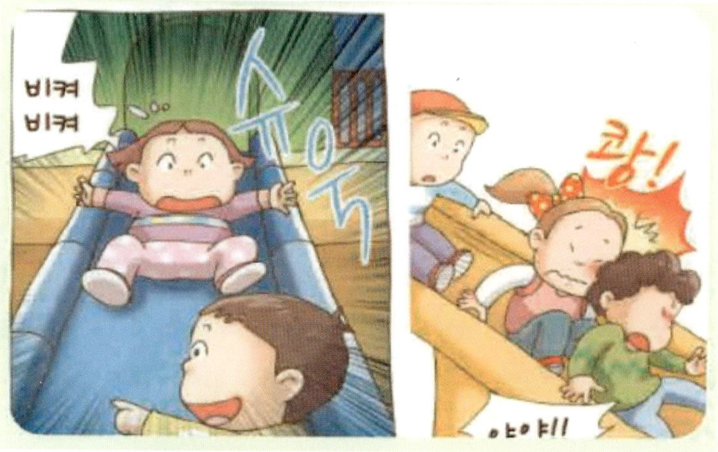

그림 3-8 실외놀이터에서 발생하는 사고

출처: 2021년 보육사업안내(부록), 어린이집안전공제회, 2021.

(1) 실외놀이터 설치 및 관리(「영유아보육법」, 「어린이놀이시설 안전관리법」, 「환경보건법」 등에서 정한 기준을 준수)

- 정원 50인 이상 어린이집은 영유아 1인당 3.5㎡ 이상 규모의 옥외놀이터 설치를 원칙으로 한다.
- 영아용과 유아용 놀이터를 따로 구분하여 적합한 크기의 놀이기구를 설치한다.
- 놀이기구의 고정여부, 놀이시설 볼트, 너트 등 돌출물 관리 및 이음장치, 구조물의 부식여부를 매일 점검한다(관련법령. 영유아보육법 시행규칙－제9조 [별표 8] 어린이집의 운영기준).
- 움직이는 부분들이 서로 맞물리는 놀이시설물의 경우, 영유아의 신체 일부분이 놀이기구에 끼지 않도록(손가락 : 8㎜ 이하・25㎜ 이상, 발 : 30㎜ 이하, 머리 : 9㎝ 이하・23㎝ 이상★) 맞물림의 형태 등을 점검한다.
- 모래놀이터는 무게감 있는 덮개로 덮어 놓으며, 주기적으로 살균 소독한다.
- 야외 놀이도구의 정리를 위한 별도의 공간이 마련되어 있는 것이 바람직하다.
- 한여름 옥외놀이터 사용 시 미끄럼틀, 모래 등 온도 확인 후 사용한다.
- 옥외놀이터가 구비되어 있지 않아 인근놀이터를 이용할 경우, 사전에 놀이기구 및 주변 시설물을 확인하여 안전에 유의한다.

(2) 실외 동물사육장

- 유아교육기관에서는 원칙적으로 동물(애완동물, 곤충 등)을 두어서는 안 된다.
- 동물을 둘 경우 사전에 부모에게 고지하여야 하고, 유아의 알레르기, 질병, 상해 등을 방지하기 위해서는 정기적으로 수의사를 통해 면역 조치 등을 받아야 한다.
- 실외 동물사육장은 해당 동물의 습성을 반영하여 영유아의 안전을 고려하여 설치해야 한다.

(3) 교직원 안전수칙 및 지도방법

- 실외놀이 전에는 비상약품을 챙기고, 영유아의 옷차림(모자끈, 운동화 끈, 머리끈 등)을 살펴야 한다.
- 돌아다니는 동물이 유아교육기관 주변에 있을 경우 영유아가 함부로 만지거나 접근하지 않도록 지도해야 한다.
- 실외놀이 장소 이동 시 차량, 오토바이 등에 다치지 않도록 하며, 혼자 돌아다니지 않기 등 실외활동에서 지켜야 할 약속에 대한 이야기를 나눈다.
- 위험한 행동을 할 때 바로 중지시키며, 이탈하는 영유아가 있는지 주의하여 살펴야 한다.

2 미세먼지·오존/실내 공기질 관리

영유아와 교사의 건강과 위생관리를 위하여 환기와 청소를 수시로 실시하여 실내공기질을 쾌적하게 유지하고 관리하도록 해야 하며, 환경개선 등 주기적으로 공기질 정화를 위하여 노력을 해야 한다.

관련 내용
• 연면적 430m² 이상의 모든 어린이집은 「다중이용 시설 등 실내공기질 관리법령」에 따라 다음 사항을 의무 이행해야 함('20. 4. 3. 시행) ※ 근거: 「실내공기질 관리법」 제3조 제1항 제12호 및 동법 시행령 제2조 제1항 제12호 • 실내공기질 관리에 관한 교육 이수 • 실내공기질 측정 및 결과 기록·보존 • 실내공기질 개선명령에 따른 이행 • 실내공기질 관리에 관한 보고 또는 자료제출 등 ※ 위 사항을 준수하지 않을 시 벌칙(1년 이하의 징역 또는 1천만 원 이하의 벌금) 또는 과태료(500만 원 이하 또는 1천만 원 이하)의 처분을 받을 수 있으며 세부사항은 관할 시·군·구청 환경관련 부서에 문의

- 모든 어린이집에서는 「어린이집·아동복지시설의 실내공기질 관리매뉴얼」('10. 5월 배포)에 따라 실내공기질 개선 노력을 해야 함

출처: 보육사업안내, 보건복지부, 2021.

1) 영유아 대상 행동요령 교육 및 실천

- 미세먼지 및 오존 전파담당자(원장 등) 지정 및 관련 모바일 앱 설치, 문자서비스 신청을 통한 미세먼지 예보 상황 확인(09시, 12시, 17시)
- 고농도 미세먼지 및 오존 발생 시 영유아 대상 행동요령 교육 및 실천, 실외활동 자제(실내활동으로 대체), 실내공기질 관리(빗자루질 청소 대신 물걸레질 청소, 공기청정기 관리 및 가동 등)
- 오전 등원시간 내(09:00이전) 거주지 또는 어린이집 주변에 고농도 미세먼지 발생(나쁨 이상)으로 사전 연락을 통해 결석하는 경우 출석한 것으로 간주하여 보육료를 지원
  - * 해당지역 인근측정소 PM10 81$\mu g/m^3$ 또는 PM2.5 36$\mu g/m^3$ 이상 1시간 이상 지속
  - * 어린이집에서는 미세먼지로 인한 결석 현황을 시·군·구청장에게 제출하고, 시·군·구에서는 해당지역 내 당월 미세먼지 "나쁨 이상" 발생 데이터를 참고하여 출결 현황을 확인

2) 미세먼지 및 오존 대응요령

- 평상시 환기는 하루 두 번(오전, 오후) 이상 30분씩 실시한다.
- 미세먼지 '나쁨' 이상일 경우 자연환기를 자제한다(실내공기질 오염상황에 따라 필요한 경우 짧게 환기 후 물청소).
- 출입구에 먼지제거용 바닥매트 설치, 실내에서는 반드시 실내화를 착용한다.

- 고농도 미세먼지 상황 대비 실외수업 대체를 위한 사전계획을 마련하고, 수업전환 기준 및 대체안을 마련한다(실내체육, 단축수업, 휴원, 일정연기 등).
- 호흡기 질환 등 관심이 필요한 영유아 관리대책 마련을 한다.

미세먼지 측정

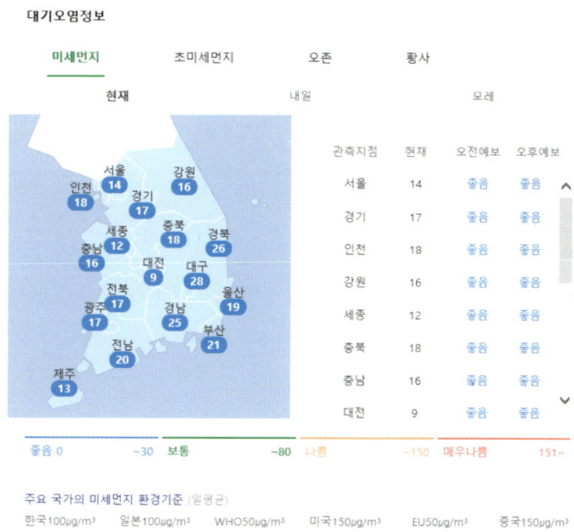

대기오염정보(naver)

표 3-1 미세먼지 단계별 대응요령

단계	대응요령
평상시 (사전준비사항 포함)	• 평상시 환기는 하루 두 번(오전 오후) 이상 30분씩 실시 • 미세먼지 "나쁨" 이상일 경우 자연환기 자제(실내공기질 오염상황에 따라 필요한 경우 짧게 환기 후 물청소) • 환기시설은 수시로 청소(1일 8시간 사용 시 일주일에 1회, 3~4시간 사용 시 2주일에 1회 이상 권장) • 월 1회 이상 천장, 벽면, 창틀 및 방충망 등에 먼지가 쌓이지 않도록 물걸레 청소 • 출입구에 먼지제거용 바닥매트 설치, 실내에서는 반드시 실내화 착용 • 고농도 미세먼지 발생 시 대처방안에 대한 숙지 • 보호자 비상연락망 구축 • 보호자 대상 대기오염 피해예방, 대응조치, 행동요령을 지도 • 고농도 미세먼지 상황 대비 실외수업 대체를 위한 사전계획 마련 – 수업전환 기준 및 대체안(실내체육, 단축수업, 휴원, 일정연기 등) 마련

(계속)

	• 호흡기 질환 등 관심이 필요한 영유아 관리대책 마련 – 현황 파악, 위생점검 및 건강체크, 응급조치 요령 등 숙지 • 보건용 마스크, 상비약(식염수, 아토피연고 등) 비치 및 점검 • 실내 미세먼지 유지기준(PM10 75㎍/m^3, PM25 35㎍/m^3) 준수(연면적 430m^3 이상 어린이집)
고농도 예보 (익일예보 "나쁨" 이상)	• 온라인 게시판, 안내문, 보호자 비상연락망 등을 통한 예보상황 및 행동요령 공지 • 익일 예정된 실외수업에 대한 점검(수업대체 여부 검토 등) • 미세먼지 예보 상황 및 농도변화 수시 확인 ※ 에어코리아(airkorea.or.kr), '우리동네 대기정보' 모바일 앱 활용
고농도 발생 (PM_{10} 81 이상 또는 PM_{25} 36 이상 1시간 지속)	• 시설 담당자는 미세먼지 농도를 수시로 확인, 기관 내 상황 전파 • 영·유아 대상 행동요령* 교육 및 실천 * 외출자제, 외출 시 마스크 쓰기, 깨끗이 씻기 등 • 실외수입 자제(실내수입 대체), 바깥공기 유입 차단(창문 닫기) • 호흡기 질환 등 관심이 필요한 영·유아 관리대책 이행 • 실내공기질 관리(예: 물걸레질 청소 등)
주의보 (PM_{10} 150 이상 또는 PM_{25} 75 이상 2시간 지속)	• 실외수업 단축 또는 금지, 필요시 등·하원 시간 조정 등 검토 ※ 체육활동, 현장학습, 운동회 등을 실내수업으로 대체 • 시설 내 기계, 기구류 세척, 식재료 등 식당 위생관리 강화
경보 (PM_{10} 300 이상 또는 PM_{25} 150 이상 2시간 지속) 출처: 보건복지부(2020). 고농도 미세먼지·오존대응매뉴얼	• 실외활동 금지, 등·하원 시간 조정, 임시 휴원 조치 검토 • 질환자 파악 및 특별관리

출처: 2021년 보육사업안내(부록).

3 생활용품 안전관리(황현주 외, 2020)

1) 침대 및 침구

- 침대 난간의 세로 폭은 영유아 머리가 끼지 않는 7cm 이하로 구입한다.
- 침대 표면은 원목이나 무독성 페인트로 칠해져 있는 제품을 선택해야 한다.

- 매트리스는 침대 아랫면과 같은 크기로 해야 유아의 몸이 매트리스와 침대 사이 틈에 끼지 않는다.
- 침대 안쪽은 유아가 발판으로 짚고 올라갈 수 있는 큰 장난감, 물건을 놓지 않고, 침대에 함께 설치된 모빌은 유아가 손으로 잡지 못하도록 설치되어야 한다.
- 이불, 요, 베개 등은 너무 푹신하면 영유아들이 질식 위험이 있기 때문에 주의하고, 매주 세탁하여 사용할 수 있도록 한다.

2) 기저귀 갈이대 및 이동식 변기

- 영아반 경우 기저귀 갈이대 및 이동식 변기가 있는 공간이 필요하고, 그 공간은 건강과 위생이 직결되기 때문에 항상 청결을 유지해야 한다.
- 사용한 기저귀와 물티슈 등은 위생적으로 처리한 후 뚜껑이 있는 페달식 쓰레기통에 버린다.
- 교사는 영아의 기저귀 갈이 전후 수시로 손을 씻어 다른 영아에게 감염되지 않도록 해야 한다.

기저귀 갈이대 사진

이동식 변기 사진

3) 가전 및 전기제품(공기청정기, 칫솔살균기, 선풍기, 가습기 등)

- 가전제품이 움직이지 않도록 고정한다.
- 유아가 교사실, 원장실에 있는 뜨거운 음료, 커피포트를 만져 발생하는 화상사고가 빈번하기 때문에 평상시 교실문을 닫아야 하고 영유아가 혼자 교실 밖을 나가지 않도록 해야 한다.
- 선풍기나 히터는 보호망을 사용하거나 손이 닿지 않는 벽걸이용으로 사용한다.
- 모든 전선 콘센트(이동식 콘센트 포함), 플러그 등은 파손되거나 손상되었는지 점검하고 즉시 교체하며, 사용하지 않는 콘센트는 안전덮개를 사용한다.
- 가전제품 전선은 영유아의 손에 닿지 않도록 정리하여 임시 사용 시에는 전선을 테이프 등으로 고정하고 사용 후 제거한다.
- 전기배선 중 비닐코드배선은 과열·감전 위험이 있으니 절대로 사용을 금하고 케이블 전선을 사용한다.
- 멀티탭에 누적된 분진이나 습기로 인하여 화재가 발생되고 있어 주변의 인화성물질 제거 및 주기적 분진 제거 등 점검이 필요하다(개봉날짜를 멀티탭에 기입하고 1-2년 주기적으로 교체가 필요하다).

공기청정기 사진

멀티탭 사진

CHAPTER 3

4) 유모차 및 탈 것

- 산책 시 여러 명의 영아들이 사용할 수 있는 유모차를 구비하는 기관이 많이 있다. 안전띠를 매지 않아 유모차 아래로 떨어지거나 브레이크 사고가 많이 발생하기 때문에 안전띠를 매고, 브레이크가 잘 작동되는지 확인이 필요하다.
- 유모차에 태운 채 영유아들을 혼자 두지 않는다.

5) CCTV 설치 및 운영(영유아보육법 제15조의4(폐쇄회로 텔레비전의 설치 등))

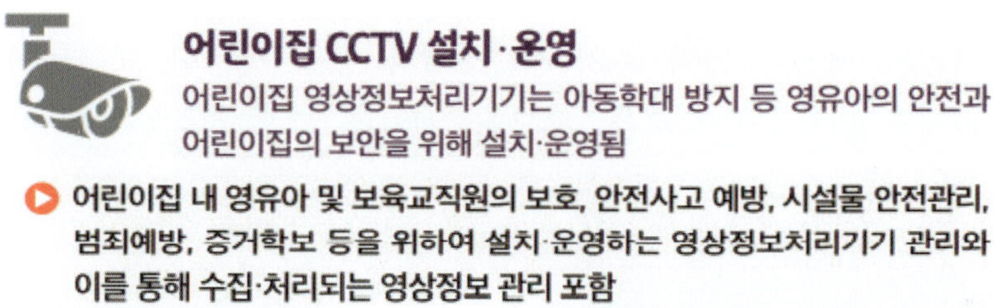

보육실 내 CCTV

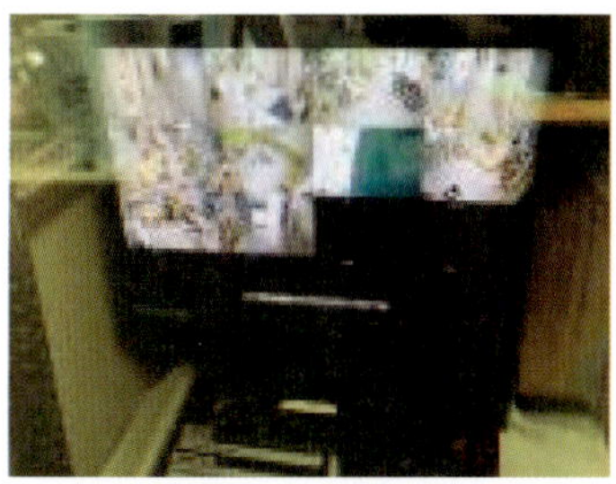
다양한 공간의 CCTV 녹화 장면

- 설치・운영 시 준수사항: 모든 어린이집이 설치 의무 대상이다(단, ① 보호자 전원의 동의를 받아 시장/군수/구청장에게 (미설치, 미운영) 신고한 경우 또는 ② 보호자 및 보육교직원 전원의 동의를 받아 관련 법령에 따른 네트워크 카메라를 설치한 경우 예외).

- 열람 및 제공 시 유의사항: 보호자는 어린이집의 원장에 대하여 보호받고 있는 아동이 학대 또는 안전사고로 신체·정신적 피해를 입었다고 의심될 경우 서면을 통해 열람 요청 가능하다.
  - 단, ① 피해사실이 적시되어 있는 의사소견서 제출하거나, ② 관계 공무원 등(어린이집 운영위원장, 지역육아종합지원센터장 포함)이 동행하는 경우 즉시 열람할 수 있도록 조치
  - 열람 결정은 10일 이내 서면으로 통지하여야 하며, 열람방법은 직접 방문을 통한 열람이 원칙
  - 열람 일시는 보육에 지장이 없도록 보호자와 어린이집 원장이 협의하여 결정(회신일로부터 7일 이내)
- 어린이집의 원장은 열람 조치 시, 보호자 등이 정당한 요구권이 있는지를 가족관계증명서, 주민등록증, 공문서, 신분증 등을 확인한 후 열람할 수 있도록 조치한다.
- 어린이집의 원장은 거부사유에 해당될 경우 열람 요구 등을 거부할 수 있다.

선생님 사고를 예방할 수 있어요.

학번, 이름:

날짜

▶ 보육교직원이 원인이 되는 주요 안전사고를 살펴보고, 교사들이 이러한 사고를 예방하기 위한 자기점검 체크리스트를 만들어 보세요.

사고유형	보육교직원이 원인이 되는 주요 안전사고(그 외)
물체에 부딪힘	• 교사의 소지품(휴대전화, 노트북, 블루투스 스피커, 헤어 고데기 등)이 떨어짐
사람과 부딪힘	• 교사 이동 시 영유아를 보지 못하고 뒤돌다가 교사의 신체(팔꿈치, 손 등)에 부딪힘 • 들고 있던 물건(식판, 교구함 등)을 나르던 중 영유아와 부딪힘
긁힘	• 영유아 양치를 돕는 과정에서 교사 손톱에 긁힘 • 자유놀이 시간에 영유아와 함께 놀이하던 중 교사 손톱에 긁힘
눌림	• 낮잠 시간 중 교사 이동 시 영유아를 보지 못하고 밟은 경우
베임	• 음식을 잘라주려다가 영유아의 손을 보지 못하고 가위에 손이 집혀 상처가 난 경우

출처: 어린이집안전공제회, 2021.

점검내용 (예. 아이들과 함께 있을 때 뜨거운 차, 텀블러 가지고 들어가지 않기)	체크
1.	
2.	
3.	
4.	
5.	
6.	
7.	
8.	
9.	
10.	

CHAPTER 04 안전관련 법규와 안전관리 평가

1 영유아 안전관리 관련 법규(국가법령정보센터, 2021)

1) 아동복지법

아동복지법은 만 18세 미만의 아동이 건강하게 출생하여 행복하고 안전하게 자랄 수 있도록 아동의 복지를 보장하는 것을 목적으로 한다. 영유아보육법보다 상위법인 아동복지법은 영유아 교-보육기관을 운영하는 것에 있어 '아동학대의 예방 및 방지 관련 의무사항', '아동학대 신고의무자 교육', '아동학대 전력자의 아동관련기관의 취업 제한', '아동의 안전에 대한 교육', '아동보호구역 설치' 조항과 깊은 관련이 있다.

(1) 인적 대상의 안전관리

아동복지법 제1장 총칙의 제3조(정의)를 살펴보면, '아동학대'와 '아동학대관련범죄'에 대한 정의가 명시되어 있다.

「아동복지법」

제1장 총칙

제3조(정의) 이 법에서 사용하는 용어의 뜻은 다음과 같다. 〈개정 2014. 1. 28.〉

1. "아동"이란 18세 미만인 사람을 말한다.

~ 중간 생략 ~

7. "아동학대"란 보호자를 포함한 성인이 아동의 건강 또는 복지를 해치거나 정상적 발달을

저해할 수 있는 신체적・정신적・성적 폭력이나 가혹행위를 하는 것과 아동의 보호자가 아동을 유기하거나 방임하는 것을 말한다.

7의2. "아동학대관련범죄"란 다음 각 목의 어느 하나에 해당하는 죄를 말한다.

가. 「아동학대범죄의 처벌 등에 관한 특례법」 제2조 제4호에 따른 아동학대범죄

나. 아동에 대한 「형법」 제2편제24장 살인의 죄 중 제250조부터 제255조까지의 죄

~ 이하 생략 ~

또한 제3장 '아동에 대한 보호서비스 및 아동학대의 예방 및 방지'는 크게 제1절 '아동보호서비스'와 제2절 '아동학대의 예방 및 방지'로 구성되어 있는데, 이 중 제2절의 제26조 '아동학대 신고의무자에 대한 교육'과 제29조의3에서 '아동관련기관의 취업제한 등' 그리고 제29조의4에서 '취업제한명령을 선고받은 자에 대한 취업 등의 점검・확인'을 명시해 두고 있다.

「아동복지법」

제3장 아동에 대한 보호서비스 및 아동학대의 예방 및 방지

제2절 아동학대의 예방 및 방지

제26조(아동학대 신고의무자에 대한 교육) ① 관계 중앙행정기관의 장은 「아동학대범죄의 처벌 등에 관한 특례법」 제10조 제2항 각 호의 어느 하나에 해당하는 사람(이하 "아동학대 신고의무자"라 한다)의 자격 취득 과정이나 보수교육 과정에 아동학대 예방 및 신고의무와 관련된 교육 내용을 포함하도록 하여야 한다. 〈개정 2014. 1. 28., 2015. 3. 27.〉

② 관계 중앙행정기관의 장 및 시・도지사는 아동학대 신고의무자에게 본인이 아동학대 신고의무자라는 사실을 고지할 수 있고, 아동학대 예방 및 신고의무와 관련한 교육(이하 이 조에서 "신고의무 교육"이라 한다)을 실시할 수 있다. 〈신설 2015. 3. 27.〉

③ 아동학대 신고의무자가 소속된 기관・시설 등의 장은 소속 아동학대 신고의무자에게 신고의무 교육을 실시하고, 그 결과를 관계 중앙행정기관의 장에게 제출하여야 한다. 〈신설 2015. 3. 27., 2017. 10. 24.〉

~ 중간 삭제 ~

④ 제1항부터 제3항까지에 따른 교육 내용・시간 및 방법 등 그 밖에 필요한 사항은 대통령령으로 정한다. 〈개정 2015. 3. 27.〉

제29조의3(아동관련기관의 취업제한 등) ① 법원은 아동학대관련범죄로 형 또는 치료감호를 선고하는 경우에는 판결(약식명령을 포함한다. 이하 같다)로 그 형 또는 치료감호의 전부 또는 일부의 집행을 종료하거나 집행이 유예・면제된 날(벌금형을 선고받은 경우에는 그 형이 확정된 날을 말한다)부터 일정기간(이하 "취업제한기간"이라 한다) 동안 다음 각 호에 따른 시

설 또는 기관(이하 "아동관련기관"이라 한다)을 운영하거나 아동관련기관에 취업 또는 사실상 노무를 제공할 수 없도록 하는 명령(이하 "취업제한명령"이라 한다)을 아동학대관련범죄 사건의 판결과 동시에 선고(약식명령의 경우에는 고지를 말한다)하여야 한다. 다만, 재범의 위험성이 현저히 낮은 경우나 그 밖에 취업을 제한하여서는 아니 되는 특별한 사정이 있다고 판단하는 경우에는 그러하지 아니하다. 〈개정 2016. 1. 19., 2016. 3. 22., 2016. 5. 29., 2017. 9. 19., 2017. 10. 24., 2018. 12. 11., 2019. 1. 15., 2020. 4. 7.〉

1. 보장원, 제37조에 따른 취약계층 아동 통합서비스 수행기관, 아동보호전문기관, 제44조의2에 따른 다함께돌봄센터, 제48조에 따른 가정위탁지원센터 및 제52조의 아동복지시설
2. 「가정폭력방지 및 피해자보호 등에 관한 법률」 제4조의6의 긴급전화센터, 같은 법 제5조의 가정폭력 관련 상담소 및 같은 법 제7조의2의 가정폭력피해자 보호시설
3. 「건강가정기본법」 제35조의 건강가정지원센터
4. 「다문화가족지원법」 제12조의 다문화가족지원센터
5. 「성매매방지 및 피해자보호 등에 관한 법률」 제5조의 성매매피해자 등을 위한 지원시설 및 같은 법 제10조의 성매매피해상담소
6. 「성폭력방지 및 피해자보호 등에 관한 법률」 제10조의 성폭력피해상담소 및 같은 법 제12조의 성폭력피해자보호시설 및 같은 법 제18조의 성폭력피해자통합지원센터
7. 「영유아보육법」 제2조 제3호의 어린이집, 같은 법 제7조에 따른 육아종합지원센터 및 같은 법 제26조의2에 따른 시간제보육서비스지정기관
8. 「유아교육법」 제2조 제2호의 유치원

~ 이하 생략 ~

제29조의4(취업제한명령을 선고받은 자에 대한 취업 등의 점검 · 확인) ① 보건복지부장관 또는 관계 중앙행정기관의 장은 아동학대관련범죄로 취업제한명령을 선고받은 자가 제29조의3제1항을 위반하여 다음 각 호의 아동관련기관을 운영하거나 아동관련기관에 취업 또는 사실상 노무를 제공하고 있는지를 직접 또는 관계 기관 조회 등의 방법으로 연 1회 이상 점검 · 확인하여야 한다. 〈개정 2017. 9. 19., 2018. 12. 11., 2020. 4. 7.〉

1. 교육부장관: 제29조의3제1항제8호 · 제18호 · 제19호에 따른 아동관련기관
2. 문화체육관광부장관: 제29조의3 제1항 제17호에 따른 아동관련기관
3. 보건복지부장관: 제29조의3 제1항 제1호 · 제7호 · 제9호 · 제10호 · 제11호 · 제23호에 따른 아동관련기관

~ 이하 생략 ~

제4장 '아동에 대한 지원서비스'는 제1절 '아동 안전 및 건강지원'과 제2절 '취약계층 아동 통합서비스지원 및 자립지원 등'이 명시되어 있다. 이중 제1절의 제31조 '아동의 안전에 대한 교육'과 아동복지법 시행령의 제28조 '아동의 안전에 대한 교육 [별표 6]'에서는 영유아 교-보육기관인 유치원과 어린이집의 안전교육 기준을 명시하고 있다.

「아동복지법」

제4장 아동에 대한 지원서비스

제1절 아동 안전 및 건강지원

제31조(아동의 안전에 대한 교육) ① 아동복지시설의 장, 「영유아보육법」에 따른 어린이집의 원장, 「유아교육법」에 따른 유치원의 원장 및 「초·중등교육법」에 따른 학교의 장은 교육대상 아동의 연령을 고려하여 대통령령으로 정하는 바에 따라 매년 다음 각 호의 사항에 관한 교육계획을 수립하여 교육을 실시하여야 한다. 〈개정 2015. 12. 29.〉

1. 성폭력 및 아동학대 예방
2. 실종·유괴의 예방과 방지
3. 감염병 및 약물의 오남용 예방 등 보건위생관리
4. 재난대비 안전
5. 교통안전

② 아동복지시설의 장, 「영유아보육법」에 따른 어린이집의 원장은 제1항에 따른 교육계획 및 교육실시 결과를 관할 시장·군수·구청장에게 매년 1회 보고하여야 한다.

③ 「유아교육법」에 따른 유치원의 원장 및 「초·중등교육법」에 따른 학교의 장은 제1항에 따른 교육계획 및 교육실시 결과를 대통령령으로 정하는 바에 따라 관할 교육감에게 매년 1회 보고하여야 한다.

「아동복지법 시행령」

제28조 (아동의 안전에 대한 교육) ① 아동복지시설의 장, 「영유아보육법」에 따른 어린이집의 원장, 「유아교육법」에 따른 유치원의 원장 및 「초·중등교육법」에 따른 학교의 장은 법 제31조 제1항에 따라 교육계획을 수립하여 교육을 실시할 때에는 별표6의 교육기준에 따라야 한다. 〈개정 2018. 3. 6.〉

② 법 제31조 제2항 및 제3항에 따라 아동복지시설의 장 및 「영유아보육법」에 따른 어린이집의 원장은 시장·군수·구청장에게, 「유아교육법」에 따른 유치원의 원장 및 「초·중등교육법」 제2조에 따른 학교의 장은 교육감에게, 각각 교육계획 및 교육실시 결과를 매년 3월 31일까지 보고하여야 한다. 〈개정 2014. 9. 26.〉

~ 이하 생략 ~

부록 [별표6] 교육기준

성폭력 및 아동학대 예방교육	실종·유괴의 예방·방지 교육	감염병 및 약물의 오용·남용 예방 등 보건위생관리 교육	재난대비 안전교육	교통안전교육
6개월에 1회 이상 (연간 8시간 이상)	3개월에 1회 이상 (연간 10시간 이상)	3개월에 1회 이상 (연간 10시간 이상)	6개월에 1회 이상 (연간 6시간 이상)	2개월에 1회 이상 (연간 10시간 이상)

(2) 물적 대상의 안전관리

물적 대상이라 할 수 있는 시설과 설비에 대해서 아동복지법 제4장 '아동에 대한 지원서비스'의 제32조 '아동보호구역에서의 영상정보처리기기 설치 등'에 근거하여 유아교육기관 주변 구역을 아동보호구역으로 지정할 수 있다는 것이 명시되어 있다.

「아동복지법」

제4장 아동에 대한 지원서비스

제1절 아동 안전 및 건강지원

제32조(아동보호구역에서의 영상정보처리기기 설치 등) ① 국가와 지방자치단체는 유괴 등 범죄의 위험으로부터 아동을 보호하기 위하여 필요하다고 인정하는 경우에는 다음 각 호의 어느 하나에 해당되는 시설의 주변구역을 아동보호구역으로 지정하여 범죄의 예방을 위한 순찰 및 아동지도 업무 등 필요한 조치를 할 수 있다. 〈개정 2012. 10. 22., 2020. 4. 7.〉

1. 「도시공원 및 녹지 등에 관한 법률」 제15조에 따른 도시공원
2. 「영유아보육법」 제2조 제3호의 어린이집, 같은 법 제7조에 따른 육아종합지원센터 및 같은 법 제26조의2에 따른 시간제보육서비스지정기관
3. 「초·중등교육법」 제38조 따른 초등학교 및 같은 법 제55조에 따른 특수학교
4. 「유아교육법」 제2조에 따른 유치원

② 제1항에 따른 아동보호구역의 지정 기준 및 절차 등에 필요한 사항은 대통령령으로 정한다.

③ 국가와 지방자치단체는 제1항에 따라 지정된 아동보호구역에 「개인정보 보호법」 제2조 제7호에 따른 영상정보처리기기를 설치하여야 한다. 〈신설 2012. 10. 22.〉

④ 이 법에서 정한 것 외에 영상정보처리기기의 설치 등에 관한 사항은 「개인정보 보호법」에 따른다. 〈개정 2012. 10. 22.〉

[제목개정 2012. 10. 22.]

2) 영유아보육법

영유아보육법은 영유아의 심신을 보호하고 건전하게 교육하여 건강한 사회 구성원으로 육성함과 아울러 보호자의 경제적·사회적 활동이 원활하게 이루어지도록 함으로써 영유아 및 가정의 복지 증진에 이바지함을 목적으로 한다.

(1) 인적 대상의 안전관리

영유아보육법은 영유아와 보육교직원의 안전관리 관련내용이 전반에 걸쳐 명시되어 있는데, 그중 제1장 총칙의 제3조 '보육이념'과 제4조 '책임'에서 영유아의 건강과 안전 관련 내용을 안내하고 있다.

「영유아보육법」

제1장 총칙

제3조(보육 이념) ① 보육은 영유아의 이익을 최우선적으로 고려하여 제공되어야 한다.
② 보육은 영유아가 안전하고 쾌적한 환경에서 건강하게 성장할 수 있도록 하여야 한다.
③ 영유아는 자신이나 보호자의 성, 연령, 종교, 사회적 신분, 재산, 장애, 인종 및 출생지역 등에 따른 어떠한 종류의 차별도 받지 아니하고 보육되어야 한다. 〈개정 2011. 8. 4.〉
[전문개정 2007. 10. 17.]

제4조(책임) ① 모든 국민은 영유아를 건전하게 보육할 책임을 진다.
② 국가와 지방자치단체는 보호자와 더불어 영유아를 건전하게 보육할 책임을 지며, 이에 필요한 재원을 안정적으로 확보하도록 노력하여야 한다. 〈개정 2013. 1. 23.〉
③ 특별자치시장・특별자치도지사・시장・군수・구청장(자치구의 구청장을 말한다. 이하 같다)은 영유아의 보육을 위한 적절한 어린이집을 확보하여야 한다. 〈개정 2011. 6. 7., 2011. 8. 4., 2020. 12. 29.〉
④ 국가와 지방자치단체는 보육교직원의 양성, 근로여건 개선 및 권익 보호를 위하여 노력하여야 한다. 〈신설 2015. 5. 18., 2020. 12. 29.〉
[전문개정 2007. 10. 17.]

제3장 '보육교직원'의 제18조2 '보육교직원의 책무'에서 영유아 보육에 있어 준수해야 하는 책무를 명시하고, 제5장 '건강・영양 및 안전'의 제31조 '건강관리 및 응급조치', 제32조 '치료 및 예방조치'에서는 더욱 직접적으로 영유아의 건강과 영양 그리고 안전뿐만 아니라 어린이집 안전공제사업 관련 내용 등 현장에서 다루어져야만 하는 안전관리 내용을 안내하고 있다.

「영유아보육법」

제3장 보육교직원

제18조의2(보육교직원의 책무) ① 보육교직원은 영유아를 보육함에 있어 영유아에게 신체적 고통이나 고성・폭언 등의 정신적 고통을 가하여서는 아니 된다. 〈개정 2017. 3. 14.〉

② 보육교직원은 업무를 수행함에 있어 영유아의 생명・안전보호 및 위험방지를 위하여 주의 의무를 다하여야 한다. 〈신설 2017. 3. 14.〉

[본조신설 2015. 5. 18.]

제5장 건강・영양 및 안전

제31조(건강관리 및 응급조치) ① 어린이집의 원장은 영유아와 보육교직원에 대하여 정기적으로 건강진단을 실시하되, 「국민건강보험법」 제52조 및 「의료급여법」 제14조에 따른 건강검진으로 갈음할 수 있다. 다만, 영유아의 경우 보호자로 하여금 그 검진결과 통보서를 제출하도록 하고 제29조의2에 따른 어린이집 생활기록부에 기록하여 관리하는 등 건강관리를 하여야 한다. 〈개정 2020. 12. 29.〉

② 어린이집의 원장은 영유아에게 질병・사고 또는 재해 등으로 인하여 위급 상태가 발생한 경우 즉시 응급의료기관에 이송하여야 한다. 〈개정 2011. 6. 7.〉

③ 제1항에 따른 건강진단의 구체적인 기준과 내용 등 필요한 사항은 보건복지부령으로 정한다. 〈개정 2008. 2. 29., 2010. 1. 18., 2017. 3. 14.〉

[전문개정 2007. 10. 17.]

제32조(치료 및 예방조치) ① 어린이집의 원장은 제31조에 따른 건강진단 결과 질병에 감염되었거나 감염될 우려가 있는 영유아에 대하여 그 보호자와 협의하여 질병의 치료와 예방에 필요한 조치를 하여야 한다. 〈개정 2011. 6. 7.〉

② 어린이집의 원장은 다음 각 호의 어느 하나에 해당하는 영유아, 어린이집 거주자 및 보육교직원을 보건복지부령으로 정하는 바에 따라 어린이집으로부터 격리시키는 등 필요한 조치를 할 수 있다. 〈신설 2011. 8. 4., 2020. 12. 29.〉

1. 제31조에 따른 건강진단의 결과나 그 밖에 의사의 진단 결과 감염병에 감염 또는 감염된 것으로 의심되거나 감염될 우려가 있는 자
2. 「감염병의 예방 및 관리에 관한 법률」 제2조 제15호의2에 따른 감염병의심자

③ 어린이집의 원장은 제1항의 조치를 위하여 필요하면 「지역보건법」 제10조와 제13조에 따른 보건소 및 보건지소, 「의료법」 제3조에 따른 의료기관에 협조를 구할 수 있다. 〈개정 2011. 6. 7., 2011. 8. 4., 2015. 5. 18.〉

④ 제2항에 따라 협조를 요청받은 보건소・보건지소 및 의료기관의 장은 적절한 조치를 취하여야 한다. 〈개정 2011. 8. 4.〉

⑤ 어린이집의 원장은 간호사(간호조무사를 포함한다)로 하여금 영유아가 의사의 처방, 지시에 따라 투약행위를 할 때 이를 보조하게 할 수 있다. 이 경우 어린이집의 원장은 보호자의 동의를 받아야 한다. 〈신설 2016. 2. 3.〉

[전문개정 2007. 10. 17.]

제7장 '지도 및 감독'에서는 제42조의2 '위법행위의 신고 및 신고자 보호', 제46조 '어린이집의 원장의 자격정지', 제47조 '보육교사의 자격정지', 제49조의3 '위반사실의 공표'에 대해 명시하여 영유아의 건강과 안전에 위해를 가한 경우 다루어져야 하는 사후 조치들에 대해 안내하고 있다.

「영유아보육법」

제7장 지도 및 감독

제42조의2(위법행위의 신고 및 신고자 보호) ① 누구든지 다음 각 호의 어느 하나에 해당하는 자를 관계 행정기관이나 수사기관에 신고 또는 고발할 수 있다. 〈개정 2020. 12. 29.〉

1. 거짓이나 그 밖의 부정한 방법으로 보조금을 교부받거나 유용(流用)한 자
2. 제24조 제1항에 따른 어린이집 운영기준을 지키지 아니한 자
3. 제33조에 따른 급식관리기준을 지키지 아니한 자
4. 제33조의2에 따른 어린이집 차량안전관리 기준을 지키지 아니한 자
5. 거짓이나 그 밖의 부정한 방법으로 제34조에 따른 비용을 지원받은 자
6. 거짓이나 그 밖의 부정한 방법으로 제38조 제1항에 따른 보육료와 그 밖의 필요경비 등을 받은 자
7. 제38조의2를 위반하여 어린이집의 회계에 속하는 재산이나 수입을 보육 목적 외로 부정하게 사용한 자
8. 「아동복지법」 제3조 제7호에 따른 아동학대 행위를 한 자
9. 그 밖에 보건복지부령으로 정하는 자

② 어린이집을 설치·운영하는 자는 보육교직원이 제1항에 따른 신고 또는 고발을 하였다는 이유로 「공익신고자 보호법」 제2조 제6호에 따른 불이익조치를 하여서는 아니 된다.

③ 보건복지부장관, 시·도지사 및 시장·군수·구청장은 제1항 제1호 및 제3호부터 제8호까지에 해당하는 사항에 대하여 신고 또는 고발한 사람에게 예산의 범위에서 포상금을 지급할 수 있다. 〈개정 2018. 12. 11., 2020. 12. 29.〉

④ 제1항에 따른 신고 절차·방법 및 제3항에 따른 포상금 지급의 기준·방법 및 절차 등에 필요한 사항은 대통령령으로 정한다. 〈신설 2018. 12. 11.〉

[본조신설 2015. 5. 18.]

[시행일 : 2021. 6. 30.] 제42조의2

제46조(어린이집의 원장의 자격정지) ① 보건복지부장관은 어린이집의 원장이 다음 각 호의 어느 하나에 해당하면 1년(「아동복지법」 제3조 제7호에 따른 아동학대 행위로 제1호가목에 해당하게 된 경우에는 5년) 이내의 범위에서 보건복지부령으로 정하는 바에 따라 그 자격을 정지시킬 수 있다. 〈개정 2008. 2. 29., 2010. 1. 18., 2011. 6. 7., 2013. 6. 4., 2015. 5. 18., 2020. 12. 29.〉

1. 어린이집의 원장이 업무 수행 중 고의나 중대한 과실로 영유아에게 손해를 입힌 경우로서 다음 각 목의 어느 하나에 해당하는 경우
   가. 영유아의 생명을 해치거나 신체 또는 정신에 중대한 손해를 입힌 경우
   나. 제24조에 따른 운영기준을 위반하여 손해를 입힌 경우
   다. 제33조에 따라 보건복지부령으로 정한 급식기준을 위반하여 손해를 입힌 경우
   라. 그 밖에 손해를 입힌 경우
2. 해당 업무 수행에 필요한 자격이 없는 자를 채용하여 보육교사·간호사 또는 영양사 등의 업무를 수행하게 한 경우
3. 제23조에 따른 보수교육을 연속하여 3회 이상 받지 아니한 경우
4. 거짓이나 그 밖의 부정한 방법으로 보조금을 교부받거나 보조금을 유용한 경우
5. 거짓이나 그 밖의 부정한 방법으로 제34조에 따른 비용을 지원받은 경우
6. 거짓이나 그 밖의 부정한 방법으로 제38조 제1항에 따른 보육료와 그 밖의 필요경비 등을 받은 경우
7. 제38조의2를 위반하여 어린이집의 회계에 속하는 재산이나 수입을 보육 목적 외로 부정하게 사용한 경우
8. 「공익신고자 보호법」 제2조 제2호에 따른 공익신고를 한 보육교직원에게 같은 조 제6호에 따른 불이익조치를 한 경우

② 보건복지부장관은 어린이집의 원장이 「도로교통법」 제53조 제3항부터 제5항까지에 따른 영유아의 하차 여부 확인에 관한 의무를 준수하지 아니하여 영유아가 사망하거나 신체에 보건복지부령으로 정하는 중상해를 입은 경우 2년 이내의 범위에서 보건복지부령으로 정하는 바에 따라 그 자격을 정지시킬 수 있다. 〈신설 2020. 12. 29.〉

③ 어린이집의 원장의 지도·감독 하에 있는 자가 다음 각 호의 어느 하나에 해당하는 행위를 한 경우에는 어린이집의 원장이 한 행위로 본다(어린이집 원장의 자격정지에 관한 사항으로 한정한다). 다만, 어린이집의 원장이 그 행위를 방지하기 위하여 상당한 주의와 감독을 게을리하지 아니한 경우에는 그러하지 아니하다. 〈신설 2020. 12. 29.〉

1. 「도로교통법」 제53조 제3항부터 제5항까지에 따른 영유아의 하차 여부 확인에 관한 의무를 준수하지 아니하여 영유아가 사망하거나 신체에 보건복지부령으로 정하는 중상해를 입은 경우
2. 「아동복지법」 제3조 제7호에 따른 아동학대 행위를 하여 제1항 제1호 가목에 해당하게 된 경우

[전문개정 2007. 10. 17.]
[제목개정 2011. 6. 7.]
[시행일 : 2021. 6. 30.] 제46조

제47조(보육교사의 자격정지) ① 보건복지부장관은 보육교사가 다음 각 호의 어느 하나에 해당하면 1년(「아동복지법」 제3조 제7호에 따른 아동학대 행위로 제1호에 해당하게 된 경우에는 5년) 이내의 범위에서 보건복지부령으로 정하는 바에 따라 그 자격을 정지시킬 수 있다. 〈개정 2008. 2. 29., 2010. 1. 18., 2011. 12. 31., 2015. 5. 18., 2020. 12. 29.〉

1. 보육교사가 업무 수행 중 그 자격과 관련하여 고의나 중대한 과실로 손해를 입힌 경우
2. 제23조의2에 따른 보수교육을 연속하여 3회 이상 받지 아니한 경우

② 보건복지부장관은 보육교사가 「도로교통법」 제53조 제3항부터 제5항까지에 따른 영유아의 하차 여부 확인에 관한 의무를 준수하지 아니하여 영유아가 사망하거나 신체에 보건복지부령으로 정하는 중상해를 입은 경우 2년 이내의 범위에서 보건복지부령으로 정하는 바에 따라 그 자격을 정지시킬 수 있다. 〈신설 2020. 12. 29.〉

[전문개정 2007. 10. 17.]

[시행일 : 2021. 6. 30.] 제47조

제49조의3(위반사실의 공표) ① 보건복지부장관, 시·도지사 또는 시장·군수·구청장은 제45조 또는 제45조의2에 따른 행정처분을 받은 어린이집으로서 다음 각 호의 어느 하나의 경우에 해당하는 어린이집에 대하여 그 위반행위, 처분내용, 해당 어린이집의 명칭, 대표자의 성명, 어린이집 원장의 성명(대표자와 동일인이 아닌 경우만 해당한다) 및 그 밖에 다른 어린이집과의 구별에 필요한 사항으로서 대통령령으로 정하는 사항을 공표하여야 한다. 다만, 제1호 및 제3호부터 제5호까지의 경우에는 보건복지부령으로 정하는 금액 이상인 경우에만 공표하여야 한다. 〈개정 2015. 5. 18., 2020. 12. 29.〉

1. 거짓이나 그 밖의 부정한 방법으로 보조금을 교부받거나 보조금을 유용한 경우
2. 제24조에 따른 운영기준 및 제33조에 따라 보건복지부령으로 정한 급식기준을 위반하여 영유아의 생명을 해치거나 신체 또는 정신에 중대한 피해가 발생한 경우
3. 거짓이나 그 밖의 부정한 방법으로 제34조에 따른 비용을 지원받은 경우
4. 거짓이나 그 밖의 부정한 방법으로 제38조 제1항에 따른 보육료와 그 밖의 필요경비 등을 받은 경우
5. 제38조의2를 위반하여 어린이집의 회계에 속하는 재산이나 수입을 보육 목적 외로 부정하게 사용한 경우

② 보건복지부장관, 시·도지사 또는 시장·군수·구청장은 제46조부터 제48조까지의 행정처분을 받은 사람으로서 「아동복지법」 제3조 제7호에 따른 아동학대 행위를 하여 영유아의 생명을 해치거나 신체 또는 정신에 중대한 피해를 입힌 어린이집의 원장 및 보육교사에 대하여 법 위반 이력과 명단, 그 밖에 대통령령으로 정하는 사항을 공표하여야 한다. 〈개정 2015. 5. 18.〉

③ 보건복지부장관, 시·도지사 또는 시장·군수·구청장은 제1항 및 제2항에 따른 공표를 실시하기 전에 공표대상자에게 그 사실을 통지하여 소명자료를 제출하거나 출석하여 의견진술을 할 수 있는 기회를 부여하여야 한다.

④ 제1항 및 제2항에 따른 공표의 절차·방법, 그 밖에 필요한 사항은 대통령령으로 정한다.

[본조신설 2013. 6. 4.]

[시행일 : 2021. 6. 30.] 제49조의3

(2) 물적 대상의 안전관리

시설 및 설비와 관련된 안전관리 내용은 제2장 '어린이집의 설치' 중 제15조 '어린이집 설치기준', 제15조의2 '놀이터 설치', 제15조의3 '비상재해대비시설' 그리고 제15조의4 '폐쇄회로 텔레비전의 설치 등'에 구체적으로 명시되어 있다.

「영유아보육법」

제2장 어린이집의 설치

제15조(어린이집 설치기준) 어린이집을 설치·운영하려는 자는 보건복지부령으로 정하는 설치기준을 갖추어야 한다. 다만, 놀이터, 비상재해대비시설 및 폐쇄회로 텔레비전의 설치와 관련된 사항은 각각 제15조의2부터 제15조의4까지에 따른다. 〈개정 2008. 2. 29., 2010. 1. 18., 2011. 6. 7., 2011. 12. 31., 2015. 5. 18.〉

[전문개정 2007. 10. 17.]

[제목개정 2011. 6. 7.]

제15조의2(놀이터 설치) ① 어린이집을 설치·운영하는 자는 놀이터를 설치하여야 하며 설치에 관한 기준은 보건복지부령으로 정한다. 다만, 다음 각 호의 어느 하나에 해당하는 어린이집은 그러하지 아니한다.

1. 보육 정원 50명 미만인 어린이집
2. 100미터 이내에 보건복지부령으로 정하는 기준을 충족하는 놀이터가 설치되어 있는 어린이집

② 제1항에도 불구하고 특별자치시장·특별자치도지사·시장·군수·구청장은 제6조 제1항에 따른 지방보육정책위원회의 심의를 거쳐 2005년 1월 29일 이전에 인가받은 어린이집이 도심지 및 도서·벽지 등 지역의 여건상 놀이터를 설치하기 곤란한 경우로서 보육상 지장이 없다고 인정하는 경우에는 놀이터를 설치하지 아니하거나 놀이터 설치 기준을 완화하여 변경인가할 수 있다. 〈개정 2020. 12. 29.〉

[본조신설 2011. 6. 7.]

제15조의3(비상재해대비시설) ① 어린이집을 설치·운영하는 자는 반드시 1층과 2층 이상 등 종류별 비상재해대비시설을 설치하여야 하며 설치에 관한 기준은 보건복지부령으로 정한다.

② 제1항에도 불구하고 특별자치시장·특별자치도지사·시장·군수·구청장은 2009년 7월 3일 이전에 이미 인가받은 어린이집("기인가 어린이집"이라 한다. 이하 이 조에서 같다)이 비상재해 대비에 지장이 없다고 판단할 경우 종전 인가당시 기준을 적용할 수 있다. 이 경우, 특별자치시장·특별자치도지사·시장·군수·구청장은 기인가 어린이집이 비상재해대비에 지장이 없는지 여부를 판단하기 위해 비상재해대비시설기준 심의위원회를 구성·운영하여야 하며 해당 위원회의 심의를 반드시 거쳐야 한다. 〈개정 2020. 12. 29.〉

③ 제2항에 따른 비상재해대비시설기준 심의위원회의 위원은 5명 이상으로 하며 다음 각 호의 어느 하나에 해당하는 사람 중에서 특별자치시장·특별자치도지사·시장·군수·구청장이 임명하거나 위촉한다. 이 경우 전체 위원의 2분의 1 이상은 제1호부터 제4호까지에 해당하는 사람으로 구성하여야 하며 위원장은 위원 중에서 호선한다. 〈개정 2020. 12. 29.〉

1. 소방공무원
2. 소방기술사
3. 소방시설관리사
4. 「화재예방, 소방시설 설치·유지 및 안전관리에 관한 법률」 제4조의2에 따른 소방·방재 분야에 관한 전문지식을 갖춘 사람
5. 보육 관련 업무를 담당하는 공무원
6. 「고등교육법」 제2조에 따른 학교에 재직하고 있는 보육 관련 분야 교수

④ 위원의 임기, 운영 및 회의 등에 필요한 사항은 제6조에 따른 지방보육정책위원회 관련 규정을 준용한다.

[본조신설 2011. 12. 31.]

제15조의4(폐쇄회로 텔레비전의 설치 등) ① 어린이집을 설치·운영하는 자는 아동학대 방지 등 영유아의 안전과 어린이집의 보안을 위하여 「개인정보 보호법」 및 관련 법령에 따른 폐쇄회로 텔레비전(이하 "폐쇄회로 텔레비전"이라 한다)을 설치·관리하여야 한다. 다만, 다음 각 호의 어느 하나에 해당하는 경우에는 그러하지 아니하다. 〈개정 2020. 12. 29.〉

1. 어린이집을 설치·운영하는 자가 보호자 전원의 동의를 받아 특별자치시장·특별자치도지사·시장·군수·구청장에게 신고한 경우
2. 어린이집을 설치·운영하는 자가 보호자 및 보육교직원 전원의 동의를 받아 「개인정보 보호법」 및 관련 법령에 따른 네트워크 카메라를 설치한 경우

② 제1항에 따라 폐쇄회로 텔레비전을 설치·관리하는 자는 영유아 및 보육교직원 등 정보주체의 권리가 침해되지 아니하도록 다음 각 호의 사항을 준수하여야 한다.

1. 아동학대 방지 등 영유아의 안전과 어린이집의 보안을 위하여 최소한의 영상정보만을 적법하고 정당하게 수집하고, 목적 외의 용도로 활용하지 아니하도록 할 것
2. 영유아 및 보육교직원 등 정보주체의 권리가 침해받을 가능성과 그 위험 정도를 고려하여 영상정보를 안전하게 관리할 것
3. 영유아 및 보육교직원 등 정보주체의 사생활 침해를 최소화하는 방법으로 영상정보를 처리할 것

③ 어린이집을 설치·운영하는 자는 폐쇄회로 텔레비전에 기록된 영상정보를 60일 이상 보관하여야 한다.

④ 제1항에 따른 폐쇄회로 텔레비전의 설치·관리기준 및 동의 또는 신고의 방법·절차·요건, 제3항에 따른 영상정보의 보관기준 및 보관기간 등에 필요한 사항은 보건복지부령으로 정한다.

[본조신설 2015. 5. 18.]

더불어 영유아보육법 시행규칙의 제9조 '어린이집의 설치기준 등'에서 세부 관리 기준을 명시하고 있다.

「영유아보육법 시행규칙」

제9조(어린이집의 설치기준 등) ① 법 제15조에 따른 어린이집의 설치기준(법 제15조의2부터 법 제15조의4까지에 따른 놀이터, 비상재해대비시설 및 폐쇄회로 텔레비전의 설치기준을 포함한다)은 별표1과 같다.

② 법 제15조의4에 따른 폐쇄회로 텔레비전의 관리기준은 별표1의2와 같다.

[전문개정 2015. 9. 18.]

별표1 – 어린이집의 설치기준(제9조 관련)

1. 어린이집의 입지조건

~ 중간 생략 ~

3. 어린이집의 구조 및 설비기준

가. 일반기준

1) 어린이집의 구조 및 설비는 그 시설을 이용하는 영유아의 특성에 맞도록 하여야 하며, 사적 용도를 위한 시설 등 영유아의 보육 목적에 부합하지 않는 시설은 설치할 수 없다. 다만, 관할 특별자치도지사・시장・군수・구청장이 지역적 특수성을 고려하여 필요하다고 인정하는 경우에는 어린이집이 설치된 건물 내에 다음의 시설을 설치할 수 있다.

2) 어린이집이 설치된 건물 내에 1)나)에 따른 시설을 설치하려는 경우에는 다음의 기준을 준수해야 한다.

3) 어린이집은 하나의 건물에 설치하여야 한다. 다만, 담 또는 울타리로 둘러싸인 동일 대지 안에 여러 개의 건물(모두 5층 이하이어야 한다)이 있는 경우 모든 건물의 전체가 어린이집으로 사용되고 4)바)①에 따른 옥외놀이터가 설치된 경우에는 그러하지 아니하다.

4) 어린이집에는 다음의 설비를 하여야 한다. 이 경우 보육실을 포함한 시설면적(놀이터 면적은 제외한다)은 영유아 1명당 4.29제곱미터 이상으로 한다.

~ 이하 생략 ~

별표1의2 – 폐쇄회로 텔레비전의 관리기준(제9조 제2항 관련)

1. 폐쇄회로 텔레비전의 관리책임자는 어린이집 원장이 된다. 다만, 지정된 직원(관리자)에게 폐쇄회로 텔레비전의 일상적인 관리를 하게 할 수 있고, 관리자로 지정된 직원은 장비를 정기적으로 확인하고 적절히 유지하여야 한다.
2. 폐쇄회로 텔레비전의 영상정보는 화질이 담보될 수 있도록 고해상도[HD(High Definition)]급 이상(보건복지부장관이 정하여 고시하는 해상도 이상을 말한다)의 화소수로 1초당 10장 이상의 프레임이 저장되도록 설정하여 운영되어야 한다.
3. 폐쇄회로 텔레비전의 관리책임자는 개인정보 유출이나 정보 오용・남용을 예방・관리하기 위하여 관련 소프트웨어 프로그램을 장착하여 운영할 수 있다.

4. 폐쇄회로 텔레비전의 영상정보는 설치 목적 외의 다른 목적으로 사용될 수 없으며, 임의로 조작하거나 삭제되어서는 아니 된다. 녹화(저장)된 영상정보는 잠금장치가 있는 공간에 독립적으로 보관되어야 하고, 허가된 직원에 한정하여 접근할 수 있도록 하여야 한다.
5. 그 밖에 폐쇄회로 텔레비전의 관리에 관하여 필요한 사항은 보건복지부장관이 정한다.

3) 유아교육법

유아교육법에서 안전과 관련된 내용은 제2장 '유치원의 설립 등'의 제17조 '건강검진 및 급식', 제17조의3 '응급조치', 제3장 '교직원'의 제21조의2 '유아의 인권보장'에 명시되어 있다.

「유아교육법」

제2장 유치원의 설립 등

제17조(건강검진 및 급식) ① 원장은 교육하고 있는 유아에 대하여 건강검진을 실시하고, 그 결과 치료가 필요한 유아에게는 보호자와 협의하여 필요한 조치를 하여야 한다. 〈개정 2010. 3. 24.〉

② 원장은 교육하고 있는 해당 유치원의 유아에게 적합한 급식을 할 수 있다. 〈개정 2010. 3. 24.〉

③ 제1항에 따른 건강검진의 실시시기 및 그 결과처리에 관한 사항과 제2항에 따른 급식 시설·설비기준 등에 관하여 필요한 사항은 교육부령으로 정한다. 〈개정 2008. 2. 29., 2010. 3. 24., 2013. 3. 23.〉

제17조의3(응급조치) 원장(제21조 제2항에 따라 원장의 직무를 대행하는 사람을 포함한다)은 보호하는 유아에게 질병·사고나 재해 등으로 인하여 위급한 상태가 발생한 경우 즉시 해당 유아를 「응급의료에 관한 법률」 제2조에 따른 응급의료기관에 이송하여야 한다.
[본조신설 2013. 5. 22.]

제3장 교직원

제21조의2(유아의 인권 보장) ① 유치원의 설립자·경영자와 원장은 헌법과 국제인권조약에 명시된 유아의 인권을 보장하여야 한다.

② 교직원은 제21조에 따라 유아를 교육하거나 사무를 담당할 때에는 도구, 신체 등을 이용하여 유아의 신체에 고통을 가하거나 고성, 폭언 등으로 유아에게 정신적 고통을 가해서는 아니 된다. 〈개정 2020. 1. 29.〉
[본조신설 2016. 5. 29.]

4) 영유아 안전관리 관련 법규에 따른 어린이집 내 안전교육(보건복지부, 2020)

(1) 영유아에 대한 안전교육

영유아가 스스로 자신의 건강과 안전을 보호할 수 있는 능력을 가질 수 있도록 교육을 해야 한다. 이를 위해 어린이집의 원장은 비상대응계획을 작성하고, 소방 대피, 지진 대피, 폭설 대비 훈련을 포함한 다양한 유형의 재난 대비 훈련을 월 1회 실시해야 한다. 또한 영유아의 연령을 고려하여 아동복지법령의 안전교육 기준에 따라 매년 안전교육계획을 수립하여 교육을 실시하고, 계획 및 교육 실시 결과를 관할 시장・군수・구청장에게 매년 3월 31일까지 보고해야 한다.

CHAPTER 4

표 4-1 안전교육 기준(아동복지법 제31조 및 동법 시행령 제28조)

구분	성폭력・아동학대 예방교육	실종・유괴의 예방・방지교육	감염병 및 약물의 오용・남용 예방 등 보건위생관리 교육	재난대비 안전교육	교통안전교육
실시 주기 (총시간)	6개월에 1회 이상 (연간 8시간 이상)	3개월에 1회 이상 (연간 10시간 이상)	3개월에 1회 이상 (연간 10시간 이상)	6개월에 1회 이상 (연간 6시간 이상)	2개월에 1회 이상 (연간 10시간 이상)
교육 내용	1. 내 몸의 소중함 2. 내 몸의 정확한 명칭 3. 좋은 느낌과 싫은 느낌 4. 성폭력 예방법과 대처법	1. 길을 잃을 수 있는 상황 이해하기 2. 미아 및 유괴 발생시 대처방법 3. 유괴범에 대한 개념 4. 유인・유괴 행동에 대한 이해 및 유괴 예방법	1. 감염병 예방을 위한 개인위생 실천 습관 2. 예방접종의 이해 3. 몸에 해로운 약물 위험성 알기 4. 생활주변의 해로운 약물・화학제품 그림으로 구별하기 5. 모르면 먼저 어른에게 물어보기 6. 가정용 화학제품 만지거나 먹지 않기 7. 어린이 약도 함부로 많이 먹지 않기	1. 화재의 원인과 예방법 2. 뜨거운 물건 이해하기 3. 옷에 불이 붙었을 때 대처법 4. 화재 시 대처법 5. 자연재난의 개념과 안전한 행동 알기	1. 차도, 보도 및 신호등의 의미 알기 2. 안전한 도로 횡단법 3. 안전한 통학버스 이용법 4. 날씨와 보행안전 5. 어른과 손잡고 걷기

(계속)

구분	성폭력 · 아동학대 예방교육	실종 · 유괴의 예방 · 방지교육	감염병 및 약물의 오용 · 남용 예방 등 보건위생관리 교육	재난대비 안전교육	교통안전교육
교육 방법	1. 전문가 또는 담당자 강의 2. 장소 · 상황별 역할극 실시 3. 시청각 교육 4. 사례 분석	1. 전문가 또는 담당자 강의 2. 장소 · 상황별 역할극 실시 3. 시청각 교육 4. 사례 분석	1. 전문가 또는 담당자 강의 2. 시청각 교육 3. 사례 분석	1. 전문가 또는 담당자 강의 2. 시청각 교육 3. 실습교육 또는 현장학습 4. 사례 분석	1. 전문가 또는 담당자 강의 2. 시청각 교육 3. 실습교육 또는 현장학습 4. 일상생활을 통한 반복 지도 및 부모교육

그리고 영유아에게 국가정보화기본법 제30조의8 제2항 및 같은 법 시행령 제30조의2 제2항에 따라 인터넷중독 예방 및 해소 관련 교육을 연 1회 실시하고, 매년 4월 30일까지 전년도 교육의 실시 결과를 과학기술정보통신부장관에게 제출하도록 한다.

(2) 보육교직원에 대한 안전교육

어린이집의 보육교직원은 안전교육지침 등을 숙지해야 하며, 시 · 도 및 시 · 군 · 구 등에서 안전 관련 교육을 시행할 때 적극 참여 및 이수해야 한다. 또한 화재 등 긴급사태에 대비한 계획수립 및 정기적인 점검 · 훈련을 실시해야 하고, 아동학대예방 · 안전관리교육을 필히 이수하도록 한다.

표 4-2 아동학대예방 · 안전관리 교육 운영

분 야	과 목	시간	인정교육
아동학대예방 · 안전관리	• 안전사고 예방교육 – 어린이집 안전관리, 어린이집 안전사고 실태 및 대처법 등	3시간	안전사고 예방교육
	• 아동학대 예방교육 – 아동학대, 성폭력, 실종 예방 및 사후관리, 영유아기 정신건강(정상 및 비정상 심리, 성 발달 포함)관련 교육 등	3시간	아동학대, 성폭력, 실종예방 및 사후관리

(3) 부모에 대한 안전교육

어린이집의 원장은 영유아의 건강 · 위생, 아동학대, 안전, CCTV 열람 등과 관련된 내용을 포함하여 부모와 충분히 협의 · 고지해야 하며 안전, 아동학대예방 등 관련교육에 부모가 참여할 수 있도록 해야 한다.

5) 유치원 7대 안전교육 표준안

교육부 고시 제2016-90호인 '학교안전교육 실시 기준 등에 관한 고시'의 내용을 살펴보면 다음과 같다.

제1조(목적) 이 고시는 「학교안전사고 예방 및 보상에 관한 법률 시행규칙」(이하 "규칙"이라 한다) 제2조 제1항에서 교육부장관에게 위임한 학교안전교육의 실시 기준 등에 관한 사항을 규정함을 목적으로 한다.

제2조(적용범위) 이 고시는 「학교안전사고 예방 및 보상에 관한 법률」(이하 "법"이라 한다) 제2조 제1호에서 "학교"로 정의하고 있는 다음 각 호의 기관 또는 시설에 적용한다.

1. 「유아교육법」 제2조 제2호의 규정에 따른 유치원
2. 「초 · 중등교육법」 제2조의 규정에 따른 학교
3. 「평생교육법」 제31조 제2항의 규정에 따라 고등학교 졸업 이하의 학력이 인정되는 평생교육시설
4. 「재외국민의 교육지원 등에 관한 법률」 제2조 제3호에 따른 재외 한국학교

제3조(학생 안전교육) ① 학교의 장은 규칙 제2조 제1항에서 규정하고 있는 학교안전교육 7대 영역에 해당하는 안전교육을 【별표1】과 【별표2】에 따라 계획을 수립 · 시행하여야 한다. 이 경우 학교의 장은 「아동복지법」, 「학교폭력예방 및 대책에 관한 법률」, 「성폭력방지 및 피해자보호 등에 관한 법률」, 「성매매방지 및 피해자보호 등에 관한 법률」 등 관련 법령에서 규정하는 안전 관련 교육 및 학교 교육과정과 연계 · 통합 실시할 수 있다.

② 안전교육은 이론과 실습교육으로 병행하되 다음 각 호 중 어느 하나에 해당하는 자가 실시하는 것으로 하여야 한다.

1. 「유아교육법」제20조 제1항, 「초 · 중등교육법」 제19조 제1항, 「평생교육법」 제31조 제3항, 「재외국민의 교육지원 등에 관한 법률」 제23조 제1항 및 제2항에 따른 교원
2. 규칙 제2조 제5항 각호에 의하여 안전교육을 위탁할 수 있는 전문교육기관 · 단체 소속 직원
3. 의사, 간호사, 응급구조사 등 해당 안전 영역과 관련된 자격증을 보유한 자

4. 그 밖에 교육감이 영역별 전문 지식을 갖춘 것으로 인정하는 기준에 부합하는 자

제4조(교직원 등 안전교육) ① 법 제2조 제3호에 따른 교직원은 안전교육을 3년 이내 15시간 이상을 이수하여야 한다. 다만, 3년 미만의 계약을 체결하여 종사하는 자는 6개월마다 2시간 이상을 이수하여야 한다.

② 법 제2조 제5호에 따른 교육활동참여자는 연간 1회 이상의 안전교육을 이수하여야 하며, 학교의 장은 교육활동참여자의 안전교육을 위한 계획을 수립·실시하여야 한다.

③ 제1항 및 제2항에도 불구하고 학교 안전 관련 국가자격이 신설되어 국가자격을 취득·유지할 경우에는 안전교육을 이수한 것으로 본다.

제5조(실적보고) ① 법 제8조 제1항에 따라 학교는 학기별 안전교육 실시결과를 〈서식 1-1〉과 〈서식 1-2〉를 활용하여 매년 8월과 12월에 교육감에게 보고하여야 한다.

〈부칙〉

이 고시는 발령한 날부터 시행한다. 다만, 제4조의 교직원 및 교육활동참여자의 안전교육은 2014년 11월부터 적용한 것으로 본다.

위 고시에 근거하여 실시되고 있는 유치원 안전교육의 시간 및 횟수는 다음과 같다.

구분		생활안전교육	교통안전교육	폭력예방 및 신변보호교육	약물 및 사이버 중독 예방교육	재난안전교육	직업안전교육	응급처치교육
교육시간	유치원	13	10	8	10	6	2	2
횟수		학기당 2회 이상	학기당 3회 이상	학기당 2회 이상	학기당 2회 이상	학기당 2회 이상	학기당 1회 이상	학기당 1회 이상

위 학교 안전교육의 내용 및 방법을 살펴보면 다음과 같다.

구분		생활안전교육	교통안전교육	폭력예방 및 신변보호교육	약물 및 사이버 중독 예방교육	재난안전교육	직업안전교육	응급처치교육
교육내용	유치원	1. 교실, 가정, 등하굣길에서 안전하게 생활하기	1. 표지판 및 신호등의 의미 등 교통안전 규칙 알고 지키기	1. 내 몸의 소중함과 정확한 명칭 알기	1. 올바른 약물 사용법 알기	1. 화재의 원인과 예방법 알기	1. 일터 안전의 중요성 및 안전을 위해 지켜야 할 일 알기	1. 응급상황 알기 및 도움 요청하기
		2. 안전한 장소를 알고 안전하게 놀이하기	2. 안전한 도로 횡단법 알기	2. 좋은 느낌과 싫은 느낌 알기	2. 생활 주변의 해로운 약물·화약제품 만지거나 먹지 않기	2. 화재 발생 시 유의사항 및 대처법 알기	2. 일터 안전시설 현장 체험하기	2. 119 신고와 주변에 알리기
		3. 놀이기구나 놀잇감, 도구의 바른 사용법을 알고 안전하게 사용하기	3. 어른과 손잡고 걷기	3. 성폭력 예방 및 대처방법 알기	3. T.V, 인터넷, 통신기기(스마트폰 등) 등의 중독 위해성을 알고 바르게 사용하기	3. 각종 자연 재난 및 사고 적절하게 대처하는 방법 알기		3. 손 씻기와 소독하기 등 청결유지 하기
		4. 실종, 유괴, 미아 상황 알고 도움 요청하기	4. 교통수단(자전거, 통학버스 등) 안전하게 이용하기	4. 나와 내 주변 사람(가족, 친구 등)의 소중함을 알고 사이좋게 지내기				4. 상황별 응급처치 방법 알기
		5. 몸에 좋은 음식, 나쁜 음식 알기		5. 아동학대 신고 및 대처방법 알기				
교육방법		1. 전문가 또는 담당자 강의 2. 시청각 교육 3. 실습교육 또는 현장학습 4. 일상생활을 통한 반복 지도 및 부모 교육	1. 전문가 또는 담당자 강의 2. 시청각 교육 3. 실습교육 또는 현장학습 4. 일상생활을 통한 반복 지도 및 부모 교육	1. 전문가 또는 담당자 강의 2. 장소·상황별 역할극 실시 3. 시청각 교육 4. 사례 분석	1. 전문가 또는 담당자 강의 2. 시청각 교육 3. 사례 분석	1. 전문가 또는 담당자 강의 2. 시청각 교육 3. 실습교육 또는 현장학습 4. 사례 분석	1. 전문가 또는 담당자 강의 2. 시청각 교육 3. 실습교육 또는 현장학습(직장견학 또는 직업체험) 4. 사례 분석	1. 전문가 또는 담당자 강의 2. 시청각 교육 3. 실습교육 또는 현장학습 4. 사례 분석

2 영유아 교-보육기관의 안전관리 평가

1) 어린이집 평가제(보건복지부, 2020)

안전관리 평가와 연결되는 '건강 · 안전' 영역은 총 5개의 평가지표로 구성되어 있다. 세부 내용은 (3-1) 실내외 공간의 청결 및 안전, (3-2) 급 · 간식, (3-3) 건강증진을 위한 교육 및 관리, (3-4) 등 · 하원의 안전 그리고 (3-5) 안전교육과 사고예방 등에 대해 평가하게 된다. 그중 안전과 직결되는 3-1, 3-4, 3-5 영역의 내용을 중심으로 살펴보도록 하겠다.

표 4-3 건강 · 안전 영역 평가지표

평가지표	
3-1	실내외 공간의 청결 및 안전
3-2	급 · 간식
3-3	건강증진을 위한 교육 및 관리
3-4	등 · 하원의 안전
3-5	안전교육과 사고예방

영역 등급기준

우수	5개의 평가지표 중 '우수' 지표가 4개 이상(필수 포함)
보통	우수 및 개선필요 등급에 해당하지 않는 경우
개선필요	5개의 평가지표 중 '개선필요' 지표가 1개 이상

(1) 3-1 실내외 공간의 청결 및 안전

어린이집은 보육실을 포함한 실내외 공간을 항상 청결하게 유지하고 관리하여 질병에 대한 저항력이 낮은 영유아의 건강에 무리가 가지 않도록 유의해야 한다. 더불어 놀잇감과 실내외 시설 및 설비를 항시 점검하고 안전하게 관리하여 영유아가 안전사고의 위험에서 벗어날 수 있는 환경을 조성하도록 해야 한다.

평가항목		결과
3-1-1	실내외 공간을 청결하고 쾌적하게 관리한다.	□Y □N
3-1-2	실내외 공간과 설비를 위험요인 없이 안전하게 관리한다.	□Y □N
3-1-3	실내외 공간의 놀잇감 및 활동자료와 위험한 물건을 안전하게 관리한다.	□Y □N
	합 계	총 계

(2) 3-4 등 · 하원의 안전

어린이집에서는 영유아의 등원부터 하원이 이루어질 때까지 그들을 안전하게 보호해야 할 책임과 의무를 가지고 있다. 영유아들이 보육교직원들의 보호 아래에서 하루 일과를 즐겁고 안전하게 보내고 심신의 고른 성장과 발달이 이루어질 수 있도록 유의해야 한다.

평가항목		결과
3-4-1	교사는 영유아의 출석을 확인하며 인계규정에 따라 귀가지도를 한다.	□Y □N
3-4-2	영유아는 등원부터 하원까지 성인의 보호 하에 있다.	□Y □N
3-4-3	등·하원용 차량을 운행할 경우 안전요건을 갖추어 관리한다.	□Y □N
	합 계	총 계

(3) 3-5 안전교육과 사고예방

영유아가 일상생활 속 여러 가지 위해한 상황에서 스스로 자신을 보호할 수 있는 능력과 기술을 가질 수 있도록 어린이집에서는 영유아의 발달특성을 고려한 안전교육 계획을 수립하고 이에 근거한 교육을 실시해야 한다.

평가항목		결과
3-5-1	영유아를 대상으로 안전교육을 지속적으로 실시하고 있다.	□Y □N
3-5-2	보육교직원은 안전교육을 받고 영유아 학대 예방 지침을 준수한다.	□Y □N
3-5-3	안전설비를 비상시 효율적으로 사용할 수 있도록 관리하고 있다.	□Y □N
	합 계	총 계

2) 유치원 평가 – 건강 · 안전 영역을 중심으로

안전관리 평가와 연결되는 '건강 · 안전' 영역은 총 4개의 평가지표로 구성되어 있으며, 세부 내용은 (3-1) 시설 및 환경, (3-2) 건강 및 안전 증진, (3-3) 급 · 간식 건강 및 안전, (3-4) 등 · 하원 안전으로 구성되어 있다. 유치원 평가는 모든 지표에서 '안전'과 관련된 평가항목이 제시되어 있어 전체적으로 살펴보도록 하겠다.

(1) 3-1 시설 및 환경

유치원의 실내외 공간을 항상 청결하게 유지하고 영유아들이 안전하게 생활할 수 있도록 항시 관리되어야 한다. 더불어 수도시설이나 전기, 가스 등에 의한 사고가 발생하지 않도록 관리하며, 사고에 대비해 안전시설과 용품에 대한 관리 및 사용법을 교직원들이 숙지할 수 있도록 평가항목으로 구성되어 있다.

평가 지표	평가 항목	충족(Y)	미충족(N)
3-1 시설 및 환경	3-1-1. 실내 공간을 청결하고 안전하게 관리한다.		
	3-1-2. 실외 공간을 청결하고 안전하게 관리한다.		
	3-1-3. 수도시설 공간을 청결하고 안전하게 관리한다.		
	3-1-4. 전기 및 가스를 안전하게 관리한다.		
	3-1-5. 안전시설 및 용품을 충실히 관리하고 사용법을 숙지한다.		

(2) 3-2 건강 및 안전 증진

대부분의 사고 및 재해가 예방을 하고자 하는 노력을 통해 그 피해를 줄이거나 없앨 수 있다는 것을 알고, 예방관리 및 교육의 중요성을 유치원 구성원이 숙지할 수 있도록 평가항목으로 구성되어 있다.

평가 지표	평가 항목	충족(Y)	미충족(N)
3-2 건강 및 안전 증진	3-2-1. 질병 및 상해 관리가 적절히 이루어진다.		
	3-2-2. 의약품 등을 철저하게 관리하고 있다.		
	3-2-3. 건강 및 안전 증진을 위한 예방 관리를 실시한다.		
	3-2-4. 건강 및 안전 증진을 위한 교육을 충실히 실시한다.		

(3) 3-3 급 · 간식 건강 및 안전

영유아들이 급・간식을 섭취하여 영양을 채우는 순간만 중요하게 보는 것이 아니라 급・간식이 이루어지기까지의 전 과정에서 안전이 보장되어야 함을 알 수 있도록 평가항목이 구성되어 있다.

평가 지표	평가 항목	충족(Y)	미충족(N)
3-3 급・간식 건강 및 안전	3-3-1. 균형 잡힌 급・간식 계획을 수립・제공하며, 식자재 관리를 적절하게 한다.		
	3-3-2. 조리 및 배식과정이 안전하고 위생적이다.		
	3-3-3. 급・간식 운영 및 사후 관리가 위생적으로 이루어진다.		

(4) 3-4 등 · 하원 안전

교직원들의 철저한 등・하원 계획과 그에 따른 영유아 지도를 실시하여 통학버스 관련 안전사고를 예방할 수 있도록 해야 한다. 이를 위해 교직원들 모두 통학버스의 관리에 동참할 수 있도록 하며 운행 수칙을 숙지할 수 있도록 평가항목이 구성되어 있다.

평가 지표	평가 항목	충족(Y)	미충족(N)
3-4 등・하원 안전	3-4-1. 등・하원 계획 및 지도가 안전하게 이루어진다.		
	3-4-2. 어린이통학버스 관리 및 운행이 안전하게 이루어진다.		

PART 3

영유아 안전교육의 내용

05 CHAPTER 교통안전교육

1 교통안전교육의 개념 및 필요성

1) 교통안전교육의 개념

교통안전은 인적 요인(운전자, 보행자), 물적 요인(안전띠, 에어백 등), 환경적 요인(도로, 교통, 사회 여건 등) 제도적 요인으로 구성된다. 이들 각각 요인이 제 기능을 다하지 못하면 균형이 깨지고, 교통사고로 직결된다. 교통사고 감소를 위해 모든 요인이 중요하지만 최근 이슈화 되고 있는 부분이 학교와 지역사회의 교통안전교육이다. 교통안전교육은 안전한 보행태도를 습득하고 안전하게 운전할 수 있도록 도와주는 것을 목적으로 실시되어야 한다. 특히, 현대사회에 생활하는 아동은 교통의 발달에서 오는 여러 유형의 사고에 직면해 있다. 이러한 위험으로부터 안전을 유지하고, 위험에 대처할 수 있는 능력을 길러주기 위해서는 어린이의 눈높이에 맞춘 교육 실시로 바람직한 태도와 습관을 기르는 것이 매우 중요하다(국민안전처).

교통안전교육은 아동을 대상으로 교통생활을 하는 데 있어 안전을 위협하는 여러 가지 환경적 요소로부터 아동의 안전한 생활의 유지 및 확보를 목적으로 하는 것이다(강인숙 외, 2020). 또한 다양한 교통수단을 이용 시 도로에서 보행할 때 지켜야 할 내용과 올바른 태도, 교통규칙에 대한 정확한 이해와 교통사고 예방에 대한 적극적으로 대처하는 자세를 포함한다(곽은복, 2008). 즉, 교통안전교육은 교통안전에 관련된 지식을 습득하고 안전을 지키려는 태도를 형성시켜,

사고를 미연에 방지하고, 자신과 타인의 생명 존중, 건강하고 안전한 생활을 습관화할 수 있도록 교육하는 것을 의미한다.

2) 교통안전교육의 필요성

우리나라 교통사고 발생률은 OECD 회원국들 중 높게 나타나고 있고, 급격한 산업화와 도시지역 인구 과밀화로 아동의 놀이공간이 축소되어 어린이 교통사고의 위험률과 사고율이 증가하였다.

최근 10년간 어린이 교통사고로 인한 사망률이 감소하고 있지만 여전히 교통사고는 어린이 안전사고 중 가장 큰 비중을 차지하고 있으며, 사망사고 원인 중 1위이다. TAAS 교통사고 분석시스템에서 어린이 교통사고 건수는 2017년 10,960건, 2018년 10,009건, 2019년 11,054로 매년 증가하고 있는 것을 알 수 있다.

구분	사고건수(전)	사망자수(명)	부상자수(명)
2017년	10,960	54	13,433
2018년	10,009	34	12,543
2019년	11,054	28	14,115

그림 5-1 우리나라 어린이 교통사고 발생 수

출처: TAAS 교통사고분석시스템.

이처럼 아동의 교통사고 위험율과 발생률이 높은 이유는 영아동은 호기심이 강해 주변을 탐색하려는 욕구와 충동이 강한 반면 인지적, 정서적, 신체적 능력이 미숙하여 동시에 여러 가지 상황을 고려하기 어렵고, 사고가 일어날 수 있는 위험한 상황에 대한 지식과 위험예측 및 상황 판단 능력이 부족하기 때문이다(이성한 외, 2020). 또한 차와 자신의 거리와 차의 속도를 추정하는 것은 아동에게 가능하지 않을뿐더러 기분이 들뜨거나 나쁠 때 부주의하게 행동을 할 수 있다. 그렇기 때문에 교통안전교육은 교통사고 위험 요소로부터 아동이 스스로 위험을 인식하고 그 위험에 대처할 수 있는 능력을 키우는 역할 뿐만 아니라 성인이 되어 운전자가 교통 규칙을 준수하는 운전자로서 사회적 책임으로까지 이어지므로 아동을 위한 교통안전교육의 역할은 중요하다.

2 교통 안전사고 현황 및 유형

교통 안전사고 실태를 파악하여 아동에게 자주 발생되는 사고유형을 살펴보고 이를 바탕으로 교육내용을 선정하는 것은 아동 발달 특성에 다른 안전교육에 중요한 자료가 된다. 도로교통공단은 교통사고 분석시스템(TAAS)을 통해 최근 3년(2016~2018년) '법규위반별 스쿨존 내 어린이(12세 이하) 교통사고'를 분석한 결과 스쿨존 내 어린이 교통사고를 시간별로 분석하면 14~18시까지 가장 많은 사고와 사망자수가 나타났고, 횡단 중(72.6%)에 사고가 발생하는 것을 살펴볼 수 있다. 이는 학교 등·하교 시간에 사고가 집중된 것으로 집계되어 도로 위 아이들이 늘어나는 만큼 사고도 이에 비례하는 것으로 나타났다.

사고유형별로 살펴보면, 차대 사람 사고가 전체 사고에서 85.3%로 가장 빈번히 발생하는 것으로 드러났다. 이어 차대 차, 차량 단독 순으로 높게 나타났다. 또한 차대 사람 사고 유형에서 횡단 중 발생한 사고가 가장 높은 비율을 차지했다. 스쿨존 내에서도 특히, 횡단보도 앞에서 보행자 보호의무 위반 41%, 운전자 안전운전 의무 불이행 23%, 신호위반 17% 등 운전자 부주의가 가장 큰 비율을 차지했다. 이는 운전자의 보행자 우선 의식과 안전운전 습관의 필요성이 요구되는 이유이다(도로교통공단, 2020).

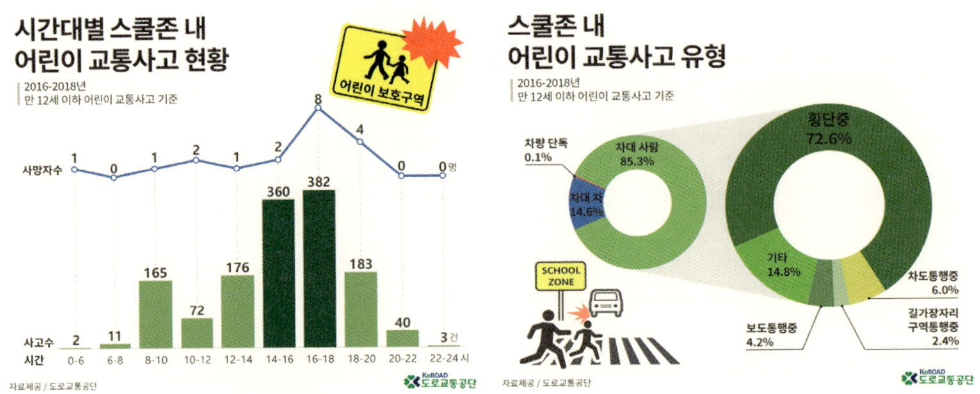

그림 5-2 시간대별 스쿨존 내 어린이 교통사고 현황

출처: TAAS 교통사고분석시스템.

3 교통 안전사고 예방과 안전교육 (보행자 안전, 자전거 안전, 오토바이, 대중교통 안전)

「아동복지법」 제31조, 「아동복지법 시행령」 제2조 제1항 제1호에 제시된 교통안전교육은 2개월에 1회 이상, 연간 10시간 이상으로 시행하도록 하며, 교육 내용은 '차도, 보도 및 신호등의 의미 알기, 안전한 도로 횡단법, 안전한 통학버스 이용법, 날씨와 보행안전, 어른과 손 잡고 걷기' 내용이 포함되어 있다. 또한 교육방법은 전문가 또는 담당자 강의, 실습교육이나 현장학습, 시청각 교육, 일상생활을 통한 반복 지도 및 부모교육의 교육방법을 활용하여 교통안전교육을

실시하도록 규정하고 있으며 교육기준은 영유아, 초등학교, 중·고등학교로 구분하여 단계별 교통안전교육을 5개 항목을 나누어 시행하고 있다.

교통안전교육은 아동의 교통안전 중요성과 사고 위험을 이해하고, 자신의 몸을 보호하기 위하여 교통안전과 관련된 지식, 기술, 태도를 기르는 것이다. 이에 보행자 안전, 자전거 안전, 오토바이 안전, 대중교통 안전에 대해서 살펴보고자 한다(이성한 외, 2020).

표 5-1 교통안전교육 내용

영역		활동요소	안전지식
보행자 안전	교통표지판 구별하기	• 신호등 보기 • 교통표지판 알기	• 유아교육기관까지 안전한 통학로 익히기 • 비, 눈 오는 날 안전한 보행방법 익히기 • 횡단보도, 육교, 지하도 안전하게 건너는 방법 알기 • 보행 시 위험 상황 예측하기 • 신호등이 없는 횡단보도의 안전한 횡단방법 알기 • 안전한 도로 횡단 수칙 • 보호자와 함께 보행하는 것의 중요성 인식
	길을 건너는 방법	• 안전하게 길 건너기 • 횡단보도, 지하도, 육교 이용하기	
	보행 안전	• 안전하게 길 걷기 • 도로에서 놀지 않기 • 주차 중인 자동차 확인하기 • 보행사고의 사례 • 도로를 걸을 때 기본자세	
자동차 안전	자동차 사고의 원인·피해	• 자동차의 특성 이해 • 자동차 사고의 원인과 피해	• 각종 교통기관의 안전한 이용방법 알기 • 차 안에서 안전한 행동 알기 • 차 밖으로 신체나 물건을 내미는 것이 위험함을 알기 • 통학버스를 타고 내릴 때 지식 알기 • 대중 교통수단의 이용방법 알기
	자동차 사고 예방법	• 안전띠를 꼭 매야 하는 이유 알기 • 안전띠의 올바른 착용방법 • 통학버스의 안전한 이용	
자전거 안전	안전한 자전거 타기	• 자전거 탈 때 안전 장구 갖추기 • 안전하게 자전거 탈 곳 알기	• 자전거 표지판 인지하기 • 자전거 타는 장소 선별하기 • 자전거 탈 때의 장비와 옷차림 알기 • 길에서 자전거 타는 규칙 알기 • 횡단보도에서 자전거를 끌고 간다는 것을 알기
	안전한 자전거 관리	• 핸들, 페달, 바퀴, 브레이크 등의 구조 알기 • 탑승 전 확인할 사항	
오토바이 안전	오토바이 사고의 원인과 예방	• 보호장구 착용, 안전속도 지키기 • 교통신호 지키기	• 오토바이 등의 안전한 이용방법 알기
	오토바이 운전 중 주의사항	• 이륜차의 특징 • 운전면허제도 • 상황별 위험 예측 • 사고 현황과 원인	

(계속)

영역		활동요소	안전지식
대중교통 안전	대중교통 이용 안전수칙	• 대중교통 이용 방법 • 대중교통 승·하차 방법 • 대중교통 이용 중 유의사항 • 버스 및 지하철 안에서 손잡이 잡기, 뛰지 않기	• 교통신호와 교통안전표지 인식하기 • 차도와 보도에서의 규칙과 우측통행 알기 • 대중교통 등 안전한 이용방법 알기

출처: 교육부(2016), 학교안전교육 7대 표준안 유치원용. 한국산업안전공단(2003) 수정·보완.

1) 보행자 안전

전체 교통사고 사망자 중에서 보행 중 사망이 35%가 넘고, 특히 무단횡단 사고가 가장 많은 것으로 나타났다. 다양한 상황에서 나타나는 보행안전에 대한 내용은 다음과 같다.

(1) 신호등이 있는 횡단보도

- 신호등이 있는 횡단보도에서 초록색으로 바뀌면 바로 건너기보다 차가 멈춘 것을 확인한 뒤에 손을 들고 운전자와 눈을 마주치며 천천히 건넌다.
- 횡단보도를 건널 때는 뒤늦게 멈추는 차에 대비하여 오른쪽으로 건넌다.
- 초록색 신호 점멸 시에는 급하게 뛰어 건너지 말고 기다렸다가 다음 신호에 건넌다.

(2) 신호등이 없는 횡단보도

- 아동은 달려오는 차의 속도에 대한 판단 능력이 부족하기 때문에 반드시 차가 멈추는 것을 확인한 후 건넌다.
- 운전자의 얼굴을 보면서 차와 가까운 쪽의 손을 들고 건넌다.
- 돌아가더라도 횡단보도, 육교, 지하도로 건넌다.

그림 5-3 보행자 안전교육 하는 유아들 모습

(3) 사각지대에서의 보행안전

- 주・정차된 차는 대부분 뒤로 움직이기 때문에 차 뒤, 밑, 옆에서 놀지 않도록 지도한다. 또한 아동이 차량 밑으로 들어가는 일이 없도록 안내한다.
- 유아교육기관에서는 보조교사, 인솔교사는 운전자가 확인할 수 없는 부분까지 직접 확인하여 사각지대를 없애고, 안전을 확인한 후 출발하도록 해야 한다.
- 야간 운전 시에 운전자는 사각지대와 같은 전조등이 비치지 않는 부분이 있기 때문에 운전자가 잘 볼 수 있도록 밝은색 옷을 입는 것이 좋다.

(4) 이면도로나 주・정차된 차량 사이 보행안전

- 주・정차된 차량 사이에서 걷거나 급하게 뛰어나오지 않도록 지도한다.
- 차를 등지고 통행하는 것은 차를 마주 보면서 통행하는 것보다 사고 위험이 4배나 높다. 좁은 이면도로에서 차가 오면 우선 멈춘 다음 길 안쪽으로 몸을 붙인 후 차가 지나간 다음 천천히 걷도록 한다.
- 차도와 보도가 구분이 없는 길에서 차와 같은 방향인 우측통행을 할 경우 보행자는 차를 등지고 있기 때문에 차의 진행방향을 알 수 없어 사고가 발

생할 수 있으므로 차와 마주 보고 걸을 수 있도록 길 가장자리 좌측으로 통행하도록 한다.

- 여러 명이 골목길 걸어갈 때는 도로가 좁기 때문에 한 줄로 걷는다.

그림 5-4 보행안전

출처: 키즈현대.

(5) 내륜차에 따른 보행안전

- 큰 버스, 화물트럭이 오른쪽이나 왼쪽으로 돌 때 안쪽에 아동이 서 있으면 앞바퀴에 부딪히지 않더라도 뒷바퀴에 부딪힐 수 있기 때문에 큰 차가 지나갈 때는 차에서 멀리 떨어져 있도록 한다.

1. 우선, 멈춰요
2. 왼쪽, 오른쪽, 왼쪽을 보고 차가 오는지 살펴요.
3. 횡단보도 오른쪽에 서서 운전자를 보며 왼쪽 손을 들어요.
4. 차가 멈추었는지 확인 후 길을 건너요.
5. 길을 건너는 동안 계속 차를 보면서 건너요.

그림 5-5 안전한 도로횡단 5원칙

출처: 도로교통공단.

표 5-2 교통사고 관련 뉴스

교통사고 사망자의 40%가 보행자 '2020년 교통안전 종합대책' 추진

경찰청에 따르면 최근 5년(2015~2019년)간 전체 교통사고 사망자 중 보행자가 차지하는 비중은 평균 40%에 달한다. 특히 고령자의 경우 보행 중 사망자가 57%에 달했다. 인구 고령화가 점차적으로 진행 중인 것을 고려할 때 고령자 특성을 반영한 보행자 안전대책 마련이 필요할 것으로 보인다.

경찰청은 먼저 보행자 사고다발 지역 위주로 교통경찰을 집중배치하고, 지자체와 협업하여 안전시설을 확충한다. 올해 안에 '안전속도 5030'을 전국에서 시행해 보행자 보호를 위한 법적 절차도 마련할 계획이다.

어린이보호구역 내 불법 주정차 등 고위험 법규위반 행위에 대해서도 강력하게 대응한다. 이때 위법 운전자뿐만 아니라 무단횡단 보행자에 대해서도 단속을 실시할 방침이다.

배달문화의 확산 등으로 인해 오토바이 사고가 증가하고 있는 현상을 반영해, 암행단속 및 공익신고도 활성화할 계획이다.

◇ 서울시 '스마트 스쿨존' 추가 조성

서울시도 어린이보호구역 내 보행자 사고 예방을 위해 LED조명, 지능형 CCTV 등 신기술을 활용한 정책을 확대 적용할 계획이다.

시는 지난달 25일 사물인터넷(IoT)을 비롯한 첨단 정보통신기술을 통해 교통·안전 등 생활 현장의 문제를 해결하는 '스마트시티 특구' 정책을 보다 활성화하겠다고 발표했다. 시는 작년 1월 성동구와 양천구를 스마트시티 특구로 선정하고 3년간 운영하겠다고 밝힌 바 있다.

이 중 성동구에서는 교통·안전 분야에 초점을 맞춰 문제를 해결 중이다. 구체적으로는 보행량이 많아 교통사고 위험이 높은 14개 횡단보도에 신기술 센서를 적용하고 LED조명, 음성경고 등을 통해 보행자의 경각심을 높이고 있다.

또 차량이 정지선을 지키지 않거나 속도를 위반했을 시에는 지능형 CCTV 분석 기술을 통해 전광판에 차량번호 일부와 사진을 보여주고 있으며, 야간시간대에는 횡단보도 전체를 비추는 LED조명으로 운전자 시인성을 높이는 서비스를 실시하고 있다.

아울러 LED조명 등을 통해 운전자에게는 보행자를, 보행자에게는 차량이 있음을 알리는 '스마트 스쿨존 서비스'를 신규 도입할 예정이다.

출처: 안전저널(http://www.anjunj.com).

2) 자전거 안전

- 차도나 이면도로에서 자전거, 인라인 등을 타는 것은 매우 위험하므로 자동차가 다니지 않는 운동장, 어린이 공원, 자전거 전용 공간 등 안전한 장소에서 타도록 한다.

- 자전거는 자신의 키와 몸에 따라 안장에 앉아서 발끝이 땅에 닿을 수 있는 것을 탄다.
- 옷은 몸에 잘 맞는 것을 착용하고, 통이 넓거나 너무 긴 바지, 치마, 긴 목도리 등은 체인에 끼일 수 있으므로 입지 말아야 한다. 또한 반드시 보호장구(안전모, 무릎 보호대)를 착용하고, 야간에는 밝은색 또는 야광색을 입어야 하며 길을 건널 때는 자전거에서 내린 후 끌고 가도록 한다.

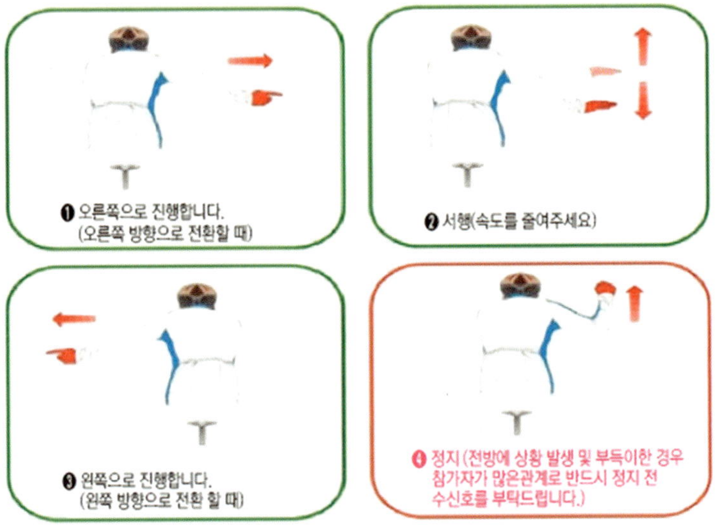

그림 5-6 자전거 수신호

출처: 자전거 21.

표 5-3 자전거 사고 관련 뉴스

자전거 탄 어린이와 사고 '민식이법' 적용될까

"어린이보호구역 내에서 자전거를 탄 어린이를 치었을 경우 수사기관에서는 '어린이 보행자' 사고로 볼 수 있다."

어린이가 자전거를 타고 있는 경우 '차 대 차' 사고로 봐야 한다는 지적도 있지만, 민식이법에 따라 수사기관과 법원이 엄격한 해석을 내놓을 수 있다는 게 법조인들의 설명이다. 자전거를 타고 있더라도 운전자가 어린이임을 충분히 인지할 수 있다는 이유에서다. 차량운전자는 '어린이의 안전에 유의하면서 운전해야 할 의무'가 적용된다.

단, 이 같은 이유로 어린이가 차량에 탄 상태에서 사고가 발생하면 민식이법 적용이 어렵다.
자전거를 탄 어린이 사고에 대한 논란은 지난달 28일 차량 전문 온라인 커뮤니티 '보배드림'에 올라온 블랙박스 영상이 퍼지면서 시작됐다.
해당 영상을 올린 글쓴이는 "아파트 입구 바로 앞 어린이보호구역에서 자전거가 나와 피할 수도 없이 사고가 나 버렸다"며 "민식이법이 적용되는 것이냐"고 물었다.
공개된 영상에는 1차선 도로에서 직진하는 차량이 반대편 차선 쪽에서 나타난 자전거와 충돌하는 장면이 담겼다. 어린이가 탄 자전거는 반대편 차선에서 신호대기하는 차량 사이로 튀어나왔다. 당시 자전거를 탄 어린이는 무단횡단 중이었다. 누리꾼들 사이에서 민식이법 적용 여부를 놓고 갑론을박이 이어졌다.
전문가들은 운전자가 벌금형 이상의 처벌을 받게 될 것으로 보고 있다.
한 법조계 관계자는 "경찰접수를 한 이상 민식이법 적용이 불가피하다"며 "경찰접수 전 합의금과 치료비 등을 통해 사고를 마무리하는 것이 나았을 수 있다"고 말했다.
어린이보호구역 내 사고로 억울함을 호소하는 운전자는 계속해서 나타날 것으로 예상된다.
사고의 책임을 오로지 운전자가 지게 하는가 하면 처벌의 수위가 고의적 사고를 일으킨 범죄자들과 동일 선상에 놓였다며 졸속법이라는 비판이 거세지고 있다.
민식이법은 지난 25일부터 시행됐다. 스쿨존에서 제한속도(시속 30㎞)를 위반해 어린이를 사망에 이르게 한 경우 보험가입에 상관없이 운전자에게 3년 이상 징역을 처한다. 상해에 이르게 한 경우에는 1년 이상 15년 이하의 징역 또는 500만 원 이상 3000만 원 이하의 벌금을 부과한다.
운전자들의 스쿨존 기피현상도 나타나고 있다. 이에 따라 내비게이션 업체들은 앞다퉈 '스쿨존 우회 기능'을 추가하고 있다.

출처: 이뉴스투데이(http://www.enewstoday.co.kr).

3) 오토바이, 킥보드 안전

- 킥보드를 탈 때 언제 어디서든지 안전기준에 맞는 안전모와 보호장구를 착용해야 함을 인식시킨다.
- 어른들이 보는 안전한 장소에서 타도록 하며, 알맞은 옷차림, 보호장구 착용을 습관화하여 부상에 대한 예방이 필요함을 지도한다.
- 바퀴가 달린 기구는 차가 다니지 않는 안전한 장소에서 타야 하며, 반드시 보호장구를 착용한다.

표 5-4 킥보드 사고 관련 뉴스

어린이 킥보드 안전사고 5년 새 4.6배 늘어… "4~6세 사고 많아"

최근 5년 새 자전거나 킥보드 등 어린이들이 타고 즐길 수 있는 승용스포츠 제품 중 킥보드 안전사고 증가율이 높은 것으로 나타났다.

21일 한국소비자원과 행정안전부에 따르면 2015년부터 지난해까지 소비자위해감시시스템에 접수된 승용스포츠 제품과 관련된 만 14세 이하 어린이 안전사고는 총 6천724건이었다.

이 중 사고가 가장 많이 발생한 상위 3개 품목은 자전거, 킥보드, 롤러스케이트였다.

특히, 킥보드 관련 사고는 2015년 184건에서 2019년에는 852건으로 363.0%(4.6배) 증가해 가장 높은 증가율을 보였다. 같은 기간 롤러스케이트 관련 사고는 26.1% 늘었고 자전거 사고는 28.5% 줄었다.

사고 발생 시기를 확인할 수 있는 6천633건을 분석한 결과 6월에 발생한 사고가 15.3%로 가장 많았고 이어 5월 14.5%, 9월 12.5% 등 순이었다.

성별 확인이 가능한 6천720건 중에서는 남자 어린이 사고가 71.1%를 차지했다.

어린이 발달단계별로는 학령기(7~14세) 사고가 54.5%를 차지했고 유아기(4~6세) 사고가 30.6%로 뒤를 이었다.

킥보드 사고는 유아기에 49.2% 사고가 발생했고 자전거와 롤러스케이트, 스케이트보드, 바퀴 운동화 사고는 학령기에 사고가 잦았다.

사고 유형은 승용스포츠 제품을 타다 미끄러지거나 넘어지는 경우가 가장 많았다.

자전거·킥보드 사고는 머리 및 얼굴 피부가 찢어지는 열상 피해 사례가 많았고, 롤러스케이트와 스케이트보드는 골절상을 입는 경우가 많아 안전모와 손목 팔꿈치 보호대 등 안전장비 착용이 필요한 것으로 나타났다.

소비자원과 행안부는 승용스포츠 제품을 이용할 때는 안전모 같은 보호장구를 반드시 착용하고 과속 위험이 있는 내리막길에서는 내려서 걷는 등 안전사고 예방을 위한 수칙을 지켜 달라고 당부했다.

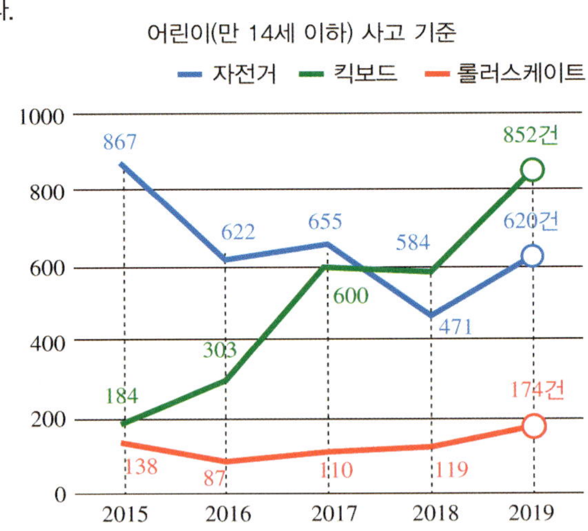

자료: 한국소비자원, 행정안전부, 연합뉴스

킥보드 안전사고 추이

출처: 연합뉴스(http://www.yna.co.kr).

그림 5-7 승용스포츠 제품 이용 시 어린이 안전수칙

출처: 한국소비자원.

4) 대중교통 안전

- 버스가 멈출 때까지 안전하게 인도에서 기다린다.
- 버스에 탈 때는 한 줄로 서서 타고, 안에서 장난을 치거나 큰 소리로 이야기하지 않는다.
- 버스에서 내릴 때는 양옆을 살핀 후 안전하게 내린다.
- 창밖으로 손이나 머리를 내밀거나 쓰레기, 휴지를 버리지 않는다.
- 버스에 앉을 때도 몸을 최대한 뒤로 붙이고, 손잡이를 잡는다.
- 지하철을 기다릴 때는 반드시 노란색 안전선 뒤에서 기다린다.
- 지하철을 타고 내릴 때 발이 빠지지 않도록 밑을 보면서 타야 한다.
- 지하철은 탄 사람이 먼저 내린 다음 천천히 타야 한다.

그림 5-8 대중교통 안전수칙

출처: 학교안전공제중앙회.

4 영유아기관에서의 차량운행

영유아기관에서 아동들이 등・하원하기 위해서 차량을 이용한다. 개별적으로 차량을 이용하여 등원하는 경우와 영유아기관에서 운행하는 차량을 이용하는 경우가 있으므로 영유아교육기관 주변의 어린이보호구역, 통학버스(차량운행)와 관련된 안전관리와 지도가 필요하다.

1) 어린이보호구역

도로교통법 제12조에 따라 교통사고의 위험으로부터 아동들을 보호하기 위하여 유치원, 초등학교, 특수학교, 어린이집, 학원, 외국인학교, 대안학교, 국제학교 등의 만 13세 미만 어린이시설 주변도로 일정 구간을 어린이보호구역(school zone)으로 지정・관리하고 있다.

그림 5-9 어린이보호구역

출처: 도로교통공단.

어린이보호구역은 구간별, 시간대별로 차량의 정차나 주차 금지, 차량의 통행 금지나 제한, 이면도로를 일방통행로로 지정 운행할 수 있으며, 운행속도는 시속 30km 이내로 제한된다. 또한 보행 신호등의 녹색 신호 시간은 어린이, 노인 또는 장애인의 평균 보행속도를 기준으로 하여 설정하고, 어린이보호구역임을 나타내는 안전표지도 설치하여야 한다.

표 5-5 어린이보호구역 지정현황(2018년 기준)

어린이집	유치원	특수학교	초등학교	학원	총계
3,108	7,315	160	6,146	29	16,765

출처: 경찰청 '어린이보호구역 정기보고'.

2) 어린이통학버스 안전정책

'어린이통학버스'는 어린이집, 유치원, 학원, 학교 등 등·하원 시간에 어린이들을 태우고 다니는 차량으로 만 13세 미만 어린이를 교육 대상으로 하는 시설(어린이집, 유치원, 학원, 학교 등)에서 통학 등에 이용하는 9인승 이상의 차량을 의미한다. 통학버스에서 동승 보호자가 없는 경우 운전자가 동승보호자의 역할도 해야 하며, 2017년 1월 29일부터 모든 15인 이상 어린이 통학차량의 동승 보호자 탑승이 의무화되었다(도로교통법 제53조, 2017.1.29. 시행).

어린이통학버스는 어린이 기준으로 승차정원 9인승 이상의 자동차로 교통사고로 인한 피해를 보상할 수 있는 자동차보험 또는 공제조합에 가입이 되어 있어야 한다. 차체는 황색으로 도색을 해야 하며, 앞면 창유리 우측 상단(운전자 기준)과 뒷면 창유리 중앙하단의 보기 쉬운 곳에 행정안전부령 「도로교통법 시행규칙」이 정하는 어린이 보호표지를 추가해야 한다. 또한 정지표시를 두어 어린이가 승하차 중임을 알리는 표시가 있어야 하고, 어린이 하차 확인 장치를 차량 맨 뒤에 설치를 해야 한다.

어린이통학버스 운영자는 자동차 요건을 갖추어 통학버스 신고서를 유치원, 어린이집 등 시설의 소재지를 관할하는 경찰서에 제출한다.

① 어린이 통학용 9인승 이상 차량에 동승 보호자 탑승 의무화

어린이통학버스에 어린이, 아동이 탑승할 때 보호자가 함께 탑승하여 안전하게 지도해야 하고, 운행 중에 안전띠를 매고, 착석하도록 지도하는 등 어린이 안전과 보호에 필요한 조치를 취해야 한다.

② 교통안전교육 의무화

어린이통학버스 운전자, 운영자는 어린이통학버스의 안전운행 등에 관한 교육을 받아야 한다. 「도로교통법」에 의거하여 2년에 1번씩 정기교육으로 교육시간은 3시간 이상이며, 교육내용은 교통안전을 위한 어린이 행동특성, 어린이통학버스의 운영 등과 관련된 법령, 어린이통학버스의 주요 사고 사례 분석, 그 밖에 운전 및 승차·하차 중 어린이 보호를 위하여 필요한 사항 등을 포함한다(도로교통법 시행령, 제31조의2).

그림 5-10 동승 보호자 수칙

출처: 학교안전공제중앙회(www.ssif.or.kr).

③ 어린이통학버스 내 안전띠 착용 의무화

어린이통합버스에는 안전의자와 아동의 신체 구조에 맞춘 안전띠가 설치되어야 하고, 전 좌석에 어린이 안전띠 착용이 의무화되어 있다. 아동은 앞좌석에 앉지 않으며 뒷좌석에서도 반드시 안전띠를 착용하거나 카시트에 앉도록 해야 한다.

안전의자(카시트)는 안전띠로 의자를 고정하고 유아는 안전의자에 달린 띠를 착용하게 되어 있다. 안전의자를 선택할 때는 유아의 연령, 몸무게에 따라 고려하여 높낮이의 조절 장치, 머리 보호장치, 허리충격 완화 장치, 의자를 앞뒤로 돌릴 수 있는지의 여부, 보호대를 앞뒤로 이동할 수 있는지의 여부 등을 살펴보게 된다(조경자, 이현숙, 2019).

안전띠는 유아에게 적절한 것으로 안전띠가 꼬이지 않게 하고, 허리띠는 골반, 어깨띠는 어깨 중앙에 위치한다. 사고 발생 시 안전띠가 신체에 가하는 압력은 몸무게 2-50배에 달하는데 골반에 착용해야 하중을 견딜 수 있다. 배 위에 걸쳐 매면 사고 발생 시 장이 파열될 수 있고, 버클은 소리가 나게 잠그고, 띠와 가슴 사이 주먹 하나가 들어갈 수 있도록 맨다.

④ 잠자는 아이 확인 장치, 어린이하차 확인 장치 의무화

어린이통학버스 운행을 마친 후 통학버스 안에서 잠자는 아이를 두고 내리는 실수를 방지하기 위하여 어린이하차 확인 장치를 의무화하였다.

차량운행이 종료되면 어린이하차 확인 장치가 준비상태로 되어있고, 차량 앞, 뒤를 살피며 탑승자를 점검하여 차량에 남아 있는 아동을 체크 후 차량 뒤편에 설치된 해제벨을 누르게 된다. 어린이하차 확인 장치를 3분 이내 해제하지 않으면 벨 또는 경광등이 울리면서 확인 요청을 한다.

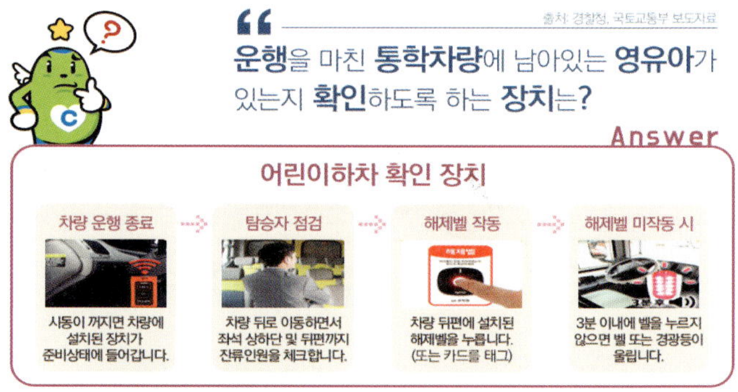

그림 5-11 어린이하차 확인 장치 순서

출처: 학교안전공제중앙회.

▶ 어린이통학버스 운영자의 역할

어린이통학버스를 운영하는 자는 어린이통학버스에 어린이나 영유아를 태울 때 동승보호자를 함께 태우고 운행해야 한다.
정확한 승하차 시간을 부모에게 알려 운전자가 조급하게 운전하지 않도록 한다.
(통학버스 운행에 있어서도 안전을 위해 여유 있게 운행 시간을 조정한다.)
길을 건너지 않고 안전하게 승하차할 수 있는 장소를 선정한다.
인솔교사나 운전자의 주기적인 교육을 통해 어린이통학버스 사고가 나지 않도록 경각심을 높인다.
정기적으로 차량을 점검하여 고장이나 정비 불량으로 사고가 나지 않도록 관리한다.

▶ 어린이통학버스 운전자의 역할

승차할 때

어린이가 무단횡단하지 않도록 주의를 준다.
통학버스 승차 시에는 한 줄로 서서 안전하게 타도록 유도한다.
어린이 승차 후에는 안전을 확인 후 출발한다.

운행할 때

안전띠를 맸는지 확인하고 안전거리를 유지한다.
통학버스 안에서는 정숙한 분위기를 유지한다.
통학버스 안에 어린이를 혼자 두지 않도록 한다.

하차할 때
통학버스에서 하차 시에는 안전을 확인한 후 차 문을 연다.
하차 시에는 반드시 보조교사의 도움을 받으며 내리게 한다.
하차 후 출발 전에는 버스 주위를 확인 후 출발한다.

▶ 어린이통학버스 인솔교사의 역할

승차할 때
통학버스 주변에서 뛰지 않도록 한다.
줄을 서서 차례대로 승차하고 좌석에 안전하게 앉도록 유도한다.
승차 전에 아이들 옷맵시를 단정하게 해주고 탑승시킨다.

출발할 때
안전하게 승차한 후 차량 문을 닫는다.
안전띠 착용하는 것을 도와주고 확인 후 운전자에게 출발하도록 알린다.

운행할 때
반드시 안전띠를 착용하도록 한다.
마주 보기 탑승을 가급적 하지 않는다.
차창 밖으로 얼굴, 손, 물건 등을 내밀거나 장난을 치지 않도록 한다.
잠깐이라도 자리를 비울 때는 어린이 혼자 통학버스에 있지 않도록 한다.
운행이 끝난 후에는 차 안 맨 뒷좌석까지 꼭 확인한다.

하차할 때
차가 완전히 정차한 후 하차시킨다.
차 문이 열린 후 오토바이나 자전거가 오는지 뒤쪽을 살핀다.
인솔교사가 먼저 내려 안전하게 하차시키고 부모에게 인계한다.
어린이가 보도나 길 가장자리 구역 등 안전한 장소에 도착한 것을 반드시 확인하여 운전자에게 알리고 서서히 출발한다.

출처: 도로교통공단.

사고를 예방하려면

학번, 이름:

날짜

▶ 영유아들과 사고를 예방하기 위한 포스터를 만들어 보세요.

CHAPTER 06

실종 · 유괴 예방교육

해마다 부모나 유아교육기관 교사의 부주의로 인해 일어나는 미아 또는 실종, 유괴사건으로 인해 건전하고 안전하게 양육서비스를 제공받아야 할 영유아들이 위협을 받고 있는 현실이다. 이러한 사고들은 영유아들뿐만 아니라 가정과 부모, 교육기관과 교사들의 정상적인 생활까지 위협하는 아주 위험한 사고이다. 그 무엇보다 예방이 최선이며, 안전수칙에 대한 교육이 중요하다 할 것이다.

1 실종 · 유괴 예방교육의 개념 및 필요성

1) 실종 · 유괴 예방교육의 개념

먼저 실종과 유괴의 뜻을 살펴보면 다음과 같다.

실종의 사전적 의미는 종적을 잃어 간 곳이나 생사를 알 수 없게 된 것을 의미한다(김병록, 2008).

실종아동이란 약취와 유인, 유기, 사고 또는 가출하거나 집을 잃어버린 경우 등 여러 가지 이유로 아동이 보호자로부터 이탈된 만 14세 미만의 아동을 뜻한다(박상균, 2008).

유괴란 특정한 자신의 목적을 위해 아동을 협박하거나 폭력, 사기 등을 통해 유혹하고 유인하는 행위이며, 양육권, 친권을 가진 부모 이외의 사람이 아동을 현재 위치에서 이동시키는 행위이다. 또한, 아동을 생활환경에서 이탈시켜서 자기 또는 제3자의 지배하에 두며 자유를 침해하는 일이다(박혜란, 2008).

2) 실종 · 유괴 예방교육의 필요성

영유아들은 발달특성상 본인의 의사를 제대로 표현하지 못하고, 보호자의 관리소홀로 유괴와 실종으로 이어질 수 있으므로 사전예방교육이 철저히 이루어져야 한다.

대부분의 영유아는 낯선사람과 친근한 사람들을 쉽게 구분할 수 없는 발달적 특성을 가지고 있으며, 예의를 중시하는 우리나라에서는 부정적인 감정을 잘 드러내지 못해 낯선 사람이 친근하게 다가와 말을 하면 친절하게 대해야 한다는 경향이 있다. 그러므로 영유아에 대한 유괴 및 실종 예방교육은 필수적이며, 각각의 상황별 대처법 등을 충실히 교육해야 할 것이다.

대부분의 유괴 및 실종은 사람들이 많이 모이는 장소에서 발생하기도 하지만 집에 홀로 남겨져 있을 때도 발생할 수 있다. 영유아의 실종은 순식간에 일어나기 때문에 외출 시 각별한 주의가 요구된다. 따라서 영유아의 유괴 및 실종을 예방하기 위해서는 가정과 유아교육기관에서 예방교육이 반드시 필요하며 영유아들이 상황별 대처요령에 대해 충분히 이해하고 숙지해야 한다. 그리고 올바른 판단과 대처요령을 습관화할 수 있도록 실제적이고 구체적인 반복훈련을 실시하여야 한다.

3) 실종 및 유괴사고 발생현황

(1) 아동실종 발생현황

실종아동 통계를 살펴보면, 2020년도에 19,146건이 신고되어 신고건수는 최근 5년 중 가장 낮은 것으로 나타났으나, 미발견 수는 105건으로 2019년도의 9건에 비해 급속히 늘어나는 추세를 보이고 있다.

표 6-1 아동실종 신고접수 및 처리현황

(단위: %)

구분(대분류)		2016년	2017년	2018년	2019년	2020년
총계	신고접수	38,281	38,789	42,992	42,390	38,496
	미발견	14	14	18	33	161
정상아동	신고접수	19,870	19,956	21,980	21,551	19,146
	미발견	3	3	6	9	105
지적장애인(연령불문)	신고접수	8,542	8,525	8,881	8,360	7,078
	미발견	5	5	9	21	47
치매환자(연령불문)	신고접수	9,869	10,308	12,131	12,479	12,272
	미발견	6	6	3	3	9

출처: 경찰청(내부행정자료).

2 아동유괴 발생현황

2019년 총 260건의 약취유인범죄가 발생하였으며, 이 중 53.1%에 해당하는 138건이 13세 미만 아동을 대상으로 하는 유괴범죄였다.

아동유괴 피해자의 38.4%가 남아이고, 61.6%가 여성아동으로 여성아동 비율이 훨씬 더 높게 나타났다.

아동유괴범죄가 가장 많이 발생하는 시간은 오후 시간대(12:00-17:59)로 전체범죄의 55.5%를 차지했다.

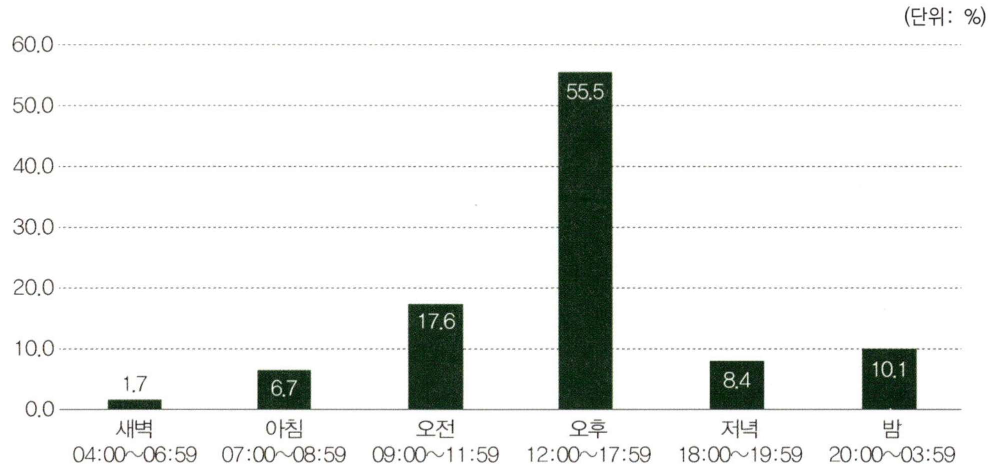

그림 6-1 아동유괴범죄 발생시간

아동유괴범죄의 44.9%(62건)가 노상에서 발생하였으며, 그 외 기타장소(41건, 29.7%), 주거지(35건, 25.4%)에서 발생하였다.

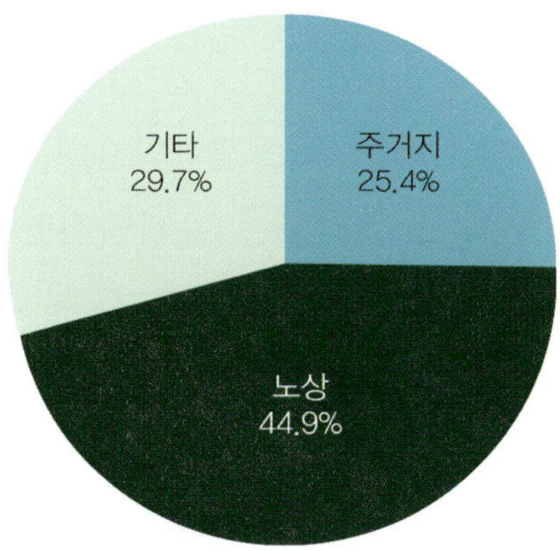

그림 6-2 아동유괴범죄 발생장소

아동유괴범죄 범죄자의 65.3%(81명)가 남성이며, 34.7%(43명)가 여성이었다. 다른 범죄유형에 비해 여성범죄자의 비율이 상대적으로 높은 것으로 나타났다.

아동유괴범죄 범죄자 중 가장 높은 비율을 차지하고 있는 연령층은 31~40세(33.9%)이며, 그 다음은 41세~50세(19.4%) 등의 순이다.

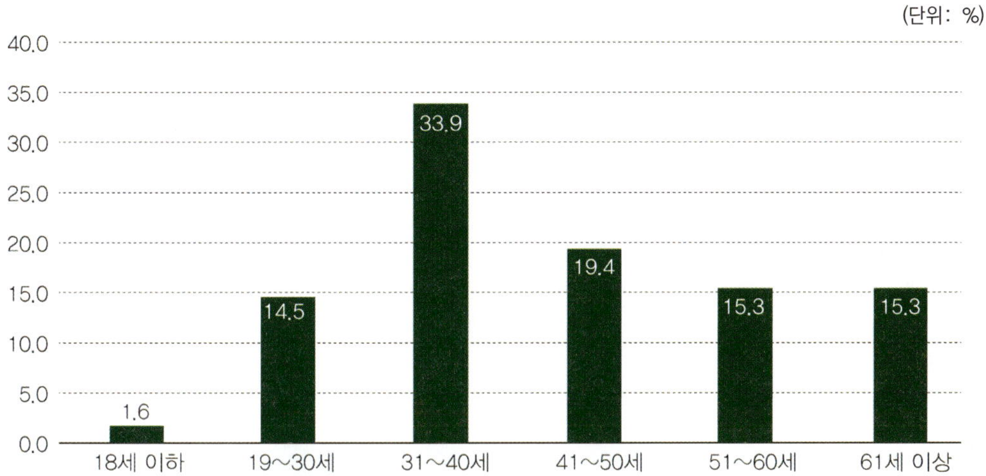

그림 6-3 아동유괴범죄 범죄자의 연령

아동유괴범죄 범죄자의 84.3%(59명)가 단독으로 범죄를 저지른 것으로 나타났으며, 공범 중 5.7%(4명)가 친인척이었다.

아동유괴범죄 범죄자와 피해자의 관계는 타인인 경우(59.2%)가 지인관계인 경우(38.0%)보다 많았다. 지인관계인 경우에는 대부분 친족관계(29.6%)였다.

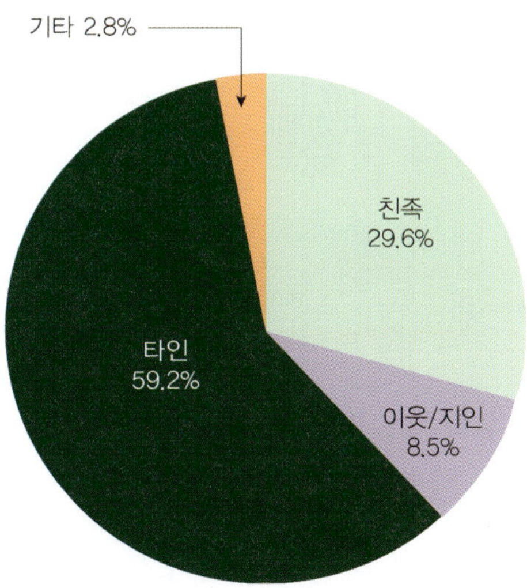

그림 6-4 아동유괴범죄 범죄자와 피해자의 관계

1) 실종 · 유괴 예방 수칙

① 사전등록을 신청해 둔다.

경찰청 아동·여성·장애인 경찰지원센터에서 지문 등 사전등록제를 시행하고 있다. 아동 등이 실종되었을 때를 대비해 미리 지문과 사진, 보호자 인적사항 등을 등록해 놓는 것이 좋다. 실종되었을 때 등록된 자료를 활용해 신속히 발견할 수 있다. 안전Dream홈페이지(안전Dream), 가까운 지구대나 경찰서 등에서 등록 가능하다.

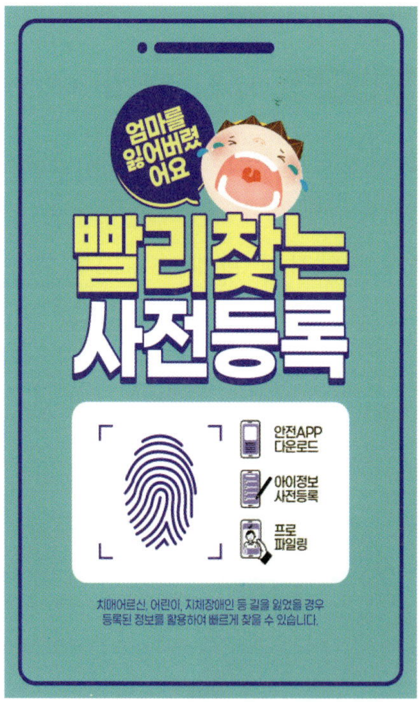

② 자녀를 집에 혼자 두지 않는다.

잠시 외출한다고 아이를 혼자 두고 다니지 않는다. 특히 아이가 잠든 틈에 외출은 매우 위험하다. 아이가 집 바깥으로 엄마를 찾으러 나올 수 있다. 외출을 하게 될 때에는 믿을 만한 친척이나 이웃에게 자녀를 돌봐달라고 부탁한다.

③ 항상 자녀와 함께 다닌다.

가까운 곳에 외출했을 때에도 잠시도 아이 혼자 두지 않는다. 가까운 백화점, 슈퍼나 시장, 쇼핑몰, 영화관, 공원, 공중화장실 등에서 특히 주의한다. 화장실을 혼자 가게 하거나 심부름을 시키거나 자동차 안에 혼자 두는 것은 위험하다.

④ 실종아동 예방용품을 활용한다.

아이가 어리거나 장애로 말을 못하는 경우 실종아동 예방용품을 착용하도록 한다. 이름표 등을 착용하게 하고, 아이들의 이름과 연락처 등을 적을 때에는 바깥으로 쉽게 드러나지 않는 옷 안쪽이나 신발 밑창 등에 새겨 주는 것이 좋다. 낯선 사람들이 쉽게 접근할 수 있고 유괴의 소지가 될 수 있기 때문이다.

⑤ 자녀에 관한 정보들을 기억한다.

자녀의 키, 몸무게, 생년월일, 신체적인 특징, 버릇 등 상세한 정보를 알아두는 것은 실종아동 예방 및 실종아동 발생 시 유용하게 활용될 수 있다. 또한 매일매일 자녀가 어떤 옷을 입었는지 기억해 두고, 아이의 인적사항을 적어 둔 카드를 집에 비치해 둔다.

⑥ 자녀의 하루 일과와 친한 친구들을 알아둔다.

아이가 놀러 나갔다가 집으로 돌아오지 않는 경우, 재빨리 아이를 수소문해 볼 수 있으려면 아이의 하루 일과를 부모가 자세히 알고 있어야 한다. 바깥에 있는 아이가 구체적으로 어디에서, 누구와 있는지를 알아야 한다. 외출할 때에는 누구와 가는지, 언제 돌아올 것인지, 어디로 가는지 등을 물어보고 시간 약속을 지키도록 가르친다.

⑦ 정기적으로 자녀사진을 찍어 둔다.

실종아동이 발생했을 때 가장 중요한 정보는 바로 아이들의 사진이다. 아이들은 특히 성장이 빠르므로 너무 오래된 사진은 실종아동 찾기에 도움을 줄 수 없다. 가능한 정기적으로 아이사진을 찍어 보관하도록 한다.

※ 사전등록된 경우 아이의 사진을 수시로 변경 등록하실 수 있다.

3 실종 · 유괴예방 안전교육 내용

① 영유아에게 이름과 나이, 주소, 전화번호, 부모 이름 등을 기억하도록 가르친다.

평소 잘 알고 있는 내용도 당황하면 잊어버리기 쉬우므로 아주 익숙해지도록 반속해서 연습을 시킨다. 실종 상황을 연출해 보고 함께 연극(역할극 등)을 해 보는 것이 꼭 필요하다. 즉, 쇼핑몰이나 공원 등에서 길을 잃을 경우, 무작정 길을 걷지 말고 그 자리에서 멈춰 서서 기다리게 하고 주위 어른들이나 경찰관에게 도움을 요청하게 하는 연습을 해보도록 한다. 또한 당황하지 말고 근처 상점 등에 들어가 부모에게 전화를 하고, 182 혹은 112에 신고하도록 지도한다.

❶ 멈춘다! ❷ 생각한다! ❸ 도와 주세요!

② 밖에 나갈 때는 누구랑 어디에 가는지 부모님께 꼭 이야기하도록 가르친다.

평소에 밖으로 놀러 나갈 때에는 누구와 어디에 가는지 부모님께 반드시 이야기하고, 언제 돌아올 것인지 등을 부모와 약속하는 습관을 들이도록 한다. 또 가급적 외부에서는 잠시라도 혼자 다니지 않고, 친구들과 함께 다니도록 지도

하고 특히 사람이 많은 공원이나 놀이터, 공중화장실 등에 갈 때에는 친구들이나 믿을 만한 어른과 함께 가도록 지도한다.

③ 낯선 사람을 따라가지 않도록 주의시킨다.

처음 보거나 잘 알지 못하는 사람을 따라가지 않도록 주의시킨다. 막연히 낯선 사람을 경계하라고 가르치기보다는, 구체적인 예를 들어 설명해 주어야 한다. 즉, 길을 물어보며 차에 태우거나, 엄마 친구를 사칭하거나, 강아지를 함께 찾아달라는 등 도움을 요청할 때도 단호히 거부할 수 있도록 지도한다. 만약 낯선 사람이 자신의 이름을 부르며 데려가려고 할 때에는 소리를 질러 주위 사람들에게 도움을 청하도록 지도한다.

○ 강제로 끌고 가려고 해요!

'안 돼요!','싫어요!','도와주세요!' 하고 큰소리로 외치세요.
근처에 사람들이 없다면 사람들이 많은 쪽으로 뛰어가서 큰소리로 도와달라고 하세요.

4 아동안전지킴이집

2008년 경기도 안양시에서 발생한 초등학생 유괴·살인 사건 이후 아동을 대상으로 한 강력 범죄가 연달아 발생하면서 지역사회와 경찰이 함께하는 아동안전지킴이집을 도입 시행하게 되었다.

아동안전지킴이집은 학교 주변·통학로, 공원 주변의 문구점, 약국 등을 아동안전지킴이집으로 지정하여 위험에 처한 아동을 임시보호하고 경찰에 인계하는 곳이다.

- 아동안전지킴이 표지물 -

- 안전지킴이집 벽부착형 표지물 -

신뢰성 있는 업체의 외근 사원을 수호천사로 위촉하여 외근활동 중 아동보호 활동을 하며, 현재 야쿠르트 아줌마, 집배원, 태권도 사범, 모범택시운전자회, 학원차량기사 등이 활동 중이다.

5 실종경보문자제도(2021년 6월 9일 시행)

개정된 아동보호법에 따라 경찰청에서는 실종경보문자제도 시스템이 새롭게 구축되어 2021년 6월 9일부터 본격적으로 시행된다. 이 제도는 실종사건 발생 시 국민제보를 활성화하기 위하여 실종아동 등의 정보를 휴대전화 문자메시지로 전송하는 방법으로 실종아동의 인상착의 등 구체적인 정보를 지역주민에게 재난문자 발송과 같은 방식으로 실시하여 적극적인 제보를 유도하는 것이 핵심으로 실종아동을 더욱 신속하게 가족의 품으로 복귀할 수 있는 제도라고 할 수 있다.

실종경보문자는 실종아동 등의 나이, 인상착의 등 신상정보와 그 밖에 실종아동 등을 발견하는 데 필요한 구체적인 정보가 담겨 보호자의 동의를 받아 송출하게 된다. 또한 문자에 첨부된 링크(URL)를 클릭하면 연결 화면에서 실종아동 등의 사진 등도 확인이 가능하다. 이뿐만 아니라 실종경보문자제도는 실종아동 등이 현재 발견될 가능성이 크다고 추정되는 지역을 중심으로 문자가 발송되고, 실종아동 등을 발견했을 시에는 발견 사실을 알리는 문자가 발송하게 된다.

CHAPTER 07 폭력 및 신변안전

1 성폭력

1) 아동 성폭력의 개념

「성폭력범죄의 처벌 등에 관한 특례법」 제7조에서 아동 성폭력의 개념을 '만 13세 미만의 사람에 대한 강간, 강제추행'으로 규정하고 있다(성폭력범죄의 처벌 등에 관한 특례법 제7조).

「성폭력범죄의 처벌 등에 관한 특례법」

제7조(13세 미만의 미성년자에 대한 강간, 강제추행 등) ① 13세 미만의 사람에 대하여 「형법」 제297조(강간)의 죄를 범한 사람은 무기징역 또는 10년 이상의 징역에 처한다.

② 13세 미만의 사람에 대하여 폭행이나 협박으로 다음 각 호의 어느 하나에 해당하는 행위를 한 사람은 7년 이상의 유기징역에 처한다.
  1. 구강・항문 등 신체(성기는 제외한다)의 내부에 성기를 넣는 행위
  2. 성기・항문에 손가락 등 신체(성기는 제외한다)의 일부나 도구를 넣는 행위

③ 13세 미만의 사람에 대하여 「형법」 제298조(강제추행)의 죄를 범한 사람은 5년 이상의 유기징역 또는 3천만 원 이상 5천만 원 이하의 벌금에 처한다.

④ 13세 미만의 사람에 대하여 「형법」 제299조(준강간, 준강제추행)의 죄를 범한 사람은 제1항부터 제3항까지의 예에 따라 처벌한다.

⑤ 위계 또는 위력으로써 13세 미만의 사람을 간음하거나 추행한 사람은 제1항부터 제3항까지의 예에 따라 처벌한다.

성폭력은 상대방이 원하지 않는데 자신의 성적인 즐거움을 위해 강제로 하는 성적인 행위가 모두 해당된다. 특히 아동의 경우에는 저항하거나 충분히 싫다는 표현을 하지 못했다고 하더라도 아동을 대상으로 한 성적인 행동은 모두 성폭력이라 할 수 있다(어린이안전공제회, 2020). 또한 성폭력은 여성에만 국한되지 않고, 남성을 포함하여 개인의 자유로운 성적 결정권을 침해하는 범죄로서 언어적, 신체적, 정신적인 측면의 폭력을 포괄하는 광범위한 개념이다. 그러므로 상대방의 의사를 침해하여 일방적으로 이루어지는 성적인 접촉은 모두 범주 안에 해당된다고 할 수 있다. 특히, 판단이 미숙하고 지능이 성숙하지 못한 아동은 성폭력이 발생하는 상황에서 적극적으로 거부하거나 저항하는 표현을 하지 못하는 경우가 많으므로 아동을 대상으로 하는 성적인 행동은 모두 성폭력의 범위에 해당된다고 할 수 있다(조희연 외, 2011).

아동의 성폭력 발생 단계는 성인의 성범죄와 달리 폭행, 협박보다는 유인에 의한 피해가 많다(어린이집안전공제회). 단계별로 살펴보면 다음과 같다.

접촉단계 ▶ 성폭력단계 ▶ 비밀단계 ▶ 폭로단계 ▶ 억압단계

그림 7-1 아동 성폭력 발생 단계

- **접촉단계**: 가해자는 피해아동의 집이나 가해자의 집, 특정 장소에 둘만이 있는 기회를 의도적으로 만들며 아동과 친밀감을 형성하기 위해 게임이나 놀이, 선물, 먹을 것 등으로 아동을 유인한다.
- **성폭력단계**: 가해자가 아동에게 실제 성폭력 행위를 하는 단계이다. 이 행위는 노출에서 성교에 이르기까지 광범위하다.
- **비밀단계**: 성폭력 이후 가해자는 아동에게 비밀 유지를 강요하며, 이런 비밀 유지는 가해자에게 있어 성폭력에 대한 책임을 회피하고 성폭력을 지속시키는 수단이 된다.
- **폭로단계**: 성폭력 피해아동이 말을 하거나 제 3자의 관찰 또는 피해아동의

성병 감염, 임신, 조숙한 성 행동화 등에 의해 피해 사실이 주변에 폭로되기도 한다.

- **억압단계:** 가해자와 피해아동 주변인들이 억압적인 방법을 사용하여 피해사실을 축소·왜곡하는 단계이다. 피해사실이 폭로된 후 가해자는 성폭력 사실을 부정하고 아동의 피해 주장에 대해 신뢰성을 떨어뜨리려고 노력한다. 또한 피해아동의 가족들은 사건이 세상에 알려지는 것에 대한 두려움이나 피해아동에 대한 낙인 등의 부정적인 인식 때문에 피해사실이 드러나는 것을 불편해한다. 성폭력이 가족 내에서 발생하였을 경우에 이런 억압현상은 더욱 심하게 나타난다(인천광역시 교육청, 2015).

2) 성폭력 예방의 필요성

성폭력 예방교육은 아동의 안전한 보호와 건강한 발달, 권리 존중을 바탕으로 해야 한다. 특히 아동의 안전을 최우선으로 고려하여야 하고, 예방이 가장 중요하다(이현혜, 2011). 최근 상대적으로 취약한 아동을 대상으로 학대, 성폭력, 살인 사건 등이 지속적으로 증가하여 국민들을 충격과 불안을 떨게 하였다. 아동은 한 가정의 희망이자 사회와 국가를 이끌어 가야 할 미래로 아동을 성범죄로부터 보호하고 올바르게 키우기 위한 노력을 국가, 지역사회, 학교, 부모가 모두 관심을 가져야 한다.

> 아동은 모든 형태의 신체적·정신적 폭력, 상해, 학대, 유기 방임적 대우, 성적학대를 포함한 혹사나 착취로부터 보호받아야 한다.
>
> –유엔아동권리협약 19조–

3) 성폭력 현황 및 유형

한국성폭력상담소는 1991년부터 2019년까지 29년 동안 총 85,225회의 상담을 해왔다. 2019년 전체상담은 1,419회(1,028건)이며 이 중 성폭력 상담은 총 1,294회(912건)로 전체상담건수 대비 성폭력상담의 비율은 88.7%이다.

성폭력상담 전체건수 912건 중 840건(92.1%)이 여성 피해자로 나타났다. 이는 개소 이래 현재까지 비슷한 양상을 보이며, 성폭력의 주된 피해자가 여성임을 보여준다.

표 7-1 과 같이, 전체 성별, 연령별 상담현황 중 가장 많은 비율을 차지한 집단은 예년과 마찬가지로 성인여성 피해자로, 총 640건(70.2%)으로 나타났다. 한편 남성 피해자의 비중은 6.8%(62건)로 2017년 5.2%, 2018년 6.1%에 이어 점진적으로 증가하는 추세를 보이고 있다.

표 7-1 피해자 성별 · 연령별 상담현황

[단위: 건, (%)]

성별 \ 연령	고령	성인 (20세 이상)	청소년 (19~14세)	어린이 (13~8세)	유아 (7세 이하)	미상	총계
여	5 (0.5)	**640 (70.2)**	90 (9.9)	56 (6.1)	22 (2.4)	27 (3)	**840 (92.1)**
남	0 (0.0)	46 (5.0)	11 (1.2)	5 (0.5)	0 (0.0)	0 (0.0)	**62 (6.8)**
미상	0 (0.0)	5 (0.5)	1 (0.1)	1 (0.1)	0 (0.0)	3 (0.3)	10 (1.1)
총계	5 (0.5)	691 (75.8)	102 (11.2)	62 (6.8)	22 (2.4)	30 (3.3)	912 (100.0)

가해자 성별 · 연령별 상담현황을 살펴보면 가해자 성별 중 남성이 전체 912건 중 835건(91.6%)을 차지하였다. 이 중 성인남성 가해자가 698건(76.5%)으로 가장 많은 비율을 차지했다.

표 7-2 가해자 성별 · 연령별 상담현황

[단위: 건, (%)]

성별＼연령	고령	성인 (20세 이상)	청소년 (19~14세)	어린이 (13~8세)	유아 (7세 이하)	미상	총계
여	0 (0.0)	40 (4.4)	1 (0.1)	2 (0.2)	0 (0.0)	0 (0.0)	43 (4.7)
남	19 (2.1)	698 (76.5)	58 (6.4)	16 (1.8)	0 (0.0)	44 (4.8)	835 (91.6)
미상	0 (0.0)	12 (1.3)	1 (0.1)	1 (0.1)	0 (0.0)	20 (2.2)	34 (3.7)
총계	19 (2.1)	750 (82.2)	60 (6.6)	19 (2.1)	0 (0.0)	64 (7.0)	912 (100.0)

가해유형별, 연령별 상담 현황을 살펴보면 성인 가해자가 750명으로 전체의 82.2%를 차지하고 있다.

표 7-3 성폭력 가해 유형별 · 연령별 상담현황

[단위: 건, (%)]

피해유형		가해자 연령						계	
		고령	성인	청소년	어린이	유아	미상		
강간 및 강간미수	특수강간	–	7 (0.8)	1 (0.1)	–	–	1 (0.1)	9 (1.0)	284 (31.1)
	강간 (유사강간 포함)	2 (0.2)	155 (17.0)	21 (2.3)	3 (0.3)	–	18 (2.0)	199 (21.8)	
	준강간	–	47 (5.2)	1 (0.1)	–	–	5 (0.5)	53 (5.8)	
	강간미수	1 (0.1)	21 (2.3)	–	–	–	1 (0.1)	23 (2.5)	
강제추행	강제추행	15 (1.6)	272 (29.8)	22 (2.4)	9 (1.0)	–	12 (1.3)	330 (36.2)	350 (38.4)
	준강제추행	–	17 (1.9)	3 (0.3)	–	–	–	20 (2.2)	

CHAPTER 7

(계속)

성희롱	–	116 (12.7)	5 (0.5)	5 (0.5)	–	4 (0.4)	130 (14.3)
통신매체 이용 음란	–	14 (1.5)	1 (0.1)	1 (0.1)	–	1 (0.1)	17 (1.9)
카메라 이용 촬영	–	33 (3.6)	2 (0.2)	1 (0.1)	–	5 (0.5)	41 (4.5)
스토킹	–	30 (3.3)	–	–	–	–	30 (3.3)
성적목적을 위한 다중이용장소침입	–	2 (0.2)	–	–	–	1 (0.1)	3 (0.3)
미상	1 (0.1)	38 (4.2)	2 (0.2)	–	–	16 (1.8)	57 (6.3)
성폭력 계	19 (2.1)	752 (82.5)	58 (6.4)	19 (2.1)	–	64 (7.0)	912 (100.0)

출처: 한국성폭력상담소(2014). 2014년도 상담통계현황.

성폭력은 '아는 사람'에 의한 피해가 799건(87.6%)으로 85% 이상의 비중을 차지한다는 것을 알 수 있고, 어린이와 유아인 경우 친족에 의한 피해가 각각 28건(45.2%), 16건(72.7%)으로 높았다.

표 7-4 피해연령별 피해자와 가해자와의 관계

[단위: 건, (%)]

유형 / 계	아는 사람 799(87.6)												모르는 사람	미상	총계
	친족, 친족의 인척 88(9.6)		직장	친밀한 관계	인터넷	동네 사람	서비스 제공자	학교	유치원/학원	주변인의 지인	동호회	기타			
	친족	친족의 인척													
2016년	118 (8.7)	19 (1.4)	368 (27.2)	141 (10.4)	43 (3.2)	63 (4.7)	78 (5.8)	160 (11.8)	35 (2.6)	102 (7.5)	11 (0.8)	40 (3.0)	101 (7.5)	74 (5.5)	1,353 (100.0)
2017년	121 (9.6)	22 (1.7)	375 (29.8)	116 (9.2)	40 (3.2)	60 (4.8)	66 (5.2)	121 (9.6)	40 (3.2)	73 (5.8)	19 (1.5)	45 (3.6)	103 (8.2)	59 (4.7)	1,260 (100.0)

(계속)

2018년	64 (5.4)	66 (5.6)	353 (29.7)	86 (7.2)	41 (3.4)	65 (5.5)	60 (5.0)	136 (11.4)	39 (3.3)	66 (5.6)	13 (1.1)	40 (3.4)	73 (6.1)	87 (97.3)	1189 (100.0)
2019년	78 (8.6)	9 (1.0)	276 (30.3)	94 (10.3)	24 (2.6)	92 (10.1)	41 (4.5)	87 (9.5)	33 (3.6)	28 (3.1)	31 (3.4)	6 (0.7)	43 (4.7)	70 (7.7)	912 (100.0)
고령 (65세 이상)	–	–	2 (40)	–	–	1 (20)	–	–	–	1 (20)	–	1 (20)	–	–	5 (100.0)
성인 (20세 이상)	12 (1.7)	4 (0.6)	274 (39.6)	80 (11.6)	16 (2.3)	62 (9.0)	37 (5.4)	53 (7.70	17 (2.5)	21 (3.0)	29 (4.2)	5 (0.7)	36 (5.2)	45 (6.5)	691 (100.0)
청소년 (19~ 14세)	15 (14.7)	3 (2.9)	–	11 (10.8)	5 (4.9)	14 (13.7)	3 (2.9)	24 (23.5)	11 (10.8)	3 (2.9)	1 (1.0)	–	3 (2.9)	9 (8.8)	102 (100.0)
어린이 (13~ 8세)	28 (45.2)	1 (1.6)	–	–	2 (3.2)	10 (16.1)	–	10 (16.1)	4 (6.5)	2 (3.2)	–	–	4 (6.5)	1 (1.6)	62 (100.0)
유아 (7세 이하)	16 (72.7)	1 (4.5)	–	–	–	2 (9.1)	–	–	1 (4.5)	1 (4.5)	–	–	–	1 (4.5)	22 (100.0)
미상	7 (23.3)	–	–	3 (10.0)	1 (3.3)	3 (10.0)	1 (3.3)	–	–	–	1 (3.3)	–	–	14 (46.7)	30 (100.0)

출처: 한국보육교사교육연합회(2016). 원장 일반직무교육.

4) 영유아기관에서의 성폭력 예방교육

아동 성폭력 예방교육은 아동을 대상으로 교육을 통해 성폭력을 예방하기 위한 지식, 기술, 태도를 익히게 하며, 잠재적으로 위험이 있는 상황에서 능동적으로 안전하게 대처하도록 하여 안전하고 건강한 생활을 영위할 수 있는 습관을 육성하는 것을 의미한다(교육인적자원부, 2006).

아동은 성폭력 예방교육을 통해 성에 대한 올바른 태도를 가지고, 어린이와 어른의 성희롱·성폭력의 차이를 알고, 성희롱·성폭력 위기 상황에서 적절하게 대처하는 방법을 습득하는 것을 목표로 제시한다.

표 7-5 유아기에 형성해야 할 성폭력 예방의 지식, 기술, 태도

지식	기술	태도
• 어떤 것이 성폭력인지를 알게 된다. • 위험한 상황에서 자신을 보호하는 방법을 알게 한다. • 위험한 상황에서 자신을 보호해야 할 필요성을 알게 한다. • 기분 좋은 접촉과 나쁜 접촉을 구별하게 한다.	• 위험한 상황으로부터 도움을 청하는 방법을 알게 한다. • 성폭력 가능성을 인식하고 올바른 방법으로 대처하도록 한다. • 성폭력을 당했을 때 도움을 구하거나 대처할 수 있는 방법을 알게 한다.	• 자신의 몸이나 타인의 몸을 소중하게 여기도록 한다. • 위험한 상황에 대처하는 바른 태도를 기르게 한다. • 위험한 상황에서 자신을 보호하려는 적극적인 태도를 기르게 한다. • 위험에 처했을 때 침착하게 대처하는 행동을 기르게 한다. • 위험 상황이 있음을 알고, 위험에 처한 사람을 돕는 태도를 기르게 한다. • 위험한 상황을 인식하고 대처하는 태도를 기르게 한다.

성폭력 예방교육을 통해서 아동은 성폭력 상황을 인식하여 대처할 수 있는 능력을 기르고, 성폭력이 발생했을 경우 부모와 교사는 유아들에게 적절한 도움을 제공하여 성폭력이 발생하지 않도록 주의와 관심을 기울여야 할 것이다. 성폭력은 인간이 인간에게 행하는 범죄이기 때문에 인간에 대한 이해와 인간 가치의 중요성에 대한 인식을 바탕으로 건전하고 올바른 성 의식, 자각을 길러 성폭력의 가해자가 되지 않도록 해야 한다(이성한 외, 2020).

아동 성폭력 예방교육의 내용 및 방법은 다음과 같다.

- 아동에게 자신뿐 아니라 다른 사람의 몸도 소중하다는 것을 알게 하는 것이 중요하다.
- 접촉에도 기분 좋은 접촉과 기분 나쁜 접촉이 있다는 것을 알려주고, 좋지 않은 말을 하거나 나쁜 사진이나 그림, 동영상 등을 보여주는 사람이 있으면 이를 부모나 선생님에게 알리게 해야 한다.
- 만약 누군가 자신의 몸을 만져서 혼란을 느낀다면 교사나 부모에게 언제라도 이야기하라고 알려주고, 반대로 아동 스스로도 다른 친구의 신체 부위를 함부로 만지지 않도록 알려주어야 한다.

- 그림이나 사진자료, 인형 등을 통해 신체구조와 차이, 역할에 대하여 설명하는 것도 방법이 될 수 있다.
- 어른이 어떤 요구를 하더라도 때로는 자기주장을 하거나 거절할 수도 있음을 알려주어야 한다.
- 가족이나 친지 또는 아는 사람이라도 이상한 행동을 요구할 때에는 단호하게 거절하도록 해야 한다.

또한 아동 간 성폭력 예방은 다음과 같다.

- 발달과정에서 일어날 수 있는 자연스러운 행동이 아닌 보통의 아동들보다 과도하게 성적행동을 한다면 적절한 교육과 조치가 필요하다.
- 만 3~5세 어린 아동이라도 성적 호기심이 높아지지만 이는 일시적이고 상호적이라 상대가 싫어하는 행동은 하지 않는다.
- 아동이 문제행동, 과잉행동 등을 하였을 시 그 행동 원인을 살펴봐야 한다.
  - 성행위에 노출됐을 가능성
  - 애착의 결핍 가능성
  - 인터넷문화 특히 만화, 영상(스마트폰) 등은 비정상적인 성행위에 쉽게 노출될 수도 있음(모방범죄)
- 아동은 자신의 행동이 '성적 괴롭힘'이라는 인식은 없을 수도 있으나, 나쁜 행동이라는 인식은 대부분 갖고 있다.("비밀이야", "아무에게도 말하지 마")
- 타인의 성적 영역을 침해해서는 안 된다는 것을 알려준다.
  - 상대방이 싫으면 포옹도 해서는 안 되고, 동의를 구했다고 하더라도 중요부위를 만져서는 안 된다는 것을 알려주어야 한다.

성폭력 예방교육 시 주의사항은 다음과 같다.

- 아동이 다른 사람에 대해 지나치게 공포감을 갖지 않도록 유의한다.
- 과도하게 '성폭력'이라는 주제에 대해서 강조하여 주의시키거나 관심을 끌기보다는 일상생활 속에서 경험하고 느끼는 감정이나 생각하는 것들에 대

CHAPTER 7

하여 서로 이야기하는 시간을 갖는 것이 중요하다.

- 아동의 말을 잘 들어 주고, 아동이 혼란스럽지 않게 설명해 주며, 문제발생 시 "네 잘못이 아니야"라는 말과 따듯한 포옹 등도 중요하다.
- 아동의 특징을 이해하고 적절하게 지원해야 한다.
- 어른들의 눈으로부터 아동에 대한 사각지대가 발생하지 않도록 한다.
- 보육공간에서 문제발생 시 사실관계를 명확하게 밝히고 재발 방지를 위해서 노력해야 한다.

2 아동학대

1) 아동학대 개념

아동은 「아동복지법」상 0세부터 만 18세 미만을 일컫는 용어로 영유아를 포함한다. 「아동복지법」에서 아동학대에 대한 정의와 처벌근거, 관련기관에 대한 법적 근거를 포괄적으로 제시하였다. 2014년 「아동학대범죄의 처벌 등에 관한 특례법」을 제정하여, 아동학대범죄의 처벌 및 절차에 관한 특례와 피해아동에 대한 보호절차 및 아동학대행위자에 대한 보호처분을 규정하고 있다.

「아동복지법」 제37조 제7항

아동학대란, 보호자를 포함한 성인이 아동의 건강 또는 복지를 해치거나 정상적 발달을 저해할 수 있는 신체적·정신적·성적 폭력이나 가혹행위를 하는 것과 아동의 보호자가 아동을 유기하거나 방임하는 것

「유엔아동권리협약」에서는 아동의 권리 보호만을 목적으로 만들어진 국제사회 최초의 협약에서 아동 보호 및 학대 예방을 위한 다양한 조치를 취해야 함을 명시하고 있다.

「유엔아동권리협약」 제19조

아동이 부모, 법정후견인, 다른 보호자로부터 양육되는 동안 모든 형태의 신체적·정신적 폭력, 상해나 학대, 유기, 부당한 대우, 성적인 학대를 비롯한 착취로부터 아동을 보호하기 위해 모든 적절한 입법적·행정적·사회적·교육적 조치를 취해야 함

즉, 아동학대는 하지 말아야 할 것을 의도적이고 지속적으로 해를 가하거나(신체적, 정신적, 성적 폭력, 가혹행위), 해야 함에도 불구하고 아동을 돌보지 않아(유기, 방임) 아동의 복지를 훼손하는 경우가 모두 아동학대라고 볼 수 있다(어린이집안전공제회, 2020).

2) 아동학대 예방교육의 필요성

아동학대 예방교육의 필요성은 최근 많은 아동학대와 관련된 사건들이 보도되고 있으며, 성인에게 보호받고 양육되어야 하는 아동들이 보호받지 못하고 있는 현실에 대한 심각성을 깨닫고, 아동학대의 개념과 필요성을 재정립하며, 아동에게 안전한 환경에서 성장해 나갈 수 있도록 돕고자 하는 데 의의가 있다. 또한 어떤 것이 아동학대인지 알아야 피해를 예방할 수 있으며, 아동학대가 일어났을 때 도움을 줄 수 있는 방법을 알아야 피해를 최소화할 수 있다. 또한 아동이 성인이 되면 부모가 되기 때문에 아동학대에 대해 미리 알아두면 행복한 가정을 이루고 좋은 부모가 될 수 있기 때문에 아동학대 예방교육이 필요하다(법무부, 2016).

3) 아동학대 현황 및 유형

(1) 아동학대 현황

중앙아동보호전문기관에서 2018년 기준 아동학대 주요통계에 따르면 아동보호기관 신고접수 건수는 총 36,416건이고, 아동학대 사례로 판단되는 결과는 총 24,604건으로 매해 증가하고 있다.

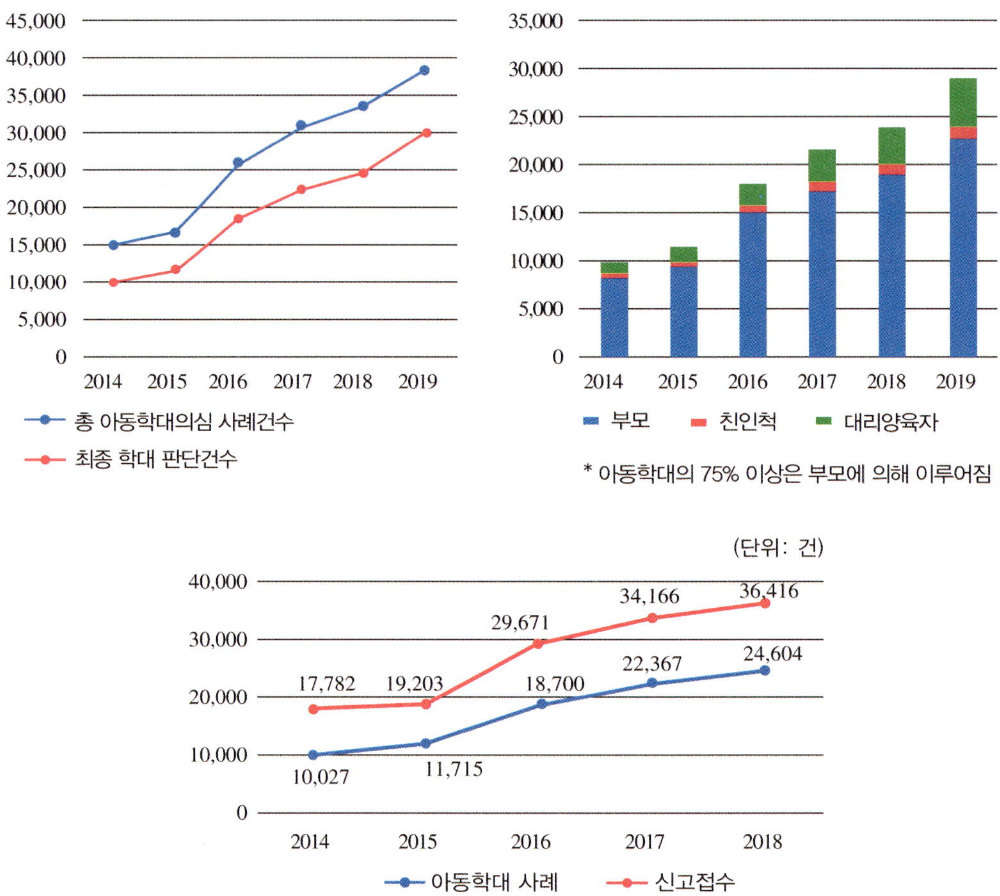

그림 7-2 아동학대 신고접수 및 발생건수

또한 피해아동의 연령은 만 13~15세가 전체 24.7%로 가장 높았으며, 만 6세 이하도 5,660건으로 전체 23%로 나타나 아동 학대율이 높은 것으로 나타났다.

아동학대 사례에서 피해아동과의 관계 중 부모가 76.9%로 가장 높았으며 대리양육자 15.9%, 친인척 4.5% 순으로 나타났고, 대리양육자 중 보육교직원은 3.3%로 나타났다. 보육교직원의 아동학대 행위는 전체 비율에 비해 높은 편은 아니지만 어린이집 신고의무자로서 아동학대 행위가 지속적으로 발생하는 것에 대한 경각심은 필요하다.

또한 아동학대 발생장소는 가정 내 발생 사례가 78.7%로 가장 높았으며, 아동학대 발생유형은 중복학대가 47.9%로 가장 높았으며, 이어 정서학대, 신체학대, 방임, 성학대 순으로 나타났다. 중복학대로 분류하지 않고, 학대 유형에 포함한 결과 정서학대가 46.5%로 가장 높았고, 신체학대, 방임, 성학대 순으로 나타났다.

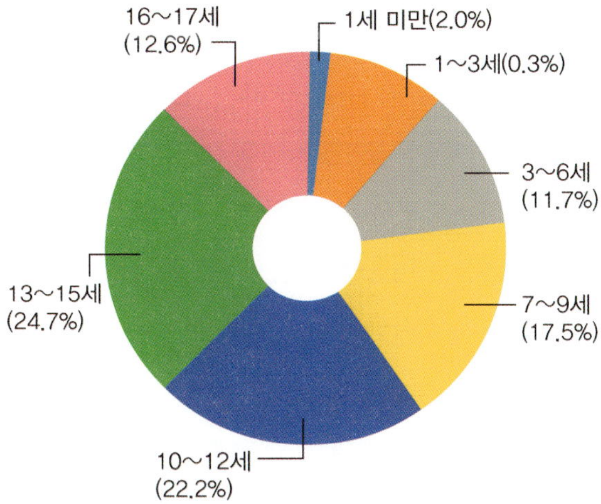

그림 7-3 피해아동 연령

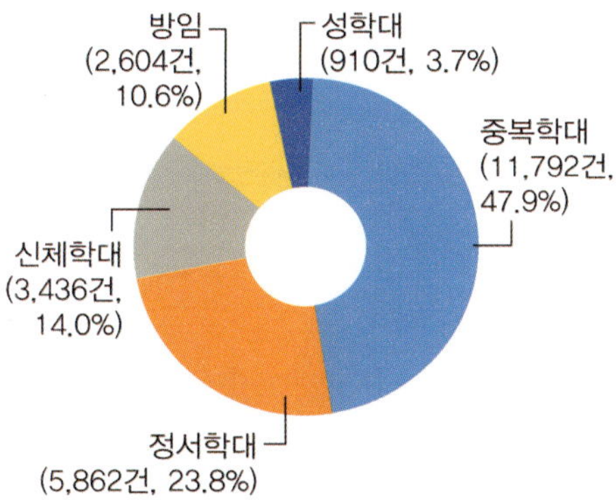

그림 7-4 아동학대 발생유형

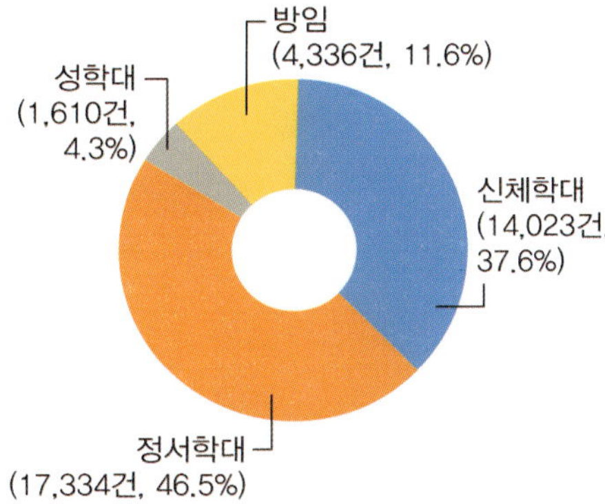

그림 7-5 중복학대 미분류 시

CHAPTER 7

(2) 아동학대 유형 및 징후

일반적으로 아동학대를 의미할 때 신체적 학대를 일컫는 경우가 많이 있는데 이것은 신체적 학대가 가장 눈에 띄는 손상과 상해를 주는 것으로 사용하고 있기 때문이다. 아동학대 유형은 크게 신체학대, 정서학대, 성학대, 방임으로 자세한 내용은 다음과 같다(어린이집안전공제회, 2020).

① 신체학대

신체학대는 사회의 문화적 특성에 따라 영향을 받는다. 우리 전통사회에서는 체벌은 아동의 잘못된 행동을 수정 및 통제하는 수단으로 '사랑의 매'라는 명칭이 붙여진 도구를 사용하여 가볍게 이루어진다고 인식하고 있다(이성한 외, 2020). 신체학대는 「아동복지법」 제3조 제7호에 따라 보호자를 포함한 성인이 아동의 건강 또는 복지를 해치거나 정상적 발달을 저해할 수 있는 정신적 폭력이나 가혹행위를 하는 것을 의미한다.

구체적인 행위	신체적 징후
• 직접적으로 신체에 가해지는 행위(손, 발 등으로 때림, 꼬집고 물어뜯는 행위, 조르고 비트는 행위, 할퀴는 행위 등) • 도구를 사용하여 신체를 가해하는 행위(도구로 때림, 뾰족한 도구로 찌름 등) • 완력을 사용하여 신체를 위협하는 행위(강하게 흔듦, 신체부위 묶음, 벽에 밀어붙임, 떠밀고 잡음, 아동 던짐, 거꾸로 매달기, 물에 빠트림 등) • 신체에 유해한 물질로 신체에 가해지는 행위(화학물질 혹은 약물 등으로 신체에 상해를 입히는 행위, 화상) • 흔들린 아이 증후군	• 설명하기 어려운 신체적 상흔 • 발생 및 회복에 시간차가 있는 상처 • 비슷한 크기의 반복적으로 긁힌 상처 • 도구의 모양이 그대로 나타나는 상처 • 담뱃불 자국, 화상 자국 • 입, 입술, 치은, 눈, 외음부 상처 • 긁히거나 물린 자국에 의한 상처 • 손목이나 발목에 긁힌 상처, 영유아에게 발견된 붉게 긁힌 상처 • 다치기 어려운 부위의 상처 등

② 정서학대

정서학대는 「아동복지법」 제3조 제7호에 따라 보호자를 포함한 성인이 아동의 건강 또는 복지를 해치거나 정상적 발달을 저해할 수 있는 정신적 폭력이나 가혹행위를 하는 것을 의미한다. 보호자를 포함한 성인이 아동에게 우발적인 사고가 아닌 상황에서 신체적 손상을 입히거나 또는 신체 손상을 입도록 허용한 모든 행위를 정서학대라 한다. 즉, 아동에게 행하는 언어적 모욕, 정서적 위협, 감금이나 억제, 기타 가학적인 행위이다.

구체적인 행위	신체적 징후
• 원망적/거부적/적대적 또는 경멸적인 언어폭력 등 • 잠을 재우지 않는 것 • 벌거벗겨 내쫓는 행위 • 형제나 친구 등과 비교, 차별, 편애하는 행위 • 가족 내에서 왕따시키는 행위 • 아동이 가정폭력을 목격하도록 하는 행위 • 아동을 시설 등에 버리겠다고 위협하거나 짐을 싸서 쫓아내는 행위 • 미성년자 출입금지 업소에 아동을 데리고 다니는 행위 • 아동의 정서발달 및 연령별 감당하기 어려운 것을 강요하는 행위(감금, 악취 및 유인, 아동노동 착취) • 다른 아동을 학대하도록/학대를 지켜보도록 강요하는 행위	• 발달지연 및 성장장애 • 신체발달 저하 **행동적 징후** • 특정물건을 계속 빨고 있거나 물어뜯음 • 행동장애(반사회적, 파괴적 행동장애) • 신경성 기질 장애(놀이장애) • 정신신경성 반응(히스테리, 강박, 공포) • 언어장애 • 극단행동, 과잉행동, 자살시도 • 실수에 대한 과잉 반응 • 부모와의 접촉에 대한 두려움

③ 성학대

성학대는 「아동복지법」 제3조 제7호에 따라 보호자를 포함한 성인이 아동의 건강 또는 복지를 해치거나 정상적 발달을 저해할 수 있는 성적 폭력이나 가혹 행위를 하는 것을 의미한다. 즉, 보호자를 포함한 성인이 자신의 성적 충족을 목적으로 18세 미만의 아동에게 행하는 모든 성적행위이다.

구체적인 행위	행동적 징후
• 자신의 성적만족을 위해 아동을 관찰하거나 아동에게 성적인 노출을 하는 행위(옷을 벗기거나 벗겨서 관찰하는 등의 관음적 행위, 성관계 장면을 노출, 나체 및 성기노출, 자위행위 노출, 음란물을 노출하는 행위 등) • 아동을 성적으로 추행하는 행위 • 아동에게 유사성행위를 하는 행위 • 성교를 하는 행위 • 성매매를 시키거나 성매매를 매개하는 행위	• **성적 행동지표** – 해박하고 조숙한 성지식 – 명백하게 성적인 묘사를 한 그림 – 타인과의 성적인 상호관계 – 동물이나 장난감을 대상으로 하는 성적인 상호관계 • **비(非)성적인 행동지표** – 위축, 환상, 유아적 행동(퇴행행동) – 자기 파괴적 또는 위험을 무릅쓴 모험적인 행동 – 충동성, 산만함 및 주의집중 장애 – 혼자 남아 있기를 거부 또는 외톨이 – 특정 유형의 사람들 또는 성에 대한 두려움 – 수면장애

CHAPTER 7

④ 방임

방임 및 유기는 「아동복지법」 제3조 제7호에 따라 아동의 보호자가 아동을 유기하거나 방임하는 것을 의미한다. 즉, 보호자가 아동을 위험한 환경에 처하게 하거나 아동에게 필요한 의식주, 의무교육, 의료적 조치 등을 제공하지 않는 행위로 유기란 보호자가 아동을 보호하지 않고 버리는 행위를 의미한다.

<table>
<tr><th>구체적인 행위</th><th>신체적 징후</th></tr>
<tr><td rowspan="3">• 물리적 방임
– 기본적인 의식주를 제공하지 않는 행위
– 불결한 환경이나 위험한 상태에 아동을 방치하는 행위
– 아동을 병원에 입원시키고 사라진 경우
– 아동의 출생신고를 하지 않는 행위, 보호자가 아동들을 가정 내에 두고 가출한 경우 등
• 교육적 방임
– 보호자가 아동을 특별한 사유 없이 어린이집에 무단 결석을 시키는 행위
• 의료적 방임
– 아동에게 필요한 의료적 처치 및 개입을 하지 않는 행위
• 유기
– 아동을 보호하지 않고 버리는 행위
– 시설근처에 버리고 가는 행위</td><td>• 발달지연 및 성장장애
• 비위생적인 신체상태
• 예방접종과 의학적 치료 불이행으로 인한 건강상태 불량
• 아동에게 악취가 지속적으로 나는 경우</td></tr>
<tr><th>행동적 징후</th></tr>
<tr><td>• 계절에 맞지 않는 부적절한 옷차림
• 음식을 구걸하거나 훔침
• 비행 또는 도벽
• 학교에 일찍 등교하고 집에 늦게 귀가함
• 지속적인 피로 또는 불안정감 호소
• 잦은 결석</td></tr>
</table>

4) 영유아기관에서의 아동학대 예방 및 사후관리

2020년 어린이안전공제회에서 발간한 ‘어린이집 보육교직원 안전교육(아동학대 예방교육)’과 2019년 보건복지부가 발간한 ‘보육사업 안내’ 지침서에 명시된 아동학대 예방 및 조치 요령은 다음과 같다.

(1) 아동학대 신고의무자

어린이집 원장 등 보육교직원은 「아동학대범죄의 처벌 등에 관한 특례법」 제10조의 규정에 의한 신고의무자로서 직무상 아동학대를 알게 되는 경우 및 의심되는 경우 즉시 아동보호전문기관 또는 수사기관에 신고하여야 한다. 아동학대 신고의무자가 아동학대를 신고하지 않을 경우 500만 원 이하의 과태료를 부과하게 된다.

「아동학대범죄의 처벌 등에 관한 특례법」 제10조 및 제63조

제10조(아동학대 신고의무와 절차) ② 다음 각 호의 어느 하나에 해당하는 사람이 직무를 수행하면서 아동학대범죄를 알게 된 경우나 그 의심이 있는 경우에는 아동보호전문기관 또는 수사기관에 즉시 신고하여야 한다.

12. 「영유아보육법」 제7조에 따른 육아종합지원센터의 장과 그 종사자 및 제10조에 따른 어린이집의 원장 등 보육교직원

제63조(과태료) ① 다음 각 호의 어느 하나에 해당하는 사람에게는 500만 원 이하의 과태료를 부과한다.

2. 정당한 사유 없이 제10조 제2항(아동학대 신고의무와 절차)에 따른 신고를 하지 아니한 사람

(2) 아동학대 신고의무자 교육

아동학대 신고의무자는 매년 1회, 1시간 이상의 '아동학대 신고의무자 교육'을 이수해야 한다. 원장은 아동학대 신고의무자에게 신고 교육을 실시하지 않는 경우 300만 원 이하의 과태료를 부과한다.

「아동복지법」 제26조 및 제75조(시행령 제26조)

제26조(아동학대 신고의무자에 대한 교육) ③ 아동학대 신고의무자가 소속된 기관·시설 등의 장은 소속 아동학대 신고의무자에게 신고의무 교육을 실시하고, 그 결과를 관계 중앙행정기관의 장에게 제출하여야 한다.

제75조(과태료) ① 다음 각 호의 어느 하나에 해당하는 자에게는 300만 원 이하의 과태료를 부과한다.

1의2. 제26조 제3항을 위반하여 신고의무 교육을 실시하지 아니한 자

시행령 제26조(아동학대 신고의무자에 대한 교육) ① 법 제26조 제1항부터 제3항까지의 규정에 따른 아동학대 예방 및 신고의무와 관련한 교육에는 다음 각 호의 사항이 포함되어야 한다.

– 교육내용: 아동학대예방 및 신고의무에 관한 법령, 아동학대 신고방법, 피해아동 보호 절차

- 교육시간: 매년 1시간 이상 실시
- 교육방법: 집합교육, 시청각 교육 및 인터넷 강의 등

아동학대 신고자의 신분은 「아동학대범죄의 처벌 등에 관한 특례법」 제10조의2, 「공익신고자 보호법」 제12조, 「특정범죄신고자 등 보호법」 제8조, 「영유아보육법」 제46조에 의해 보호규정이 마련되었다.

또한 누구든지 신고자의 인적사항 또는 신고인임을 미루어 알 수 있는 사실을 다른 사람에게 공개하거나 또는 신고의무자에게 불이익 조치를 취하는 자는 징역 또는 벌금에 처하게 되어 있다.

(3) 아동학대 신고절차

아동학대를 알게 된 경우나 학대 의심이 있는 경우에는 112 신고를 하고, 아동학대 의심 정황과 지역, 구체적인 응급상황(아동의 안전여부, 학대의 심각성 등) 설명, 피해아동의 이름, 성별, 나이, 특징을 신고한다. (아동이나 학대행위자의 정보를 몰라도 신고는 가능)

- 사고로 보기에 미심쩍은 상흔, 폭행으로 보이는 상처를 발견한 경우
- 필요한 의료적 처치를 하지 않거나 아동에게 예방접종을 실시하지 않는 경우
- 아동이 계절에 맞지 않는 옷(여름에 긴팔, 터틀넥 티 등)을 입는 경우
- 아동이 잘 씻지 않고 위생상태가 열악한 경우
- 아동이 집에 가는 것을 싫어하고, 부모를 두려워하는 경우
- 특별한 사유 없이 계속 결석하는 경우(부모와 연락되지 않음)
- 조숙한 성지식 등

학대 의심 징후 발견 (상흔, 증언 등) ▶ 응급상황 시 아동의 안전 및 신변 확보 ▶ 아동학대 신고 (112) ▶ 현장조사 및 사례 개입 협조 ▶ 사후지원 및 서비스 협조

그림 7-6 아동학대 신고절차

아동에게 치료적 개입이 필요한 상황이거나 응급상황 발생 시 등 긴급한 상황에는 아동을 병원에 데려간 후 신고를 하고, 아동과 친밀한 관계가 있는 경우 교사와 함께 아동 조사에 참여가 가능하다.

아동학대 신고전화 예시

○○어린이집에 재직하고 있는 교사입니다(*익명으로 신고가능).
○○어린이집에 등원하는 아동에 대해 ______________의 이유로 아동학대가 의심되어 신고합니다.
아동의 현재 상황은 ______________________입니다.
※ 아동의 안전 여부, 응급조치 필요 여부, 아동의 심신상태, 가정상황 등
아동의 인적사항은 ______________________입니다.
※ 이름, 성별, 나이, 주소 등 학대행위자 정보를 파악하지 못해도 신고 가능
신고자는 ______________입니다(성명, 전화번호, 주소, 아동과의 관계 등).
※ 익명으로 신고 가능

출처: 교육부 · 보건복지부(2016). 유치원 · 어린이집 아동학대 조기발견 및 관리 · 대응 매뉴얼.

어린이집에 아동이 결석하는 경우, 부모가 보육교사에게 유선이나 스마트알림장 등 대화방법을 통해 어린이집에 알려야 한다. 2일 이상 무단결석하는 경우 가정방문을 할 수 있으며, 아동의 소재 안전이 확인되지 않는 경우 수사기관(112)에 신고해야 한다.

(매일) 영유아 건강 · 안전 확인 및 결석 아동의 결석 사유 확인
- 부모는 유선, 스마트알림장 등 대화방법을 통해 교사와 아동의 결석 사유 공유
- 교사는 아동 결석 당일 지속적으로 유선 연락하여 결석 사유 확인

(무단결석) 2일 이상 어린이집 무단결석 아동 발생 시 전화연락 또는 가정방문
- 가정방문은 보육교직원, 읍 · 면 · 동 공무원으로 구성된 2인이 함께 실시

아동학대 신고 시 주의사항은 학대를 의심할 수 있는 상처나 징후가 있다면 먼저 보호자와 이야기를 하고 설명이 일치하는지에 대해 확인해야 한다. 또한 아동학대가 의심되어 신고를 할 경우에는 보육교사가 직접 아동을 상담하기 보

다는 진술이 오염되지 않도록 신고를 통하여 전문가가 상담할 수 있도록 하는 것이 바람직하다.

- 보호자에게 신고내용을 알려 증거가 은폐되지 않도록 주의
- 아동 진술이 오염될 수 있으므로 학대에 대해 계속 캐묻거나 유도 질문 하지 않기
- 가능한 한 증거 사진 등 확보하기(몸의 상흔 등)
- 성학대의 경우 증거 확보를 위해 씻기거나 옷을 갈아입히지 않기
- 아동이 불안에 빠지지 않도록 일상적으로 대하고, 신고 후 신고자와 피해아동의 정보가 외부에 노출되지 않도록 주의하기

(4) 아동학대 신고 처리과정

「아동복지법」 제45조에 의해 설치된 아동보호전문기관은 아동학대 신고접수, 현장조사 및 응급보호, 상담과 교육, 사후관리 등 각종 서비스를 제공하는 곳이다.

표 7-6 아동학대 사례 개입과정

개입과정	역할
1. 신고접수 및 현장조사	**〈신고접수〉** • 아동학대범죄를 알게 된 경우나 그 의심이 있는 경우에는 112에 신고 – 24시간 신고전화운영(112) • 아동학대 의심사례 접수 시 현장조사 실시(경찰과 아동보호전문기관 상호 통보) **〈현장조사〉** • 상담원 2인 1조 출동(경찰 우선/동행 출동) • 학대발생지 및 관련 장소 내 조사 – (필수조사) 피해아동, 학대행위자 – (추가조사) 신고자, 목격자, 이웃 등 관련인 • 아동학대혐의 판단(사법적 판단은 아니며, 아동보호전문기관의 자체 판단)
2. 피해아동 및 학대행위자 조치	**〈피해아동 보호조치〉** • 응급조치: 피해아동을 보호시설 또는 필요시 의료기관으로 인도 • 학대피해아동쉼터 – 피해아동 보호·생활 지원 – 심리검사 및 심리치료·교육 및 문화체험 지원

(계속)

	• 보호명령 – 피해아동 보호위탁, 상담 및 치료위탁, 가정위탁, 친권·후견인 권한 제한 및 정지* * 보조인 및 후견인 선임 **〈학대행위자 조치〉** • 응급조치: 학대행위자 범죄 행위 제지 및 피해아동으로부터 격리 • 임시조치: 학대행위자 퇴거 등 격리, 접근금지, 전기통신금지, 친권·후견인 행사제한 및 정지, 상담 및 교육위탁, 의료기관 위탁, 유치장·구치소 유치 • 보호명령: 행위자 퇴거 등 격리, 접근 제한, 전기통신 제한, 행위자 친권 정지
3. 사례관리	• 피해아동: 상담, 의료지원, 심리치료, 학습지원, 수사 및 사건처리지원, 사회복지서비스 연계 등 • 학대행위자: 보호처분, 임시조치 등의 결과 상담, 교육프로그램 운영, 심리치료, 의료지원, 가정지원(경제 및 가사지원) 등 • 가족: 상담, 가족치료, 가정지원(경제 및 가사지원), 원가정복귀를 위한 가족기능 강화 프로그램 등)
4. 사후관리	• 사후관리 연계기관 결정 – 연계기관으로 사례 이관 – 재학대 발생여부 확인 • 종결 및 사후관리

아동학대 신고 시 사건 처리과정은 어린이집에서 아동학대가 의심되어 112에 신고가 접수되면 아동학대전담경찰관(APO: Anti-abuse Police Officer)과 아동보호전문기관, 행정기관이 현장조사를 진행한다. 현장조사를 위해 어린이집을 방문하여 CCTV 등을 확보하고 보호자와 피해아동뿐만 아니라 학대행위 의심자와 원장과 교사 등 주변인을 조사한다. 또한 아동학대로 신고되었다고 하여 모두 아동학대로 판정되는 것이 아니며 경찰 수사 후 혐의가 없다고 판단되면 내사종결 혹은 불기소 의견 송치, 혐의가 있을 시 기소의견 송치를 해 사법적인 절차가 진행된다.

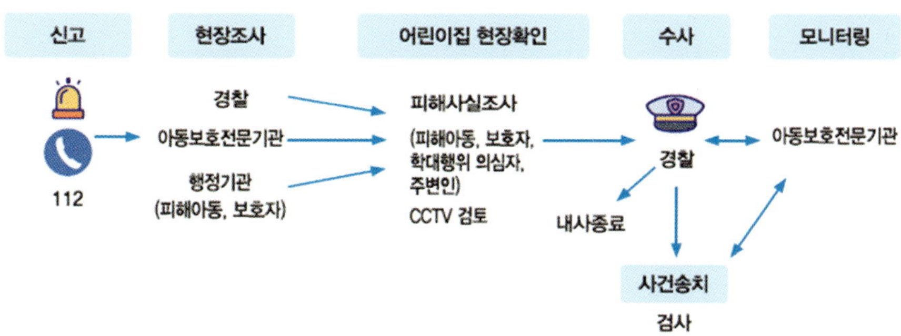

그림 7-7 아동학대 신고사례에 대한 사건 처리

표 7-7 아동학대 관련 뉴스

참고기사 아동학대 신고땐 즉시 수사…'정인이법' 국회 문턱 넘었다

양부모 학대로 생후 16개월 만에 숨진 '정인이' 사건의 재발을 막기 위한 '정인이 방지법'이 8일 국회 문턱을 넘었다.

◇ 아동학대 신고 시 즉시 수사 착수

이날 오후 국회 본회의에서 처리된 '아동학대범죄의 처벌 등에 관한 특례법 개정안'(아동학대처벌법)은 경찰관 등 아동학대전담공무원이 신고의무자(아동복지시설 종사자·의료인 등)의 아동학대 신고를 받으면 즉시 수사 또는 조사에 착수해야 한다는 의무 조항 신설을 골자로 한다. 정인이가 사망하기 전 경찰이 3차례 학대 의심 신고를 받고도 내사종결 또는 무혐의로 처분을 내린 데 대한 보완 조치다. 다만 이 조항은 다른 조항들이 공포 즉시 효력을 갖는 것과 달리 법 시행에 따른 준비를 위해 공포 1년 후부터 적용된다.

아울러 경찰과 전담공무원은 피해아동이나 신고자·목격자 등이 자유롭게 진술할 수 있도록 아동학대자로부터 분리된 곳에서 조사하도록 하는 조항을 신설했다. 또 경찰과 전담공무원이 학대 의심 아동을 보호시설로 인도하거나 부모와 격리할 수 있는 응급조치 시간을 기존 3일에서 최대 5일로 늘리고, 응급조치 시엔 아동학대 행위자의 주거지나 차에 출입할 수도 있도록 했다. 이밖에 수사기관과 지방자치단체 간 현장조사 결과 상호 통지, 아동학대 교육대상에 경찰을 추가하는 등의 내용이 담겼다. 아동학대 관련 업무수행을 방해할 경우 내게 되는 벌금의 상한도 기존 1500만 원에서 5000만 원으로 높였다.

또 민법 개정안 통과로 민법 제정(1958년) 후 63년간 존속됐던 '자녀 징계권'도 사라지게 됐다. '사랑의 매'라는 이유로 자녀에게 매질을 하는 행위가 이제 법적으로 보호받을 수 없다는 의미다.

출처: 중앙일보(https://news.joins.com).

아동학대 선고사례

학번, 이름:

날짜

▶ 아동학대 선고사례를 살펴보고 내가 판사라면 어떠한 판결을 내릴지 이러한 일이 반복되지 않으려면 해결 방안에 대해 이야기하세요.

<table>
<tr><th colspan="6">판례 1 부모와 사회의 신뢰상실을 초래한 보육교사와 관리감독을 게을리 한 원장의 선고 사례</th></tr>
<tr><td>학대행위자1</td><td>보육교사</td><td>학대유형</td><td>폭행, 신체학대,
정서학대</td><td>판결</td><td>징역 2년
120시간 아동학대 치료 프로그램 이수</td></tr>
<tr><td colspan="6">■ 학대피해아동 행위
① 율동을 따라 하지 못함(아동 3명)
② 점심을 늦게까지 먹고 김치를 먹지 않음
③ 옆에서 함께 지켜보던 아동 13명
■ 보육교직원 학대 행위
• 율동 시 아동이 쓰고 있던 모자를 잡아당기고 어깨를 잡아 바닥으로 밀어 주저앉힘 "율동하는 것을 보지 말라" 하면서 반대쪽으로 보고 있으라고 지시함
• 식판에 남겨놓은 김치를 숟가락으로 모아 아동의 입에 강제로 넣었으나, 아동이 손을 입으로 가져가 뱉어내려 하자 왼손으로 아동의 팔을 6회 세게 잡아당기듯이 쳐내고, 식판의 남은 음식을 숟가락으로 모아 아동의 입에 강제로 넣음. 아동이 토해 내자 화가 나 손으로 아동의 왼쪽 뺨 부분을 1회 세게 때려 아동이 바닥에 넘어지게 함. 아동에게 토사물이 떨어진 바닥으로 기어와 손으로 토사물을 집어먹게 함
• 다른 아동이 학대당하는 상황을 목격하게 함
■ 양형이유
• 피해아동들이 공격적 행동을 보이거나, 불안해하는 등의 모습을 보임. 외상 후 스트레스 장애가 진단됨
• 교사의 임무를 저버리는 행동으로서 보육교사에 대한 부모와 사회의 신뢰상실을 초래함
• 동종 전력은 없으나 집행유예 1회의 범죄경력이 있음</td></tr>
<tr><td>학대행위자2</td><td>원장</td><td>학대유형</td><td>–</td><td>판결</td><td>벌금 500만 원</td></tr>
<tr><td colspan="6">■ 보육교직원 학대 행위
• 학대행위자가 아동들에게 큰소리를 내고 그로 인해 아동들이 두려워하고 있음을 알면서도 아동학대 방지를 위한 주의와 감독을 다하지 못함
■ 양형이유
• 업무에 관한 주의와 감독을 게을리하여 아동들에 대한 중한 범죄가 발생함, 범행을 인정하고 반성하고 있음</td></tr>
</table>

CHAPTER

08 약물 및 사이버 중독 예방교육

영유아들은 발달을 위해 주변 환경을 탐색하는 과정에서 예상치 못한 위험한 상황에 노출될 가능성이 높아진다. 그렇기 때문에 영유아들이 주된 생활을 하는 가정과 영유아교육-보육기관에는 안전과 관련하여 더욱 주의를 필요로 하게 된다.

이와 관련해 일상생활 속에서 사용하는 의약품과 화학제품 등을 영유아들의 손에 닿지 않도록 보관해야 하는 것은 생활상식으로 알고 있다. 그럼에도 불구하고 화장실이나 주방, 세탁실 등에 놓인 가정용 화학용품들로 인해 영유아 중독 사고가 발생하기도 한다.

약물만큼 '중독'으로 인한 문제점이 많이 발생하는 영역이 사이버(미디어)이다. 사이버 세상을 통해 많은 정보와 다양한 문화를 접하고 있는 우리는 이 매체가 우리의 생활에 부정적인 영향을 미치는 것에 대해서도 깊이 있게 생각해 보아야 한다.

이렇듯 영유아들의 안전한 생활을 위협하는 약물과 사이버 중독에 대한 예방 조치로 이에 관련된 '교육'의 필요성이 대두되었다. 이에 따라 '교육부 고시 제2016-90호' 「학교안전교육 실시 기준 등에 관한 고시」에 의거 '10시간 교육, 학기당 2회 이상' 약물 및 사이버 중독에 대한 예방교육이 현장에서 실시되고 있다.

이번 장에서는 유치원 7대 안전교육 표준안에 근거하여 올바른 약물 사용법을 알고, TV 인터넷, 통신기기 등에 중독될 수 있음을 인지하여 이를 바르게 사용하는 방법에 대해 알아보도록 한다.

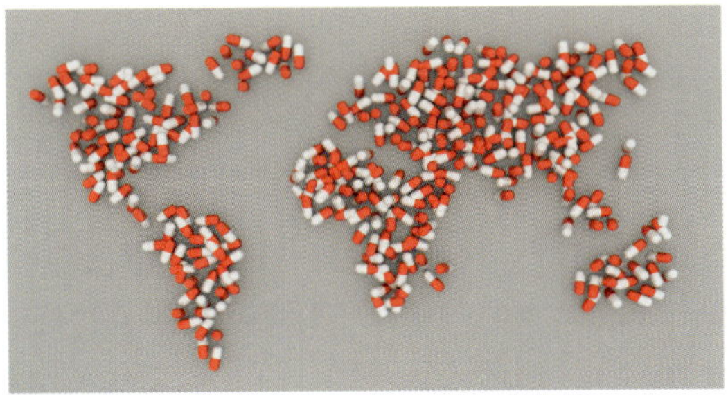

그림 8-1 전 세계의 영유아들은 각종 중독에서 안전해야만 한다.

출처: Pixabay.

1 약물 중독 예방교육

1) 약물 오·남용 그리고 약물 중독의 개념

WHO(세계보건기구)에서는 약물 사용의 결과와 무관하게, 비의학적이거나 허용되는 의료와 불일치하게 약물을 사용하는 것을 '약물 오·남용'이라고 한다(채수미, 2015). 다시 말해, 적합하고 적절한 방법 이외의 잘못된 방법으로 약물을 사용하거나 또는 의학적인 목적 이외에 의도적으로 다른 목적을 달성하기 위해 약물을 사용하는 것이 약물 오·남용에 해당된다고 할 수 있다.

약물 오·남용을 세분화하여 그 의미를 살펴보면 다음과 같다. 약물오용(drug misuse)은 질병 치료를 위해 처방된 약을 정해진 용법과 용량을 지키지 않고 과용하거나 반대로 적게 복용하여 기대한 효과를 얻지 못하는 경우를 말한다(예: 열이 나는데 해열제를 먹지 않고 항생제를 먹는 것). 약물남용(drug abuse)은 법률, 사회적 관습 그리고 의학적 상식 등에 어긋나게 약물을 사용하는 것을 말한다.

표 8-1 약물 오·남용 개념과 사례

구분	약물의 오용	약물의 남용
뜻	의학적 목적으로 사용되지만, 약사나 의사의 처방을 따르지 않거나, 처방된 지시대로 사용하지 않는 것	의학적 상식, 법규, 사회적 관습으로부터 어긋나게 사용하는 것, 뇌를 직접적으로 자극하여 뇌기능을 비정상적으로 흥분, 억제, 마비시키기 위한 목적으로 사용하는 것
사례	• 이전 질병에 사용했던 약물을 다른 질병에 그대로 사용하는 일 • 약물 사용 중 술을 마시거나 담배를 피우는 일 • 다른 사람이 처방받은 약을 사용하는 일 • 오래된 약(유효기간이 지난 약)을 사용하는 일 • 약의 사용방법을 의사의 지시에 따르지 않는 일	• 어린이가 커피나 진통제 등 약국 약을 자주 사용하는 일 • 미성년자(청소년)가 술을 마시거나 담배를 피우는 일 • 법으로 금지된 약물을 사용하는 일 • 법으로 금지된 약물은 아니라도 사용자의 정상적인 생활에 지장을 주고 사용자 본인과 주변 사람들에게 피해를 주는 약물을 사용하는 일(예: 성인의 알코올 남용)
화장품	• 질병 및 증상의 악화 • 약물 부작용 유발 • 시간 및 비용 낭비	• 학업 및 직장 생활 실패, 기타 사고 • 신체 손상 및 질병 유발 • 자살 및 자살 시도 • 가정 파탄, 경제적 파탄 • 폭행, 절도, 상해 등 범죄와 연관

출처: 어린이안전학교, 2021.

이런 약물 오·남용과 관련된 문제는 약물이 가진 내성, 의존성 그리고 금단 증상 등과 같은 것에 의해 발생하는 경우가 일반적이다. 약물을 오·남용하는 상황이 지속되고 주기적으로 사용을 하다 보면 치료의 효과를 기대하기보다 신체·정식적으로 문제를 가져오게 된다. 그리고 사용하던 약물의 정해진 용법과 용량을 지키지 못하게 되거나 중단을 할 수 없는 '약물 중독'의 상황에 처할 수 있다. 약물 중독은 섭취하거나 흡수한 약물이 인체에 부정적인 영향을 주어 신체·정신·심리적으로 취약한 상태라고 정의내릴 수 있다(이영환 외, 2017).

2) 약물 중독 예방교육의 개념과 필요성

(1) 약물 중독 예방교육의 개념

약물 오·남용 그리고 약물 중독이라는 위험한 상황을 사전에 예방하기 위해 필요한 것이 바로 '약물 중독 예방교육'이다. 특히 영유아들은 발달특성상 주변 환경에 대한 탐색욕구가 강해 일상생활 속에서 성인들의 부주의로 인해 방치된 약물로 인해 사고를 입기 쉽다. 이에 따라 영유아기 때부터 약물 오·남용 및 중독에 대한 체계적이고 구체적인 교육을 받아 스스로를 보호하는 능력을 기를 필요가 있다. 영유아로 하여금 약물 오·남용 및 중독에 대한 경각심과 위험성을 인지하게 하고, 약물에 대한 올바른 인식을 가질 수 있도록 하기 위해 이와 관련된 교육은 필수적이라 할 수 있다.

정리해 보면, 약물 중독 예방교육은 영유아가 정상적인 사회구성원으로서의 역할을 할 수 없게 하는 약물 오·남용의 위험성을 인지하고, 이를 바탕으로 자신을 보호하는 방법을 익혀 스스로 건강하고 안전한 생활을 할 수 있도록 돕는 교육을 말한다.

(2) 약물 중독 예방교육의 필요성

약물과 관련된 안전사고는 호기심이 많은 영유아에게 흔히 발생하며, 주로 일상생활 용품이 부주의하게 방치되어 위험한 상황에 놓이게 된다.

그림 8-2 영유아들은 성인의 부주의로 인해 안전사고의 위험에 처한다.

출처: pixabay.

특히 영유아의 경우, 발달 특성으로 인해 피부나 소화기를 통한 화학물질의 흡수율이 높아 이와 관련된 안전사고에 더욱 취약하다(이영환 외, 2017). 또한 성인에 비해 조절 능력이나 인지 및 판단 능력이 부족하기 때문에 주기적인 약물 중독 예방교육을 통하여 영유아들 스스로 위험성을 알게 할 필요가 있다. 더불어, 영유아의 보호자인 성인 역시 약물 중독 예방교육에 대한 정확한 정보를 숙지하고 지도해야 안전사고를 예방할 수 있다.

영유아의 안전에 대한 책임이 있는 성인은 약물의 보관과 올바른 사용법 및 목적을 알고 영유아의 주변 환경을 각종 약물에서 안전하게 보호해야 할 의무가 있다. 이를 위해 약물 오·남용 및 중독에 대한 경각심 고취와 사고 발생 시 응급조치와 관련된 내용을 중심으로 성인을 대상으로 한 약물 오·남용 및 중독 예방교육 역시 필수적으로 실시되어야 한다.

3) 약물 오·남용 및 중독 관련 안전사고의 실태

(1) 위해품목별 어린이 안전사고 현황

한국소비자원(2021)의 어린이 안전사고 보고서에 따르면, 약물 오·남용 및 중독과 관련된 안전사고는 다음의 표 8-2 의 내용 중 '의약(외)품 및 의료용구'로 인한 안전사고와 연결 지어 볼 수 있다. 2016년부터 2020년까지 의약(외)품 및 의료용구로 인한 어린이 안전사고는 전체 안전사고의 0.9~1.5% 정도의 비율을 차지하고 있어 상대적으로 수치는 낮게 보이나 안전사고가 발생한 그 자체만으로도 위험요소로써 작용하고 있다는 것을 인지해야 할 필요가 있다.

표 8-2 어린이 안전사고 위해품목별 현황

[단위: 건, (%)]

구분(대분류)	2016년	2017년	2018년	2019년	2020년
가구 및 가구설비	7,427(32.9)	8,216(32.0)	7,547(31.3)	6,990(28.0)	3,745(20.3)
건축/인테리어 자재 및 작업공구	4,232(18.8)	4,495(17.5)	4,389(18.2)	4,334(17.4)	3,934(21.3)
스포츠 및 취미용품	2,689(11.9)	3,093(12.0)	2,680(11.1)	3,673(14.7)	2,809(15.2)
완구 및 게임용품	1,356(6.0)	1,881(7.3)	1,937(8.0)	2,473(9.9)	2,478(13.4)
건물 시설 및 서비스	1,780(7.9)	2,228(8.7)	2,026(8.4)	1,718(6.9)	769(4.2)
가공식품	692(3.1)	1,122(4.4)	1,244(5.2)	1,140(4.6)	1,085(5.9)
가전제품 및 정보통신기기	836(3.7)	776(3.0)	734(3.1)	885(3.5)	531(2.9)
주방기기 및 용품	828(3.7)	657(2.6)	480(2.0)	552(2.2)	520(2.8)
도서 음반 및 문구용품	500(2.2)	671(2.6)	426(1.8)	559(2.2)	609(3.3)
자동차 및 관련 용품	438(1.9)	453(1.8)	479(2.0)	500(2.0)	328(1.8)
생활용품	342(1.5)	368(1.4)	356(1.5)	339(1.4)	309(1.7)
애완 동·식물 및 용품	239(1.1)	375(1.5)	507(2.1)	336(1.4)	22(0.1)
의약(외)품 및 의료용구	**206(0.9)**	**228(0.9)**	**276(1.2)**	**354(1.4)**	**269(1.5)**
화장품 및 화장용품	233(1.0)	226(0.9)	156(0.7)	203(0.8)	232(1.3)
식물 식품	147(0.7)	189(0.7)	189(0.8)	222(0.9)	240(1.3)
의류, 신발, 가방, 보석 및 시계	163(0.7)	243(1.0)	196(0.8)	217(0.9)	157(0.9)

(계속)

축산·수산물 식품	147(0.7)	163(0.6)	184(0.8)	158(0.6)	217(1.2)
조명기구 및 전기 부품 & 용품	93(0.4)	93(0.4)	67(0.3)	85(0.3)	66(0.4)
기타 장비 및 제품	69(0.3)	86(0.3)	86(0.4)	87(0.4)	58(0.3)
연료 및 전지	68(0.3)	75(0.3)	76(0.3)	79(0.3)	77(0.4)
화재 안전 및 보안 장비	49(0.2)	52(0.2)	48(0.2)	53(0.2)	26(0.1)
농·임·어업용 기계 및 관련용품	11(0.1)	9(0.0)	14(0.1)	14(0.1)	13(0.1)
합계	22,545(100.0)	25,699(100.0)	24,097(100.0)	24,971(100.0)	18,494(100.0)

출처: 한국소비자원, 2021.

(2) 어린이 안전사고 위해원인 상위 15개 현황

한국소비자원(2021)의 어린이 안전사고 보고서에 따르면, 약물 오·남용 및 중독과 관련된 안전사고는 다음의 표 8-3 의 내용 중 '약물 부작용'으로 인한 안전사고와 연결 지어 볼 수 있다. 2016년부터 2020년까지 '약물 부작용'으로 인한 어린이 안전사고는 위해원인 상위 15개 중 꾸준히 0.2~0.4%의 비율로 발생했다. 약물 부작용으로 인한 위해가 약물 오·남용이나 중독으로 인한 것이 아니라 할지라도 어린이 안전사고의 위해원인으로 약물이 영향력을 미치고 있다는 사실을 인지할 필요가 있다. 더불어 약물에 대한 관리 및 감독을 철저히 하고 부작용에 대한 깊이 있는 지식을 갖출 필요성이 대두된다.

표 8-3 어린이 안전사고 위해원인 상위 15개 현황

[단위: 건, (%)]

구분(대분류)	2016년	2017년	2018년	2019년	2020년
미끄러짐·넘어짐	5,629(25.0)	6,859(26.7)	6,487(26.9)	6,258(25.1)	5,969(32.3)
부딪힘	5,722(25.4)	6,021(23.4)	5,562(23.1)	4,634(18.6)	1,222(6.6)
추락	3,746(16.6)	4,550(17.7)	4,182(17.4)	5,312(21.3)	4,144(22.4)
눌림·끼임	1,836(8.1)	1,804(7.0)	1,613(6.7)	1,841(7.4)	1,274(6.9)
식품 섭취에 의한 위해	844(3.7)	1,315(5.1)	1,479(6.1)	1,325(5.3)	1,328(7.2)
예리함·마감처리 불량	1,262(5.6)	1,301(5.1)	759(3.2)	940(3.8)	961(5.2)

(계속)

구분(대분류)	2016년	2017년	2018년	2019년	2020년
고온물질	870(3.9)	753(2.9)	661(2.7)	748(3.0)	560(3.0)
이물질(기타)	530(2.4)	618(2.4)	640(2.7)	910(3.6)	895(4.8)
충돌·추돌 등 물리적 충격	559(2.5)	705(2.7)	757(3.1)	1,016(4.1)	427(2.3)
이물질(플라스틱)	447(2.0)	561(2.2)	570(2.4)	667(2.7)	739(4.0)
파열·파손·꺾여짐	275(1.2)	251(1.0)	226(0.9)	233(0.9)	220(1.2)
이물질(금속)	149(0.7)	189(0.7)	195(0.8)	186(0.7)	210(1.1)
이물질(액체류)	100(0.4)	72(0.3)	77(0.3)	84(0.3)	111(0.6)
약물 부작용	42(0.2)	66(0.3)	66(0.3)	105(0.4)	
피부접촉에 의한 위해	33(0.2)	41(0.2)	38(0.2)	63(0.3)	62(0.3)

출처: 한국소비자원, 2021.

(3) 영아기-걸음마기-유아기 위해유형별 현황(2016~2020년)

한국소비자원(2021)의 어린이 안전사고 보고서에 따르면, 영아기-걸음마기-유아기 위해유형별 현황 분석 결과 중 '영아기'의 위해유형별 현황에서 '약물 부작용'과 관련된 내용을 확인할 수 있다. 걸음마기와 유아기의 위해유형별 현황 분석에서는 상위 15~20개에 선별되지 않았으나, 영유아들이 미약하게나마 일상생활 속에서 약물로 인한 안전사고에 노출되어 있을 수 있음을 기억해야 할 필요가 있다.

영아기 위해유형별 현황을 살펴보면, 2016년부터 2020년까지 약물 부작용과 관련된 접수 건은 총 52건으로 전체 위해유형별 항목 중 0.5%를 차지하였다. 앞서 밝힌 바와 같이 약물의 부작용과 오·남용 및 중독의 관계성을 떠나, 약물 그 자체가 영아기에 위해를 가하는 상황이 발생할 수 있음을 인지해야 한다.

표 8-4 영아기 위해유형별 현황(2016~2020년)

[단위: 건, (%)]

순위	구분(대분류)	주요 원인품목(소분류)	건수	비율
1	추락	침대, 소파, 유모차, 유아용 침대 등	5,303	50.8
2	부딪힘	침대, 거실장 및 TV장, 식탁, 테이블 등	1,076	10.3

(계속)

3	미끄러짐 · 넘어짐	목재마루재, 바닥재, 침대 등	858	8.2
4	식품 섭취에 의한 위해	분유류, 달걀, 치즈류, 이유식 등	694	6.7
5	고온물질에 의한 위해	커피포트, 전기밥솥, 전기압력밥솥 등	667	6.4
6	이물질 삼킴/흡인	스티커, 완구, 비닐 랩, 전지 등	553	5.3
7	눌림 · 끼임	문, 승용물, 옷장, 냉장고 등	468	4.5
8	베임 · 찔림	손톱깎이, 완구류, 면도기, 옷걸이 등	323	3.1
9	충돌 · 추돌 등 물리적 충격	전신거울, 완구류, 선풍기, 덤벨 등	159	1.5
10	약물 부작용	주사액, 약품류, 항생제 등	52	0.5

출처: 한국소비자원, 2021.

그림 8-3 의약품 부작용 신고 스티커 자료와 대처 안내

출처: 학교안전정보센터, 2021; 보건복지부 외, 2012.

(4) 연도별 어린이 중독사고 현황

한국소비자원(2021)의 어린이 안전사고 보고서에 따르면, 어린이가 약물 등으로 인해 중독 작용을 일으킨 위해사례는 2016년 62건에서 2020년에는 30건으로 꾸준히 감소하는 추세를 보이고 있다. 이는 약물 오·남용 및 중독과 관련된 예방교육이 '학교 안전교육 7대 표준안' 내 약물 중독 예방교육과 연계되어 실시된 영향이 있을 것이라고 유추해 볼 수 있다.

표 8-5 연도별 어린이 중독사고 현황(2016~2020년)

(단위: 건)

구분(대분류)	2016년	2017년	2018년	2019년	2020년
중독사고	62	▽59	▽55	▽41	▽30

(5) 발달단계별 중독사고 현황

한국소비자원(2021)의 발달단계별 중독사고 현황을 살펴보면, '걸음마기'가 146건으로 전체 중 가장 높은 비율인 59.1%를 차지하였다. 이어 '학령기 43건(17.4%)', '영아기 34건(13.8%)', 마지막으로 '유아기 24건(9.7%)' 순으로 나타났다.

이와 같은 결과는 이동에 제한이 따르는 영아기에서 벗어나 주변 환경의 탐색이 자유로워지는 걸음마기의 발달적 특성에 의해 성인이 미처 확인하지 못하는 사이 중독사고의 가능성이 있는 상황에 노출된 것으로 볼 수 있다.

표 8-6 발달단계별 중독사고 현황

[단위: 건, (%)]

구분	영아기 (0세)	걸음마기 (1~3세)	유아기 (4~6세)	학령기 (7~14세)	합계
남아	17	84	10	26	137(55.5)
여아	16	62	14	17	109(44.1)
미상	1	–	–	–	1(0.4)
합계	34(13.8)	146(59.1)	24(9.7)	43(17.4)	247(100.0)

출처: 한국소비자원, 2021.

(6) 중독사고 주요 위해품목

한국소비자원(2021)에 따르면, 어린이가 '의약품'에 의해 중독증상이 발생한 건은 총 90건으로 전체의 46.4%를 차지해 가장 많았다. 그다음으로는 '의약외품(34건, 17.5%)', '가정용 청소 및 세탁용품(27건, 13.9%)' 순으로 나타났다. 의약(외)품과 각종 세제 및 가정용품들이 유아의 중독사고에 영향을 미치고 있음을 확인할 수 있는 부분으로, 영유아의 중독 관련 안전사고를 예방하기 위해서는 성인들의 안전사고 예방 조치가 중요함을 알 수 있다.

표 8-7 중독사고 주요 위해품목

[단위: 건, (%)]

주요 위해품목	중독사고	
의약품	90	(46.4)
의약외품	34	(17.5)
가정용 청소 및 세탁용품	27	(13.9)
외식-분식	8	(4.1)
가정용 난방·환기용품	7	(3.6)
주방용구 및 용품	7	(3.6)
방향용 화장품	6	(3.1)
손발톱용 화장품	5	(2.6)
완구	5	(2.6)
인체 세정용 화장품	5	(2.6)

출처: 한국소비자원, 2021.

(7) 중독사고의 주요 사례(2020년 기준)

한국소비자원(2021)의 보고서 내 중독 관련 사고의 사례를 통해 의약(외)품과 가정용 청소 및 세탁용품 등은 영유아들의 눈에 띄지 않도록 별도의 장소에 잠금장치 등이 갖추어진 상태로 보관할 필요성이 있음을 알 수 있다.

▶ 의약품
- 2020년 3월 박○○(남, 만 2세)은 가정에서 성인용 혈압약을 삼킨 후 약물중독으로 치료받음.

▶ 의약외품
- 2020년 5월 김○○(남, 만 1세)은 손 소독제를 삼킨 후 전신의 화학물질중독으로 치료받음

▶ 가정용 청소 및 세탁용품
- 2020년 2월 서○○(여 2개월)은 구연산을 삼켜 소화계통의 화학물질 중독으로 치료받음.

출처: 한국소비자원, 2021.

4) 약물 오·남용 및 중독 예방교육 내용

(1) 법적 기준

① 아동복지법 시행령 [별표6] 교육기준(제28조 제1항 관련)

구 분	감염병 및 약물의 오용·남용 예방 등 보건위생관리 교육
실시주기·총 시간	3개월에 1회 이상(연간 10시간 이상)
교육내용	• 감염병 예방을 위한 개인위생 실천 습관 • 예방접종의 이해 • 몸에 해로운 약물 위험성 알기 • 생활 주변의 해로운 약물·화학제품 그림으로 구별하기 • 모르면 먼저 어른에게 물어보기 • 가정용 화학제품 만지거나 먹지 않기 • 어린이 약도 함부로 많이 먹지 않기
교육방법	• 전문가 또는 담당자 강의 • 시청각 교육 • 사례 분석

② 「학교안전교육 실시 기준 등에 관한 고시」의 안전교육

■ 학교 안전교육 7대 영역 표준안

제1조(목적) 이 고시는 「학교안전사고 예방 및 보상에 관한 법률 시행규칙」(이하 "규칙"이라 한다) 제2조 제1항에서 교육부장관에게 위임한 학교안전교육의 실시 기준 등에 관한 사항을 규정함을 목적으로 한다.

(교육시간 단위 : 단위활동)

구 분	약물 및 사이버 중독 예방교육
교육시간	10
횟수	학기당 2회 이상
교육내용	• 올바른 약물 사용법 알기 • 생활 주변의 해로운 약물·화학제품 만지거나 먹지 않기 • TV, 인터넷, 통신기기(스마트폰 등) 등의 중독 위해성을 알고 바르게 사용하기
교육방법	• 학생 발달 수준을 고려한 전문가 또는 교원 설명 • 학생 참여 수업 방법 연계 적용 (예시 : 역할극, 프로젝트 학습, 플립러닝 등) • 교내외 체험교육 또는 현장학습 • 일상생활을 통한 반복 지도 및 부모 교육 연계

(2) 교육 내용

영유아를 대상으로 하는 약물의 오・남용 및 중독 예방을 위해서는 다음과 같은 교육 내용을 알고, 실천에 옮길 수 있도록 해야 한다.

[의약품]

① 반드시 약이 필요한 상황에서만 복용한다.
② 비슷한 증상을 보이는 타인에게 자신의 약을 나누어 주지 않는다.
③ 처방받은 약의 복용법과 복용량 그리고 유통기한을 지킨다.
④ 특별히 보관 장소나 방법에 대한 주의가 없는 경우에는 그늘진 실온에서 약을 보관한다.
⑤ 약을 물 이외의 우유나 주스 등 다른 음료와 함께 복용하지 않는다.
⑥ 모든 약품은 가능한 담겨 있던 용기와 포장에 그대로 넣어 보관한다.
⑦ 약품의 사용법, 복용법, 주의사항, 부작용 등이 기록되어 있는 설명서는 함부로 버리지 않는다.
⑧ 복잡한 증상이 발현되어도 여러 종류의 약을 한꺼번에 복용하지 않는다.

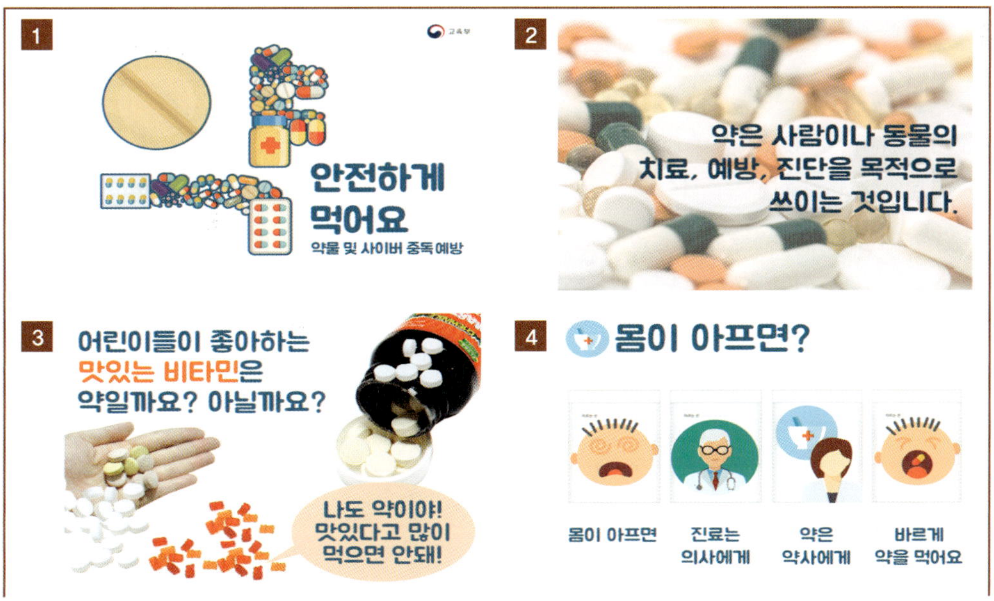

그림 8-4 '약, 안전하게 먹어요!' 교육자료

출처: 학교안전정보센터, 2021.

[비의약품 : 가정용 화학제품]

① 가능한 독성이 없거나 적은 제품을 구입해 사용한다.

② 어린이 보호포장 마크가 부착되어 있는 제품을 사용한다.

③ 가정용 화학제품의 종류를 알고, 위험성에 대해 관심을 가진다.

④ 가정용 화학제품으로 인한 사고의 피해를 알고, 대처방안에 대해 관심을 가진다.

⑤ 가정용 화학제품은 원래의 용도대로만 사용하도록 한다.

그림 8-5 어린이 보호포장 마크

출처: 국가기술표준원, 2021.

광택제 스프레이 살충제 섬유유연제 표백제 세척제 구강청결제 세탁세제 방향제

그림 8-6 약물 오·남용의 위험이 있는 가정용 화학제품

출처: 부산시교육청, 2014.

5) 약물 오·남용 및 중독에 대한 대처방안

(1) 약물 관련 안전사고 예방을 위한 체크리스트

가정과 교·보육기관에서는 항시 약물 오·남용 및 중독 관련 예방 수칙을 준수하고 그에 따른 점검 결과를 기록으로 남겨두어야 한다. 약물 관련 안전사고 예방을 위한 점검 사항은 다음과 같다(엄세진 외, 2020 재인용).

CHAPTER 8

표 8-8 약물 관련 안전사고 예방 점검표

약물 관련 안전사고 예방 점검 사항	결과	
	Y	N
• 부엌이나 세탁실에서 사용되거나 보관하는 유해 물질들이 어린이보호포장 처리가 되어 있는가?		
• 어린이가 접근하기 쉬운 보관함이 자물쇠나 안전 빗장과 같은 잠금장치가 설치되어 있는가?		
• 배수관 세척제나 표백제처럼 위험한 물질이 모두 본래의 용기에 보관되어있는가?		
• 사용한 세제와 용기를 안전하게 처리 및 처분하는가?		
• 살충제와 같은 유해 제품이 음식물과 안전할 만큼의 거리를 두고 보관되어있는가?		
• 욕실에 있는 가정용 화학제품들의 뚜껑이 어린이가 쉽게 열 수 없도록 조치되어 있는가?		
• 모든 장식물이 무독성인가?		
• 독성이 있는 세제, 화장품, 목욕용품 등이 어린이가 만질 수 없도록 보관되어 있는가?		
• 독이 있는 식물은 어린이의 손이 닿지 않는 곳에 있는가?		
• 침대 옆 탁자, 화장대 등에 약이나 술, 담배 등의 위험물질은 없는가?		
• 화장수나 향수, 아세톤 등의 화학제품이 어린이의 손에 닿지 않는 곳에 보관되어 있는가?		

(2) 약물로 인한 중독 관련 안전사고에 대한 대처(엄세진 외, 2020 재인용)

영유아 약물 관련 안전사고 발생 시, 주양육자와 교사는 해당 약물에 대한 적절한 대처방안을 숙지하고 신속히 119에 신고해 병원으로 이송해야 한다.

① 영유아가 독성이 있는 물질을 삼켰을 가능성이 조금이라도 있는 경우에는 실제로 독성이 있는 물질을 삼켰다고 생각하고 신고 및 구조 요청을 하도록 한다.

② 영유아의 입 주변에 화상 자국이 있다면, 독물을 마셨다는 증거가 될 수 있으므로 이에 맞는 처치를 해야 한다.

③ 영유아가 삼켰거나 삼켰을 것이라고 의심이 되는 물질과 보관용기 등을 챙겨 병원에 가져간다.

④ 영유아가 삼켰거나 삼켰을 것이라고 의심이 되는 물질이 조직을 부식시키는 물질(예: 강한 산, 휘발유, 가솔린, 강력한 세척제 등)인 경우, 토를 하게 되면 해당 물질의 부식성 때문에 영유아에게 더욱 부정적인 결과를 초래할 수 있다. 흡인성 폐렴의 위험이 있기 때문에 위세척을 하는 것이 좋다.

⑤ 영유아가 토를 할 경우에는 몸을 옆으로 뉘어 토사물로 인한 질식이 발생하지 않도록 한다.

⑥ 토를 해야 하는 경우에는 가능한 빨리 조치를 취하는 것이 좋다. 최토제를 먹인 후 물을 많이 마시게 하면 보통 15분 안에 반응이 온다.

그림 8-7 아이가 가정용 화학제품을 먹었다고요?

출처: babynews, 2019.

(3) 약물 오·남용 예방교육 프로그램 활동의 예

학교안전정보센터(2021)에서는 유치원 안전교육 7대 표준안에 근거한 '약물 및 사이버 중독 예방교육'의 다양한 프로그램을 제시하고 있으며, 그 내용은 다음 표 8-9 와 같다.

표 8-9 약물 오·남용 예방교육 프로그램

구 분	약물 오·남용 예방교육 프로그램
활동1	'약'이란 무엇일까요?
활동2	위험한 약물 찾기
활동3	약물은 좋은 것? 나쁜 것?
활동4	약은 정해진 규칙대로 먹어요.
활동5	약은 간식이 아니에요.
활동6	부모님이 주신 약만 먹어요.
활동7	어른들만 사용해요.
활동8	함부로 먹지 않아요.
활동9	몸에 해로운 약물이 들어 있는 음료수가 있어요.
활동10	담배는 나빠요.

출처: 학교안전정보센터, 2021.

약물 오 · 남용 예방교육 활동안 예시(활동1)

활동1

'약'이란 무엇일까요?

활동유형(영역)
이야기 나누기

누리과정 관련요소	· 신체운동 · 건강 : 안전하게 생활하기 – 안전하게 놀이하기 · 의사소통 : 듣기 – 이야기 듣고 이해하기 / 말하기 – 느낌, 생각, 경험 말하기	
활동목표	· 약의 용도에 관심을 가진다.	
활동자료	PPT, 여러 약 사진 (또는 투약함 실물 약품들), 투명용기, 구급약상자	활동지

활동방법

1. PPT의 다친 아이와 아픈 아이 그림을 보고 이야기 나눈다.
   - 너희들도 다쳤던 적 있니?
   - 언제 다쳤었니?
   - 다쳤을 때 어떻게 했니?
   - 아팠던 적은 있니?
   - 언제 아팠었니?
   - 아팠을 때 어떻게 했니?
   - 약을 왜 먹거나 발랐니?
   - 약을 먹었을 때 맛은 어땠니? 약을 발랐을 때 느낌이 어땠니?

CHAPTER 8

(계속)

2. 여러 가지 약 사진 자료 또는 실물 자료를 제시하고 자신이 먹거나 발라 봤던 약을 찾아본다.
   - 이 약의 이름은 무엇일까?
   - 왜 이 약을 먹었니(발랐니, 뿌렸니)?

3. 약을 먹거나 바른 후 변화에 대해 이야기 나눈다.
   - 약을 먹었더니 아픈 곳이 어떻게 되었니?
   - 약을 발랐더니 상처 난 곳이 어떻게 되었니?

4. 약을 용도에 맞게 사용해야 하는 것에 대해 이야기 나눈다.
   - 만약 다친 곳에 바르는 연고를 먹으면 어떻게 될까?
   - 아플 때 먹는 약을 몸에 바르면 어떻게 될까?

5. 약을 사용하고 잘 보관해야 함을 이야기 나눈다.
   - 남은 약은 어떻게 보관해야 할까?
   - 아무 데나 두면 어떤 일이 생길까?

활동의 유의점

· 실물 약품을 보여주면서 교육하면 좋으나, 영아의 경우 위험할 수도 있으므로 주의를 기울인다.

활동평가

· 약의 용도에 관심을 갖는지 평가한다.
   - 약의 용도에 관심을 갖는가?

출처: 학교안전정보센터, 2021.

약물 오·남용 예방교육 프로그램 활동 7의 활동지

약물의 오용·남용 예방교육 7
-가정용 화학제품 구별

위험해요

그림에서 위험한 가정용 화학제품을 찾아보세요.

출처: 학교안전정보센터, 2021.

2 사이버(인터넷) 중독 예방교육

1) 사이버(인터넷) 중독 예방교육의 개념과 필요성

사이버 중독 예방교육은 영유아들이 안전한 정보화 시대의 삶을 살아갈 수 있도록 미디어의 순기능을 최대화하고 역기능에 대해서는 슬기롭게 대처할 수 있도록 도와주는 교육이다(한국아동청소년안전교육협회, 2018).

사이버 중독은 인터넷 중독(Internet Addiction)으로 불리기도 하며, 정보이용자가 일상생활 속에서 과도하게 인터넷에 접속하여 심각한 수준으로 사회적・정신적・육체적・금전적으로 지장을 받는 상태를 말한다. 컴퓨터가 보급되던 1980년대에 '컴퓨터 중독'이라는 용어가 등장하고, 1990년대에 들어서 인터넷의 사용이 일상생활 속으로 들어왔다. 그리고 1996년에 급속도로 인터넷 사용이 증가함에 따라 '사이버(인터넷) 중독'이라는 용어가 등장하게 되었다(어린이안전학교, 2021).

영유아들이 사이버 중독에 빠지게 되는 이유는 보호자인 성인들이 연령대에 맞는 놀이에 대해 잘 알지 못하거나 직접 영유아와 놀기보다 컴퓨터나 스마트폰 등을 활용해 교육이나 놀이를 하는 것에 자주 그리고 쉽게 노출되기 때문이다(심윤희 외, 2018).

스마트미디어는 오늘날 우리의 삶을 변화시키는 주체가 되었고, 현대인의 생활에서 정보와 문화를 공유하는 매개체가 되고 있다. 성인뿐만 아니라 영유아들도 TV, 인터넷, 각종 통신기기 등 스마트미디어를 활용하는 놀이 패턴 속에서 살아가고 있다(김일옥, 2018). 즉, 현대의 영유아들은 태어나면서부터 자연스럽게 TV, 컴퓨터, 스마트폰 등을 일상생활 도구로 받아들일 수밖에 없는 것이다.

무한한 정보통신 기술의 발전 그리고 이를 활용하는 데 어려움을 거의 느끼지 않는 세대의 취향을 고려해 시중에는 영유아를 대상으로 한 많은 디지털 콘텐츠들이 만들어지고 있다. 그리고 부모들은 교육적 목적이나 식사, 휴식을 위해 그리고 공공장소에서 타인에게 피해를 주지 않기 위해서 등 다양한 사유로 영유아인 그들의 자녀에게 스마트폰과 같은 기기를 활용해 영상물을 보여준다(오주현 외, 2019).

영유아의 일상생활에 막대한 영향을 미치는 이런 스마트미디어는 건전한 활용 습관이 길러지지 못한 상황에서 무분별하게 사용될 시 영유아로 하여금 성인이 되어서까지 부정적인 영향을 미칠 수 있다(한국아동청소년안전교육협회, 2018).

그림 8-8 스마트미디어 환경 속에서 자라는 현대의 영유아

출처: Pixabay.

이런 다양한 상황들을 고려하여 요즘은 영유아들의 일상생활이 사이버-인터넷-스마트미디어와 '밀접하게 연결되어야 한다? 그렇지 않아야 한다?'는 논란에서 벗어나 TV, 인터넷, 각종 통신기기들을 '어떻게 하면 최대 효과를 내며 긍정적으로 활용할 수 있을 것인가?'에 대해 고민하는 것이 일반적이다.

특히, 영유아들이 스스로 자기조절(통제)능력을 길러 사이버 환경에 안전하게 적응하기 위해서라도 사이버 중독 예방교육은 반드시 필요하다. 또한 영유아의 보호자인 성인 역시 영유아가 사이버 중독(과의존) 상황에서 어려움을 겪지 않도록 이와 관련된 예방교육의 중요성과 필요성을 인지하고 적절한 방향으로 지도를 해나가야만 한다.

참고기사 영유아, 디지털 미디어 중독에 빠지다!

(중략) 지난 2018년 아가방앤컴퍼니가 조사한 결과에 따르면 아이들 5명 중 4명은 처음 스마트폰 등의 영상물을 보는 시점이 생후 18개월로 나타났다. 영상기기를 통해 아이에게 영상물을 보여준 적이 있느냐는 질문에 전체 응답자 중 90.2%(425명)가 '있다.'고 했으며 그중 77.9%(331명)가 처음 영상물을 보여준 시기는 생후 18개월 이전이라고 답했다. 평균 1시간 30분 이상을 육아 영상에 할애하고 있는 것으로 나타났다.

김은경 아가방앤컴퍼니 이사는 "육아에 있어 영상 시청은 뗄 수 없는 필수 조건이 됐다."며 "영상 시청과 더불어 스마트폰 같은 영상기기에 의존하는 연령이 점차 낮아짐에 따라 아이의 성장과 건강을 생각한 올바른 시청 방법을 강구하는 것이 중요하다."고 말했다.

낮은 연령부터 영상 노출이 많을수록 과의존 위험군에 속할 확률도 높다. 실제로 3~9세 유아동의 스마트폰 과의존 위험군이 전년보다 2.2p 증가한 것도 이를 반증한다. 유아동은 과의존 위험군 비율이 큰 폭으로 증가하고 있어 예방이 시급하다는 지적이다. 무엇보다 유아동과 청소년의 과의존 위험은 부모가 과의존 위험군이거나 맞벌이 가정인 경우 상대적으로 취약해 이에 대한 대책이 시급하다. (중략)

출처: 시사매거진(http://www.sisamagazine.co.kr). 2021.03.05.

2) 사이버 중독과 관련된 현황

스마트폰과 인터넷은 영유아들로 하여금 무한한 정보를 신속하게 받아들일 수 있도록 도와주는 역할을 한다. 그리고 쌍방향 의사소통과 시·공간을 초월한 교육이 가능할 수 있게 해주기도 한다. 이러한 긍정적인 역할이 강력함에도 불구하고 이 과정에서 나타나는 부정적인 상황들도 피할 수는 없다. 이와 관련된 연구로 과학기술정보통신부와 한국지능정보사회진흥원(2020)에서 발표한 '스마트폰 과의존 실태조사'가 있다.

여기서 말하는 '스마트폰 과의존(과학기술정보통신부 외, 2020)'은 과도한 스마트폰의 이용으로 인해 스마트폰에 대한 현저성(salience)이 증가하고, 이용 조절력(self-control failure)이 감소하여 문제적 결과(serious consequences)를 경험하는 상태를 말한다.

현저성 salience

개인의 삶에서 스마트폰을 이용하는 생활패턴이 다른 행태보다 두드러지고 가장 중요한 활동이 되는 것

조절실패 self-control failure

이용자의 주관적 목표 대비 스마트폰 이용에 대한 자율적 조절능력이 떨어지는 것

문제적 결과 serious consequences

스마트폰 이용으로 인해 신체적·심리적·사회적으로 부정적인 결과를 경험함에도 불구하고 스마트폰을 지속적으로 이용하는 것

그림 8-9 스마트폰 과의존의 3요인

출처: 스마트쉼센터, 2021.

위 3요인을 바탕으로 한 스마트폰 과의존 척도를 활용해 28점 이상이면 고위험군, 27~24점은 잠재적 위험군으로 분류한다.

표 8-10 유아동 스마트폰 과의존 척도

요인	항목	전혀 그렇지 않다	그렇지 않다	그렇다	매우 그렇다
조절 실패	1) 스마트폰 이용에 대한 부모의 지도를 잘 따른다.	①	②	③	④
	2) 정해진 이용 시간에 맞춰 스마트폰 이용을 잘 마무리한다.	①	②	③	④
	3) 이용 중인 스마트폰을 빼앗지 않아도 스스로 그만둔다.	①	②	③	④
현저성	4) 항상 스마트폰을 가지고 놀고 싶어 한다.	①	②	③	④
	5) 다른 어떤 것보다 스마트폰을 갖고 노는 것을 좋아한다.	①	②	③	④
	6) 하루에도 수시로 스마트폰을 이용하려 한다.	①	②	③	④
문제적 결과	7) 스마트폰 이용 때문에 아이와 자주 싸운다.	①	②	③	④
	8) 스마트폰을 하느라 다른 놀이나 학습에 지장이 있다.	①	②	③	④
	9) 스마트폰 이용으로 인해 시력이나 자세가 안 좋아진다.	①	②	③	④

※ 1)~3)번 문항은 역척도로 ①→4점, ②→3점, ③→2점, ④→1점으로 변환하여 결과 산출

출처: 과학기술정보통신부, 한국지능정보사회진흥원, 2020.

CHAPTER 8

(1) 스마트폰 과의존 위험군 현황

영유아가 포함되는 유아동(만 3~9세)*의 스마트폰 과의존 위험군 현황은 지속적으로 높은 상승폭을 유지하고 있다. 2018년에는 유아동 전체 조사 대상 중 18.7%가 잠재적 위험군, 2%가 고위험군으로 나타났으나 2019년에는 잠재적 위험군 20.6%, 고위험군 2.3% 그리고 2020년에는 잠재적 위험군 23.6%, 고위험군 3.7%로 전체 조사 대상 중 27.3%가 위험군에 포함되는 것으로 나타났다. 전 연령대 중 가장 가파른 상승세를 보이고 있어 이에 대한 주의가 필요할 것으로 보인다.

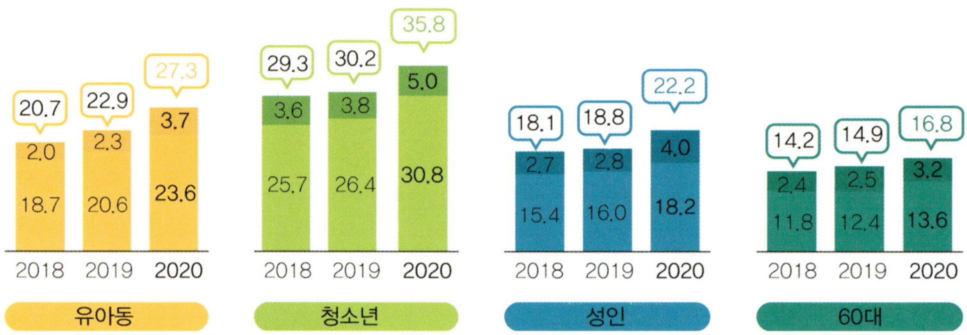

그림 8-10 연도별, 대상별 스마트폰 과의존 위험군 현황

출처: 과학기술정보통신부, 한국지능정보사회진흥원, 2020.

(2) 유아동 스마트폰 과의존 현황(2020년 기준)

유아동 스마트폰 과의존 현황을 살펴보면, 성별로는 여아(24.7%)보다 남아(29.6%)가 과의존 위험에 취약한 것을 알 수 있다. 세부 연령별로는 6~9세(28.9%)가 3~5세(25.0%)보다 취약하고, 맞벌이 가정의 유아동(30.9%)이 외벌이 가정의 유아동(24.3%)보다 과의존 위험에 취약한 것으로 나타났다.

* 본인 명의 스마트폰 보유 여부와 상관없이 스마트폰을 이용할 경우 적격대상자로 보았으며, 주 관찰자(양육자)가 유아동의 행동/태도에 기반하여 응답함(과학기술정보통신부, 한국지능정보사회진흥원, 2020)

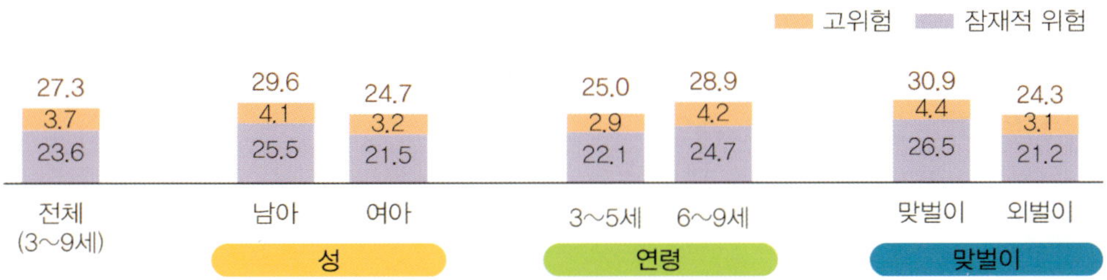

그림 8-11 유아동 스마트폰 과의존 현황

출처: 과학기술정보통신부, 한국지능정보사회진흥원, 2020.

(3) 유아동 스마트폰 과의존 요인별 특성

유아동 과의존 위험군은 4점 만점에 현저성(3.08점), 조절실패(2.78점), 문제적 결과(2.68점)의 순으로 스마트폰 이용이 가장 중요한 활동이 된다고 응답하였다. 이는 일반 유아동 역시 동일한 순으로 의존도를 보였다.

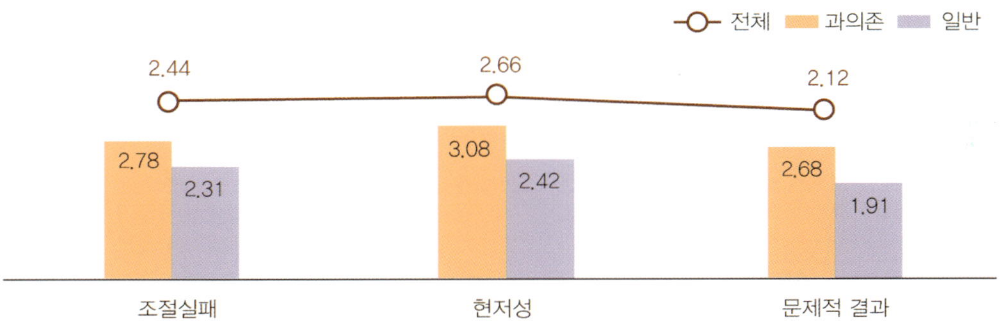

※ (1점) 전혀 그렇지 않다~(4점) 매우 그렇다

그림 8-12 유아동 스마트폰 과의존 위험군 과의존 속성

출처: 과학기술정보통신부, 한국지능정보사회진흥원, 2020.

3) 사이버 중독 예방교육 내용

(1) 유치원 7대 안전교육 표준안

표 8-11 사이버 중독 예방교육 운영 내용

(교육시간 단위 : 단위활동)

<table>
<tr><th>구분</th><th colspan="3">약물 및 사이버 중독 예방교육</th></tr>
<tr><td>교육시간</td><td colspan="3">10</td></tr>
<tr><td>횟수</td><td colspan="3">학기당 2회 이상</td></tr>
<tr><td>교육내용</td><td colspan="3">• 올바른 약물 사용법 알기
• 생활주변의 해로운 약물・화학제품 만지거나 먹지 않기
• T.V, 인터넷, 통신기기(스마트폰 등) 등의 중독 위해성을 알고 바르게 사용하기</td></tr>
<tr><td rowspan="2">세부내용</td><td>인터넷 게임 중독 예방</td><td>인터넷 게임 중독의 개념 및 하위 요인
중독의 개념
중독의 특성
중독으로부터 벗어나는 법</td><td>• 인터넷을 사용하는 올바른 습관을 가져요〈2차시〉
• 인터넷 게임 중독은 위험해요〈2차시〉
• 인터넷 예절을 알아보아요〈2차시〉
• 인터넷을 건전하게 사용할 수 있어요〈2차시〉</td></tr>
<tr><td>스마트폰 중독 예방</td><td>스마트폰 중독의 원인
스마트폰 중독이 미치는 영향
스마트폰 중독으로부터 벗어나는 방법</td><td>• 스마트폰을 사용하는 올바른 습관을 가져요〈2차시〉
• 스마트폰 중독은 위험해요〈2차시〉
• 스마트폰의 건강한 사용습관을 만들어요
• 스마트폰을 바르게 사용할 수 있는 방법을 찾아봐요</td></tr>
<tr><td>교육방법</td><td colspan="3">• 학생 발달 수준을 고려한 전문가 또는 교원 설명
• 학생 참여 수업 방법 연계 적용 (예시 : 역할극, 프로젝트 학습, 플립러닝 등)
• 교내외 체험교육 또는 현장학습
• 일상생활을 통한 반복 지도 및 부모 교육 연계</td></tr>
</table>

4) 사이버 중독 대처방안(어린이안전학교, 2021)

- 컴퓨터(인터넷)는 가족 공용 공간에 설치하고, 스마트폰은 보호자가 있을 때만 사용할 수 있도록 하기
  발달특성상 자기조절(통제)력이 부족한 영유아가 혼자서 컴퓨터를 사용하거나 스마트폰을 활용하는 시간을 줄이는 방법에 대해 생각해 보아야 한다.

그림 8-13 영유아의 컴퓨터(인터넷), 스마트 기기 사용은 보호자와 함께 하는 것이 좋다.

출처: Pixabay.

- 1일 컴퓨터(인터넷) 및 스마트폰 사용 가능 시간 약속하기
  일관성 없는 컴퓨터 및 스마트폰 사용 가능 시간은 잘못된 습관을 기르게 하는 원인이 된다. 영유아의 발달·연령별·개별 특성을 고려하여 컴퓨터 및 스마트폰 사용 가능 시간을 보호자와 영유아가 함께 설정하고 지킬 수 있도록 한다.
- 필요 정보 탐색 이외 오락과 휴식의 도구로 컴퓨터(인터넷)를 사용하는 시간 줄이고, 대안 활동 찾기
  컴퓨터(인터넷)의 다양한 기능 중 대표적인 순기능인 정보 탐색을 하는 도구로 컴퓨터(인터넷)를 인식할 수 있도록 한다. 오락과 휴식은 신체활동이나 컴퓨터(인터넷)를 대체할 수 있는 다른 방법을 활용해 즐길 수 있도록 노력한다.

- 특별한 목적이 없이 인터넷상에서 1시간 이상 머무르지 않기

  무의미하게 습관적으로 인터넷을 하는 시간을 줄이도록 한다. 특별한 목적이 없이 인터넷상에 머무를 경우에는 계획적으로 일과를 운영하는 것에 문제 상황을 발생시킬 수 있다.

그림 8-14 영유아에게 컴퓨터(인터넷), 스마트폰의 순기능을 이해하고 경험할 수 있는 기회를 제공해야 한다.

출처: Pixabay.

- 학습이나 과제 수행을 위한 컴퓨터(인터넷) 활용 시간을 늘리기

  컴퓨터(인터넷)을 활용하는 목적을 명확히 하도록 한다. 학습이나 과제 수행을 위한 컴퓨터(인터넷) 활용 시간을 늘리다 보면, 단순 오락과 휴식의 도구가 아닌 교육 활동의 매개체로 컴퓨터(인터넷)를 인식하게 된다.

- 사이버 공간보다 현실 공간에서의 대인관계 형성에 주력하기

  사이버 공간에서의 대인관계 형성도 의미가 있지만, 실제적으로 대면을 하고 인간 대 인간으로서 감정을 공유할 수 있는 현실에서의 대인관계 형성에 주력할 수 있도록 한다.

▶ 스마트쉼센터 이용 Tip!

- 유아동/청소년/성인 스마트폰 과의존 척도를 활용해 검사 가능
- 스마트폰 과의존 상담 가능
- 인터넷·스마트폰 레몬교실 운영(전문강사를 활용한 인터넷·스마트폰 과의존 예방교육)
- 각종 예방교육 자료 다수
- https://www.iapc.or.kr/kor/index.do(2021.07)

그림 8-15 스마트폰 과의존 예방교육 영상 자료

출처: 스마트쉼센터, 2021.

CHAPTER 8

CHAPTER 09 화재안전

2015년 3월 20일 오전 10시 49분경 울산에 위치한 B어린이집 주방에서 조리사가 생선조리를 하던 중 화재가 발생하였다. 당시 보육교직원들이 침착하고 신속하게 원생을 구출하는 장면이 CCTV 동영상으로 공개되면서 전국적인 모범사례로 주목을 받은 적이 있다. 화재진화에도 보육교사들이 힘을 보태 소화기를 정확히 사용하여 초기에 불길을 잡았으며 소방차가 도착하기 전에 대부분 불을 끈 것으로 전해졌다. 화재 발생 당시 누구의 지시도 없이 한 몸처럼 본능적으로 역할분담이 이루어져 움직였던 것은 매주 안전교육을 실시한 덕분이라고 밝혀졌다. 평소 화재를 대비한 훈련과 교육의 중요성을 다시 한번 일깨워 주는 대표적인 예라 하겠다.

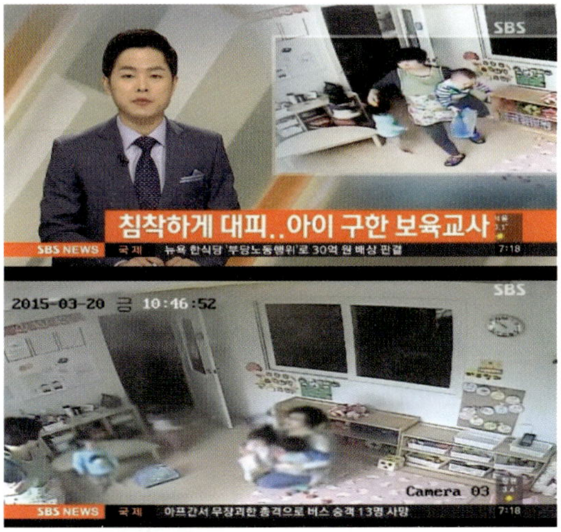

그림 9-1 울산B어린이집화재

출처: sbs 뉴스화면.

1 화재안전교육의 개념 및 필요성

1) 화재안전교육의 개념

화재는 인류가 불을 발견한 시점부터 접하게 되었던 가장 오래된 위험 의 형태로서, 생활 속에 항상 존재하기 때문에 평소 주의를 기울이지 않으면 언제 어디서든 발생할 수 있다. 또한 화재의 흐름이 어떻게 변화할지 예측하기 어려워 상황에 따른 대응방법이 매우 다양하다(국민안전처).

화재는 엄청난 인적 손실과 더불어 물적 손실을 가져오는 재난 중 하나로 영유아 시기부터 화재 안전교육을 통해 화재예방법을 익히고 화재발생시 대처요령을 습득하는 것은 매우 중요하다.

화재안전교육은 영유아들이 항상 안전하고 건강하게 성장할 수 있도록 먼저 안전한 환경을 제공하고 점검하며, 영유아에게 일어날 수 있는 안전사고의 가능성을 인식시키고 스스로 자신의 몸을 보호할 수 있는 안전한 태도를 형성하는데 목적을 둔 교육이라 할 수 있다(「아동복지법」 제31조, 「아동복지법」 시행령 제28조).

2) 화재안전교육의 필요성

소방청(2020)에서 발표한 화재통계자료를 살펴보면 2010～2019년(10년)까지 평균 화재건수는 42,652건, 인명피해 2,176명(사망302명, 부상1,874명), 재산피해 443,137백만 원으로 나타났다.

2010년 소방방재청 시절에 화재 및 사망자를 줄이기 위한 '화재와의 전쟁'이라는 정책을 선포하였으며, 2013년에 '화재피해저감정책'으로 화재가 감소하는 결과를 낳았다.

그러나 도시에 인구가 모이는 도시화가 가속화되고 전기, 유류 등 에너지원을 사용하는 시설 등이 계속 늘어남에 따라 화재로 인한 인명 및 재산피해는 증가하는 양성을 보였다.

표 9-1 2010~2019년 화재현황

구분	건수	인명피해			재산피해
		소계	사망	부상	
계	426,521	21,763	3,024	18,739	4,431,316,690
2010	41,863	1,892	304	1,588	266,504,849
2011	43,875	1,863	263	1,598	256,548,064
2012	43,249	2,222	267	1,955	289,493,719
2013	40,932	2,184	307	1,877	434,467,312
2014	42,135	2,181	325	1,856	405,351,974
2015	44,435	2,093	253	1,840	433,166,488
2016	43,413	2,024	306	1,718	420,638,287
2017	44,178	2,197	345	1,852	506,914,061
2018	42,338	2,594	369	2,225	559,735,702
2019	40,103	2,515	285	2,230	858,496,234

출처: 소방청.

화재의 발화요인을 살펴보면, 2010~2019년(10년)까지 전체 화재 426,521건 중 부주의가 49%로 가장 높게 나타났으며, 그 다음으로 전기적 요인이 23%, 기계적 요인 10%, 미상이 9%, 방화의심 2%, 교통사고 1% 순으로 나타났다.

CHAPTER 9

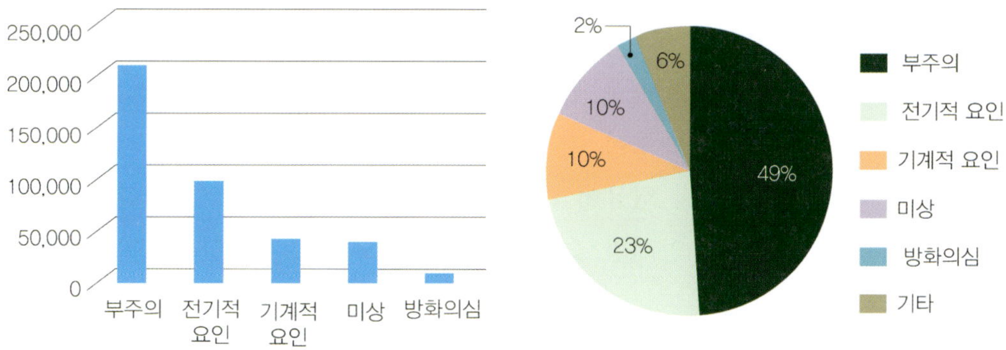

그림 9-2 2010~2019년 주요발화요인 현황

출처: 소방청.

화재장소별로 살펴보면, 2010~2019년(10년)까지 전체 화재 426,521건 중 주거시설에서 26%로 가장 많은 화재가 발생하였으며, 그 다음으로는 산업시설이 13%, 자동차 및 철도차량이 12%, 생활서비스시설이 10%, 임야 6%, 판매・업무시설이 5%, 기타 서비스가 4% 순으로 나타났다.

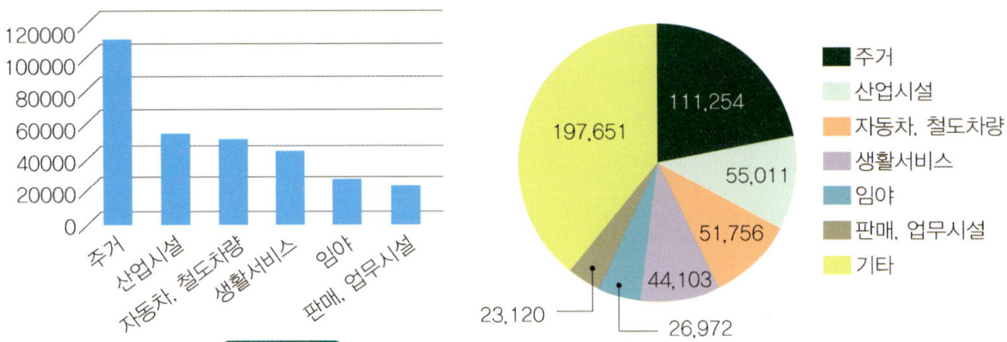

그림 9-3 **2010~2019년 화재장소별 화재발생 현황**

출처: 소방청.

통계에서 보듯이 가정에서 화재가 발생할 경우 큰 피해로 이어질 수 있는데, 특히 화재 상황에서 정확한 판단과 행동이 어려운 영유아는 성인보다 더 큰 위험에 노출되기 쉽고 인적 피해로 이어질 위험성이 높다.

영유아기는 발달특성상 호기심이 높고, 자신을 조절할 수 있는 능력이 부족하여 안전사고의 위험성이 매우 높은 시기이다. 이러한 이유에서 영유아를 위한 화재예방교육은 어릴 때부터 지속적이고 반복적으로 이루어져 위험한 상황을 제거하고 화재 발생 시 영유아 스스로 최대한 안전한 행동을 취할 수 있는 기술과 태도를 형성하여 안전한 습관이 만들어지도록 주기적이고 반복적인 교육이 필요하다.

이에 대해 윤선화(2012)는 영유아 화재사고를 예방하기 위한 화재 안전교육에 있어서 고려해야 할 점으로 두 가지를 제시하였다. 첫째, 영유아의 발달에 적합한 화재 안전교육으로 다양한 시청각 교재와 몸으로 직접 체험할 수 있는 체험활동으로 전개되어야 한다는 것이다. 영유아는 불에 의해 일어날 수 있는 위험을 이해하는 것이 매우 부족하고, 오히려 불에 친근감을 갖기도 한다. 또한 영유아는 조그마한 불씨가 집 전체를 태울 만큼의 위력을 가지고 있다는 것을 이해하기 어렵다. 따라서 영유아의 발달단계에 적합한 내용을 가지고 영유아의 개념과 이해 수준에서 화재 안전교육을 실시해야 한다고 보았다.

둘째, 영유아를 돌보는 보호자와 교사들을 대상으로 하는 화재 안전교육의 필요성을 강조하였다. 화재 발생 시 영유아는 극심한 공포감으로 패닉상태에 돌입하게 되며, 불이 났을 때 영유아는 출입구와 계단 쪽으로 향하거나, 밝은 쪽으로 향하게 되는 경향이 있고, 화재와 연기에 대한 공포심을 지니게 된다. 그래서 심리혼란 상태가 지나치면 좁은 공간이나 옷장으로 들어가는 등의 정상에서 벗어난 행동을 하게 된다. 이런 상황에 직면했을 때 안전한 행동을 취하기 위해 유아교육기관에서는 불시 또는 상시 대피훈련을 실시하고, 교사 스스로 침착하게 행동할 수 있는 능력을 훈련을 통해 습득하여야 하며, 영유아의 행동 특성을 숙지하고 영유아들을 안전한 장소로 대피할 수 있는 능력 또한 갖추어야 한다. 가정에서도 일관성 있는 교육이 이루어질 수 있도록 화재 안전교육을 병행하여야 한다. 영유아들의 안전한 습관 형성을 위해서는 영유아교육기관과 가정에서 동일한 안전교육이 반복적으로 이루어질 때 가능하다.

2 화재의 조건

불은 이로운 불과 해로운 불로 나누어 생각할 수 있는데 불을 제대로 통제하지 못하거나, 사람의 의도에서 벗어나 피해를 주는 불을 화재라고 한다.

화재 현상을 설명하기 위해서 연소라는 단어를 사용하지만, 어떤 물질이 빛이나 열 또는 불꽃을 내면서 빠르게 산소와 결합하는 반응을 연소라고 정의하기도 한다. 일반적으로는 불꽃을 내며 타는 현상으로 정의하지만, 숯과 같이 불꽃 없이 표면만 타는 훈소도 있다. 불티나 담뱃불과 같은 작은 점화원이 훈소 상태로 있다가 나중에 불꽃 연소로 번지기도 한다. 훈소는 눈에 잘 띄지 않아 한 참 후에 화재로 발견되는 경우가 있어 더욱 주의를 기울여야 한다.

1) 열전달

화재가 발생하면 고온의 열이 발생하여 가연물을 태우게 되는데 열전달 과정을 이해한다면 변화가 많은 화재 현장에서 안전하게 대피하거나 피해를 줄일 수 있는 방법을 찾을 수 있으며, 점화원이나 가연물의 열전달 특성을 알 수 있어 근본적인 화재예방 대책을 세우는 데도 도움이 될 수 있다.

열이 전달되는 방법에는 대류, 전도, 복사가 있다.

① 대류는 공기가 이동하는 것으로 화재로 발생 시 뜨거운 공기는 위로 이동하게 된다. 따라서 화재가 발생한 장소에서는 부득이한 경우를 제외하고는 불이 난 장소 아래쪽으로 피난하는 것이 안전하다. 또한 자세도 가능한 한 낮추어 인체에 해로운 가스와 뜨거운 공기를 마시지 않도록 하여야 한다.

② 전도는 물질의 이동이 없이 열이 전달되는 현상으로 금속과 같은 물질은 열전달이 매우 빠르다. 1999년 일어난 씨랜드 청소년수련시설 참사에서 보듯이 철판으로 만들어진 칸막이는 빠르게 열을 전달하게 되므로 그 만큼 위험하게 된다.

③ 복사는 열에너지가 전자파의 형태로 이동하는 것으로 태양의 열에너지가 지구에 도달하는 원리와 같다. 우리 주변에서 보면 난로와 직접 접촉하지 않고 조금 떨어져 있는 휴지나 수건에 난로에서 나오는 복사열이 전달되어 불이 붙게 된다.

2) 연기의 흐름

화재 시 발생하는 대부분의 인명피해는 연기에 포함된 유독성 가스를 흡입하여 발생하게 된다. 연기로 인한 피해를 직접적으로 입기까지는 다소 시간적 여유가 있으므로 침착하게 대처하는 것이 매우 중요하다. 이러한 연기의 흐름은 대류현상과 압력, 풍향 등에 영향을 받는데 보통 연기의 속도는 수평으로 초당 0.5m 정도 이동하며, 수직방향으로는 2～3m 정도로 빠르게 확산된다.

3) 연소가스

연소에 의하여 생성되는 것으로는 연소가스, 화염, 열, 연기가 있다. 이들은 인체에 치명적인 손상을 일으키는데, 가장 중요한 것으로는 고온의 복사열과 가열된 공기로 인한 화상과 연기에 포함된 독성가스를 흡입으로 인한 기도손상과 뇌손상이다.

대부분의 가연성 물질은 탄소를 포함하고 있으며, 이 탄소가 타서 공기 공급이 충분하면 이산화탄소가 되고 공기 공급이 부족하면 독성이 큰 일산화탄소가 된다. 또한 물질이 타면 시안화수소, 염화수소, 일산화질소,이산화질소, 이산화황(아황산가스), 암모니아, 포스겐, 황화수소 등이 연소가스에 포함되어 발생된다.

화재 상태에서 기진한 사람은 열과 연기 때문에 호흡속도가 빨라지기 때문에 일반 상태에서 보다 독성 효과가 커지게 된다. 따라서 연기가 가득 찬 곳에서는 자세를 낮추고 호흡을 짧게 하라고 하는데 이와 같은 유독성 가스를 적게 흡입하여 피해를 최소화 하고자 하는 것이다.

연소가스의 종류는 여러 가지 요인에 의하여 달라지는데 그 가운데 중요한 것은 연소물질의 조성, 연소에 공급되는 공기량, 온도이다.

일산화탄소는 독성이 강한 연소가스는 아니지만 많은 양이 발생하기 때문에 위험하고, 특히 좁은 공간에서 불꽃을 내지 않고 연기만 나는 화재에서 일산화탄소 발생량이 크다.

공기 중 일산화탄소 농도에 따른 일반적인 위험은 0.05%에서 3시간 정도 노출되거나 0.15%에서 1시간 정도 노출되면 생명이 위험하며, 0.4%에서 1시간 이내 노출되면 치사 가능성이 매우 높으며, 1.3%에서는 2~3번의 호흡으로도 의식을 잃고 몇 분내 사망할 수 있다. 실제 일산화탄소의 위험농도는 주변 온도, 기타 유독가스의 존재 및 사람의 건강상태정도에 따라서 결정된다.

이산화탄소는 그 자체가 독성이 있는 것은 아니지만 화재 시 대량으로 발생하여 산소의 양을 줄이게 됨으로서 호흡속도를 매우 빠르게 하며, 산소부족 및 자극성물질의 존재로 인해 허파의 팽창을 일으키게 하는데 이산화탄소 농도가 2%가 되면 호흡심도는 50% 증가하고, 이산화탄소 농도가 3%가 되면 100%의 증가를 가져온다.

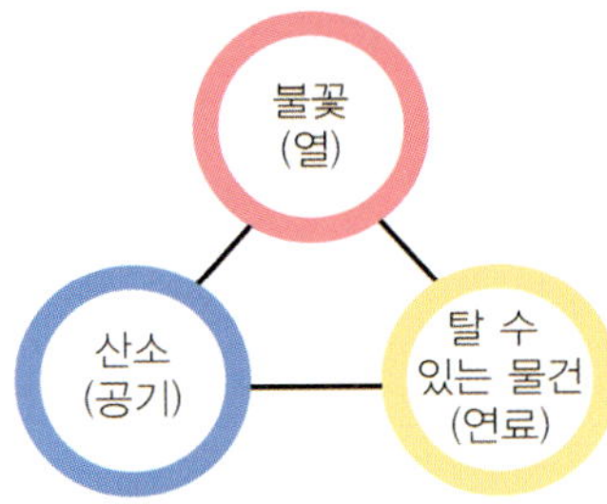

그림 9-4 연소특성

불은 산소, 연료, 열의 세 가지 요건이 갖추어져야 발생한다. 불이 나기 위해서는 나무나 종이와 같이 탈 수 있는 물질(가연물), 성냥이나 라이터와 같은 점화원(점화에너지) 및 공기(산소)가 반드시 필요하다. 반대로 이들 중 하나를 제거하거나 줄이게 되면 화재를 예방할 수 있으며, 불이 났을 때 끌 수 있다.

3 화재 원인

1) 화재 발생 원인

화재원인은 행위주체에 따라 자연화재나 인위화재로 구분할 수 있으며, 연소의 3요소 중 어떤 것이 화재에 직접적인 영향을 주었는지에 따라 가연물과 점화원의 종류로 구분할 수 있다.

(1) 전기화재

화재원인 중 가장 높은 비율을 차지하고 있는 전기화재는 우리나라 화재의 약 1/3 정도를 차지하고 있었으나 전기시설의 안전성 향상 등으로 인해 25% 수준으로 낮아졌다. 전기화재의 주요 원인으로는 전선의 합선 또는 단락에 의한 발화, 누전, 전기스파크, 과부하, 규격미달의 전선 또는 전기 기계기구 등의 과열에 의한 발화 등이 있다.

(2) 담뱃불

담배를 피우고 난 후 꽁초를 아무데나 버려 화재가 발생하는 경우가 전체 화재의 13% 정도를 차지하고 있다. 특히 담뱃불로 인한 화재는 몇 시간이 지난 다음에 불이 나는 경우가 있으므로 담뱃불을 끌 때에는 불씨가 완전히 꺼졌는지 확인해야 한다.

(3) 불장난

불에 대한 개념이 없는 3~7세 사이의 어린이들이 집에서 장난감처럼 갖고 놀다가 불이 나는 경우가 많다.

초등학생들의 경우에는 주택 골목이나 아파트 계단 창 등 인적이 드문 곳에서 친구들과 함께 종이, 옷과 같은 것에 불을 내는 경우가 있으며, 계절적으로는 10월부터 5월 사이에, 시간별로는 방과 후인 오후 1시부터 7시 사이에 많이 발생한다.

(4) 가스화재

고체연료나 액체연료를 가스연료로 대체하면서 취급 부주의로 인한 화재가 자주 발생하고 있는데 도시지역의 주택에서 많이 사용하고 있는 도시가스는 중간 밸브를 열어 놓는 경우나 연결부분에서 가스가 새어 나와 불이 나는 경우가 있으며, 조리 도중 자리를 비우거나 잊고 있다가 불이 나는 경우가 있다. 도시가스가 공급되지 않는 지역에서는 액화석유가스(LPG)를 사용하는데 잘못된 용기 보관방법, 낡은 배관, 도시가스와 마찬가지로 사용 부주의 등으로 가스가 누출되어 화재나 폭발이 발생하는 경우가 있다.

(5) 유류화재

경유나 등유를 사용하는 보일러, 난로, 주방기구 등을 과열된 상태에서오랫동안 사용하거나 주변에 타기 쉬운 물질을 놓아두고 있다가 복사열로 인하여 불이 나는 경우가 있다.

(6) 불티화재

논두렁이나 밭두렁을 태우는 도중 불티가 바람에 날아가 산불이 나거나, 용접 작업 중에 발생한 불티로 인하여 건물이나 공장에 화재가 발생하여 많은 인명피해와 재산피해가 발생하는 사례가 종종 있는데 불티는 바람에 의해 수십 미터까지 날아가므로 항상 조심해야 한다.

4 화재 예방요령

1) 주택화재 예방

- 자택에 불필요한 가연물(옷, 신문폐지, 폐박스 등)을 쌓아 놓지 않는다.
- 인화성 액체(알코올, 신나 등)나 인화성 기체(부탄가스)를 함부로 놓지 않는다.
- 장롱 뒤편이나 카펫의 밑면 등의 보이지 않는 곳에 전선을 늘어뜨리지 않는다.

- 영유아의 손이 닿거나 쉽게 사용 가능한 곳에 라이터나 성냥갑을 두지 않는다.
- 가스 불 위에 요리를 올려놓고 주방을 장시간 비우지 않는다.
- 전열기는 벽이나 탈 수 있는 물품 주위에 두지 않는다.

2) 아파트 화재 예방

- 평소 이웃으로 통하는 비상 칸막이벽 또는 발코니 비상문이 있는지 확인하고, 통행을 막지 않도록 불필요한 물건들을 놓지 않는다.
- 피난계단이 연기에 오염되는 경우를 대비하여 연기를 피해 공기를 마실 수 있는 발코니 창문을 염두에 둔다.
- 발코니를 확장하여 창문의 개방이 어려운 주상복합 고층아파트에서는 현관문을 통하여 연기의 확산이 예상되므로 연기 침투를 막을 수 있는 안전구역(밀폐 가능한 작은방 등)이 필요하다.
- 복도나 계단에 탈 수 있는 물건들을 방치하지 않는다.
- 아이들이 불장난을 하지 않도록 안전교육을 생활화 한다.
- 아이들이 젓가락 등을 콘센트에 넣지 않도록 콘센트덮개를 설치한다.
- 조리 시에는 자리를 비우지 않는다.
- 전열기나 난로 주변은 1m 이상의 공간을 반드시 확보한다.
- 반드시 소화기를 비치하고 쉽게 사용할 수 있도록 보관 및 정기적인 점검을 한다.
- 화재를 가정하여 반복적인 대피훈련을 해본다.

3) 전기화재 예방

- 누전에 대비하기 위하여
  - 건물이나 대용량 전기기구에는 회로를 분류하여 회로별로 누전차단기를

설치한다.
- 배선의 피복손상 여부를 수시로 확인한다.
- 전선이 금속체나 젖은 구조물에 직접 접촉되지 않도록 배선해야 한다.

- 단락(합선)을 방지하기 위하여
  - 퓨즈나 과전류 차단기는 반드시 정격용량 제품을 사용한다.
  - 용량에 적합한 규격 전선을 사용하고, 노후 되었거나 손상된 전선은 새 전선으로 교체한다.
  - 스위치, 분전함 등의 내부를 정기적으로 점검하여 전기가 통할 수 있는 물질이나 가연성 물질 등을 제거한다.
  - 천장 등 보이지 않는 장소에 시설된 전선에 대해서도 수시로 점검 하여 이상 유무를 확인한다.
  - 배선은 가능한 보호관을 사용하고 열이나 외부 충격 등에 노출되지 않도록 한다.
  - 못이나 스테이플러로 전선을 고정하지 않도록 한다.
  - 바닥이나 문틀을 통과하는 전선이 손상되지 않도록 배관 등으로 보호한다.

- 전기 스파크에 대비하여
  - 각종 전기기기는 사용 후에 반드시 플러그를 뽑아 둔다.
  - 정전이 되면 플러그를 뽑거나 스위치를 꺼둔다.
  - 배전반 내의 먼지, 금속가루 등 분진을 제거한다.
  - 밀가루, 톱밥, 섬유 먼지 등 가연성 분진이 많이 발생하는 장소에서는 수시로 청소를 하여 분진이 쌓이지 않도록 한다.
  - 분전함 등 전기시설 부근에는 가구, 위험물, 기타 가연물은 두지 않는다.

- 과부하 방지를 위하여
  - 한 콘센트에 여러 개의 플러그를 꽂아 사용하는 문어발식 사용을 금한다.
  - 전기 기기의 전기용량 및 전압에 적합한 규격전선을 사용한다.

- 과열 방지를 위하여
  - 사용한 전기기구는 반드시 플러그를 뽑아 놓고 외출한다.
  - 전기장판 등 발열체를 장시간 전원을 켠 상태로 사용하는 것은 위험하다.
  - 전열기 등의 자동 온도 조절기의 고장 여부를 수시로 확인한다.
  - 고열이 발생하는 백열전구는 열이 잘 발산될 수 있도록 하고 가연물을 가까이 두지 않는다.
  - 전선과 전선, 단자와 전선 등 접속부위는 단단히 조여서 느슨하지 않도록 해야 한다.
- 멀티탭 안전 사용법
  - 겉으로는 깨끗해 보여도 오래된 멀티탭 안쪽으로 계속하여 먼지가 쌓이게 된다.
  - 사용기한을 넘긴 멀티탭은 부품 노화와 보이지 않는 먼지로 폭발 위험이 매우 높아진다.
  - 처음 사용할 때 매직 등으로 사용시작일을 적어둔다.
  - 전선에서 열이 뜨겁게 나거나, 접지가 불량한 경우는 사용기한에 관계없이 즉시 사용을 멈춰야 한다.
  - 먼지 많은 바닥보다 책상위 보이는 곳에 놓고 사용하는 것이 더 안전하다.
  - 개별전원 대기 전력 차단과 외출, 퇴근 시에 전체전원을 차단하는 습관을 가져야 한다.
  - 멀티탭과 멀티탭을 문어발 식으로 연결하는 것은 정격용량을 맞춘다고 해도 과부하로 화재의 원인이 된다.

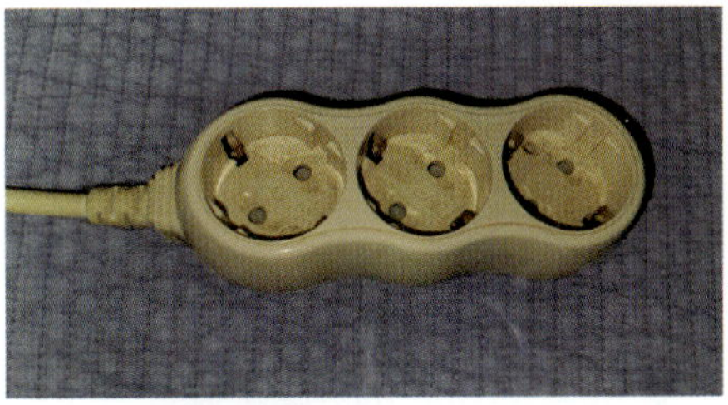

그림 9-5 오래된 멀티탭

CHAPTER 9

4) 유류화재 예방

- 석유난로 등은 불이 켜진 상태에서 연료를 넣어서는 안 된다. 열에 의하여 가연성 증기가 더욱 많이 발생하여 화재·폭발 위험이 높아진다.
- 연료는 연료탱크의 계량장치에서 허용하는 만큼만 넣어야 한다.
- 연소기구 등을 사용 중에 장시간 자리를 비워서는 안 된다.
- 연소기구는 평평한 장소에 설치하여야 하며, 바닥 또는 받침대는 불에 잘 타지 않는 불연재를 사용하여야 한다.
- 연소기구 등을 사용하는 장소에는 반드시 소화기를 비치한다.
- 연소기구 근처에서 인화성 가스나 액체가 들어간 스프레이 작업을 하지 않는다.
- 연소기구 등을 장시간 사용 시에는 반드시 환기를 하여 밀폐된 공간에서 산소부족으로 인한 불완전연소를 방지해야 한다.
- 급유구의 뚜껑은 확실하게 닫고, 주입작업 때 흘린 기름은 깨끗이 닦아야 한다.
- 사용 도중에 이동을 해서는 안 된다.
- 연료가 새거나 그을음이 발생하는 등 이상연소가 있을 때에는 사용을 중지한다.
- 출입문의 부근에 연소기구를 설치하면 바람에 의해 불이 꺼질 우려가 있다.
- 어린이가 만지거나, 접근·이물질 투입·불장난 등은 화재사고의 원인이 되거나 화상을 입을 수도 있으므로 안전망을 설치하여 사고의 위험을 줄여야 한다.

5) 가스화재 예방

- 가스가 새는 것을 알았을 때 밸브를 잠그고 창문, 출입문 등을 열어 환기시킨다.
- 가스가 샐 때 선풍기는 날개·모터에서 생기는 스파크에 의해 가스 폭발 위험이 있으므로 사용하지 않는다.
- 가스기기가 설치된 장소 주위에는 불에 타기 쉬운 재료를 치우도록 한다.
- 가스용기를 외부에 보관하는 경우에는 통풍이 잘되고 햇빛·빗물 및 눈을 맞지 않는 장소에 설치한다.

- 가스용품은 '한국가스안전공사'의 합격표시(검)가 부착된 것을 사용하거나 KS표시 (KS)가 있는 제품을 사용하여야 한다.
- 가스가 새는 경우를 대비하여 가스누출 경보기나 자동 차단장치를 설치한다.
- 호스의 길이가 3m 이상이 되면 금속관(강관, 동관 등)으로 설치한다.
- 가스가 새면 역한 냄새가 나므로 가스누설을 발견하는 즉시 가스기기의 밸브, 배관의 중간밸브, 용기밸브를 잠근다.
- 가스자체에는 고유냄새가 없으나 가스제조회사에서 악취가 나는 부취재를 첨가하였기 때문에 가스가 새면 냄새로 알 수 있다.
- 가스용기가 직사광선을 받으면 용기내부의 온도가 상승하여 배관 연결부 등 약한 부분으로 가스가 샐 위험이 높아진다.
- 가스용기를 집안에 두면 가스가 샐 때 위험이 크다.
- 가스기기에는 여러 가지의 안전장치가 있으므로 사전에 안전장치의 종류와 기능을 알아두는 것이 중요하다. 예를 들면 소화안전장치로서 불꽃이 꺼지면 자동적으로 가스공급을 중단시키는 차단기가 있다.

5 화재 시 대처요령

- 자기 주변에 있는 출입구와 비상구를 반드시 확인하는 습관을 가진다.
- 건물에서 화재가 나면 비상구와 피난계단을 찾아서 대피한다.
- 승강기는 화재로 인하여 전원이 꺼질 수 있으며 연기의 이동경로가 될 수 있으므로 이용하지 않도록 한다.
- 건물의 비상구 위치를 모르면 유도등 표시방향을 따라 간다.
- 연기가 들어오지 않는 곳으로 대피한다.
- 연기가 많이 찬 곳은 자세를 낮춰서 피난한다.

- 연기가 가득 찬 곳에서는 손수건 등을 물로 적셔서 코와 입을 막고 호흡을 짧게 한다.
- 물건을 챙기려고 지체하지 말고 바로 대피한다.
- 문의 손잡이가 뜨거운지 확인하고 열어야 한다.
- 건물에 고립되어 있을 때는 가능한 대응을 하고 구조를 기다린다.

1) 대피 요령

- 대피훈련에 정기적으로 참여하여 화재 시 탈출 가능한 비상구를 반드시 숙지한다.
- 불을 발견하면‘ 불이야’하고 큰소리로 외쳐서 주변사람에게 알린다.
- 화재경보 비상벨을 손으로 힘차게 누른다.
- 출입문을 열기 전에 문을 손등으로 대어보거나, 손잡이를 만져본다.
  - 손잡이를 만져 보았을 때 뜨겁지 않으면 문을 조심스럽게 열고 밖으로 나간다.
  - 손잡이가 뜨거우면 문을 열지 말고 다른 길을 찾는다.
- 연기가 있을 경우 낮은 자세로 대피한다.
  - 연기 층 아래에는 맑은 공기층이 있다는 사실을 유념하여야 한다.
  - 연기가 많은 곳에서는 팔과 무릎으로 기어서 이동하되 배를 바닥에 대고 가지 않도록 한다.
  - 한 손으로는 코와 입을 젖은 수건이나 옷옷 등으로 막아 가급적 마시는 연기량을 줄이도록 한다.
- 대피통로를 선택할 때 엘리베이터는 절대 이용하지 않도록 하며 계단을 이용하여야 한다.
- 외부로 대피한 경우에는 바람이 불어오는 쪽에서 구조를 기다린다.
- 밖으로 나온 뒤에는 다시 안으로 들어가지 않는다.

- 아래층으로 대피할 수 없는 때에는 옥상으로 대피한다.
- 대피가 늦어 도저히 연기가 충만한 통로를 통과하여 대피가 불가능하다고 판단되면 비상조치를 강구한다.
  - 다른 출구가 없으면 외부 창문을 열어 신선한 공기가 들어오도록 하고 구조대원이 구해줄 때까지 기다린다.
  - 연기가 방안에 들어오지 못하도록 문틈(문짝 하부포함)을 옷이나 이불로 막는다(물을 적시면 더욱 좋다).
  - 불길이 방안에 들어오지 못하도록 샤워실의 샤워기를 사용하여 문 주위에 물을 최대한 적셔라.

2) 옷에 불이 붙었을 때

- 불길 속을 통과할 때에는 물에 적신 담요나 수건 등으로 몸과 얼굴을 감싼 후에 통과한다.
- 옷에 불이 붙었을 때에는 두 손으로 눈과 입을 가리고 바닥에서 뒹군다.

첫째, 그 자리에 멈춰선다.
뛰거나 몸을 흔들면 불이 더 크게 번진다.

둘째, 바닥에 엎드려 두 손으로 눈과 입을 가린다.
눈과 입을 가리는 것은 얼굴에 화상을 입거나
폐에 연기가 들어가는 것을 막기 위한 것이다.

셋째, 불이 꺼질 때까지 계속 뒹군다.
노인이나 휠체어 사용자와 같이 엎드릴 수 없는
사람의 몸에 불이 붙었을 경우에는
수건이나 담요를 덮어서 불을 꺼준다.

그림 9-6 옷에 불이 붙었을 때 행동요령

출처: 국민안전처.

3) 화재신고 요령

- 침착하게 전화 119번을 누른다.
- 불이 난 것을 말한다.
- 화재의 내용을 침착하게 화재발생장소, 주요건축물, 화재의 종류 등을 상세하게 설명한다(예: ○○어린이집 주방에 불이 났어요. 3층 건물입니다).
- 주소 또는 주변 큰 건물 등을 정확히 알려준다.
- 소방서에서 알았다고 할 때까지 전화를 끊지 않는다.
- 휴대전화는 사용 제한된 전화나 개통이 안 된 전화도 긴급신고가 가능하다.

표 9-2 화재의 종류

종류	표시	비고
A급 화재(일반화재)	백색	목재, 섬유, 종이류, 고무, 플라스틱류 등(온도를 낮추는 것이 효과적)
B급 화재(유류화재)	황색	가연성 액체, 가연성가스(산소를 차단시키는 것이 효과적
C급 화재(전기화재)	청색	전기가 흐르는 상태의 전기기구 화재
D급 화재(금속화재)	색 없음	가연성금속, 마그네슘, 티타늄, 리튬 등

4) 소화기

- 소화기를 불이 난 곳으로 옮긴다.
- 손잡이 부분의 안전핀을 뽑아준다.
- 야외에서는 바람을 등지고 서서 호스를 불쪽으로 향하게 한다.
- 실내에서는 대피해야 할 문을 등지고서서 호스를 불쪽으로 향하게 한다.
- 손잡이를 힘껏 움켜쥐고 빗자루로 쓸듯이 뿌려준다.
- 소화기는 잘 보이고 사용하기에 편리한 곳에 두되 햇빛이나 습기에 노출되지 않도록 한다.
- 매월 점검을 통해 소화약제의 이상 유무, 외부 용기의 부식, 안전핀의 고정 상태를 확인한다.

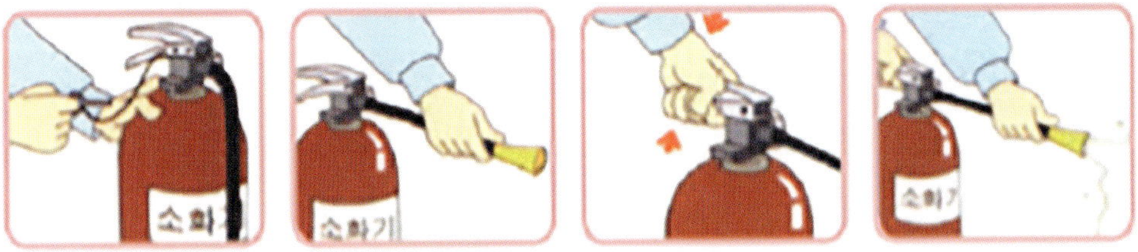

안전핀을 뽑는다. 호스를 뺀다. 손잡이를 움켜쥔다. 골고루 방사한다.

그림 9-7 소화기 사용요령

출처: 국민안전처.

5) 소화전

아파트, 업무시설, 판매시설 등 우리 주변에서 흔히 볼 수 있는 소화전은 물을 사용하여 불을 끄는 장치이다. 보통 건물 내부 벽체에 소화전 함이 설치되어 있으며, 소화전 함에 있는 호스를 풀고 배관의 밸브를 열면 물이 나오게 된다.

건물 안에 설치한 경우 옥내소화전이라고 하며, 건물 외부에 설치하게 되면 옥외소화전이라고 하는데 소화전은 일정 압력 이상으로 상당한 양의 물이 나오게 되므로 비교적 큰 화재도 끌 수 있다.

(1) 소화전 사용방법

- 먼저 소화전 함의 문을 열고,
- 호스가 꼬이지 않게 해서 화재지점까지 끌고 간다.
- 소화전 함에 설치된 개폐밸브를 시계방향 반대로 열면 물이 나온다.
- 기동스위치로 작동하는 경우 적색 버튼을 누른 후 밸브를 연다.

(2) 소화전 사용 시 주의 사항

- 노즐 조작자와 개폐밸브 조작자 등 2명 이상이 필요하다.
- 개폐밸브를 열고 화점에 방수한다.

- 방수 시 호스가 꺾이지 않도록 한다.
- 방수 시 호스의 반동력이 크므로 노즐을 도중에 놓아서는 안 된다.
- 옥외소화전은 반동력이 크므로 노즐을 잡을 경우 보조자가 필요하다.
- 소화가 끝나면 반드시 밸브를 잠근 후 노즐을 놓는다.

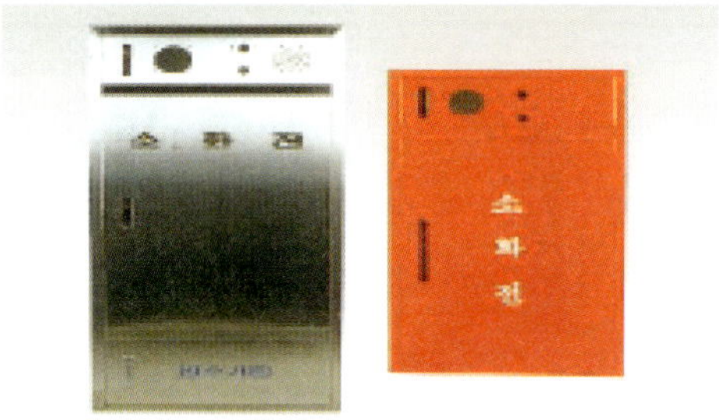

그림 9-8 소화전

출처: 국민안전처.

6 어린이집 비상대피훈련

영유아 교육기관에서는 평소 화재가 발생했을 때 대피경로와 방법에 대한 지침을 마련해 두고, 대피훈련을 계획에 따라 정기적 또는 불시에 실시하여야 한다. 대피훈련을 반복적으로 실시하면 화재 발생 시 모든 교직원과 영유아들이 침착하게 대피할 수 있는 능력을 기를 수 있다. 화재 상황에서의 안전한 태도를 기르기 위해서는 다양한 화재 발생 시나리오를 작성하여 훈련하는 것이 바람직하다.

1) 어린이집 비상대응 훈련계획 수립

① 안전관리책임관을 중심으로 비상대응계획 수립팀을 구성하여 비상대응 훈련계획을 수립한다.

② 비상계획 수립 일시, 변경일시를 반드시 포함하여야 한다.

③ 어린이집 비상연락망을 포함시킨다.

④ 비상시 각 보육교직원 역할 분담

- 상황지휘총괄: 안전관리책임관
- 각 반 영유아 대피: 각 반 담당 교사
- 소방서 관련 기관 연락 담당:
- 등원 어린이 현황 리스트 담당:
- 평시 비상재해 물품관리 담당:
- 언론기관 연락 및 브리핑 담당 교사:
- 부모 연락 담당 교사:
- 응급처치 및 후송 담당 교사:

⑤ 비상 대피로 및 건물 붕괴 시 외부 피난장소 및 집결장소 명시하여야 한다.

⑥ 비상 대응 절차 명시

- 침착하게 대처하고 비상시 본인의 역할에 충실한다.
- 119등 필요한 기관에 연락한다.
- 비상 대피로를 확보한다.
- 각반의 영유아를 신속하게 안전지역으로 대피 시킨다.
- 대피 시 남아있는 영유아가 있는지 반드시 확인한다.
- 부상자 발생 시 필요한 응급조치(심폐소생술 등)를 취한다.
- 안전한 장소로 대피 후 안전관리책임관에게 현재 대응 상황을 보고한다.

2) 각 비상상황별 훈련 계획 수립

① 화재 발생시

- 다양한 화재 발생 시나리오를 작성하여 훈련한다.

※ 예시: 조리실 화재, 누전으로 인한 화재, 보일러 가스 누출, 콘센트 과부화 등

- 어린이집에 수립되어 있는 비상대응계획에 의거하여 훈련 계획을 작성한다.
- 화재 후 사상자 및 부상자 확인, 건축물 내 임의 출입 금지, 환자 이송 및 의료활동 지원 등 훈련 중점사항을 선정하여 실시하고 그 결과를 안전관리책임관에게 보고하고 훈련문서를 보관한다.

※ 화재 대피훈련 실시 때마다 평균 대피 시간을 측정하도록 하며, 이를 반드시 기록하고 보관해야 함(대피훈련시간 평가서 참조). 매회 대피 훈련 시 대피 평균시간보다 대피시간을 줄일 수 있도록 노력해야 함.

○ 화재 대피훈련 시간 평가서 ○

어린이집 이름 :
대피훈련실시일 :

화재발생장소 : ____________________
대피인원 : ____________________
대피장소 : ____________________

목표대피시간 : ____________________
실제대피시간 : ____________________

개선해야 될 사항 : ____________________
안전관리책임관확인 : ____________________ (인)

그림 9-9 화재대피훈련 평가서

출처: 2020년 보유사업안내 부록.

3) 훈련 실시 후 개선을 위한 조치

① 훈련 실시 후 안전관리책임관의 주관으로 회의를 개최하여 미흡했던 점, 잘된 점을 도출하고, 이를 어린이집 비상대응계획에 반영한다.

② 개선계획을 다음과 같이 작성하여 어린이집의 비상대응계획에 반영한다.

- 훈련 실시일 :
- 훈련 종류 및 내용 :
- 참여자 :
- 개선사항 :
- 개선사항 비당대응계획 반영 담당자 :
- 최종 확인자 : 안전관리 책임관

화재발생시 영유아 대피 세부행동요령

1. 화재를 감지하는 법
   - ㅇ 눈: 연기가 보이고 따가워집니다.
   - ㅇ 귀: 사람들의 아우성소리와 비상벨소리가 들립니다.
   - ㅇ 코: 무언가 타는 냄새가 납니다.
   - ㅇ 피부: 뜨거움을 느낍니다.

2. 불이 났을 때는 초기진화와 대피가 우선
   - ㅇ 비상문에서 제일 가까운 영유아가 문을 열고 나가기 시작하여 신속히 대피합니다.
   - ㅇ 교사는 영유아가 평시에 훈련한 대피장소로 이동하도록 유도합니다.
   - ㅇ 교사는 남아 있는 영유아가 있는지 살핍니다.
   - ㅇ 소화기를 이용하여 신속히 초기진화 합니다.
   - ㅇ 엘리베이터를 타지 않고 비상구를 이용합니다.
   - ㅇ 119에 신고합니다.

3. 화재발생 후 연기 속에서 대피할 때
   - ㅇ 손수건이나 옷을 이용하여 코와 입을 보호합니다.
   - ㅇ 자세를 최대한 낮춥니다.
   - ㅇ 다른 손으로 벽을 잡습니다.
   - ㅇ 비상구 방향으로 신속하게 대피합니다.

4. 불길이나 연기 때문에 대피할 수 없어 건물 속에 갇혔을 때
   - ㅇ 문 손잡이를 만져보아 뜨거우면 문을 열고 나가지 않습니다.
   - ㅇ 창문이나 문틈을 물에 적신 수건으로 막고, 물에 적신 손수건이나 수건으로 입과 코를 가리고 낮은 자세를 취합니다.
   - ㅇ 창문에서 수건을 흔들며 구조를 요청합니다.
   - ㅇ 함부로 창밖으로 뛰어내리지 않습니다.

(예시) ○ ○ 어린이집 비상대응 훈련 계획

결재	담당자	안전관리책임관

훈련명	어린이집 화재 발생 시 비상 대응	훈련일시	2017년 3월 17일
참가자	어린이집 보육교직원 24명, 영유아 100명	훈련 진행책임자	안전관리책임관 및 안전관리자
훈련 종류	실제훈련		
훈련 목적	어린이집 화재 발생 시 즉각적인 대피를 위해 비상계획에 명시된 대피에 관련된 내용을 훈련함 (대피 시간 줄이기에 중점)		
비상대응상황 시나리오	조리실의 누수로 인해 전기 배선으로 물이 침투하여 약 11시경에 조리실에서 화재가 발생되어 화재경보기가 울림		

훈련 내용

상황	대응 활동	평가중점내용
조리실에서 화재 발생하여 화재 경보발생	소화기를 사용한 초기 진화 시도	소화기사용
	각반의 영유아 대피 실시	질서유지하며 대피
	119 연락	위치, 상황설명
초기진화에 실패하여 화세 확장	조리실 앞의 방화문을 내리고 계속적으로 영유아를 정해진 장소로 대피시킴 (방화문이 없는 경우, 조리실 문을 닫고 대피함)	대피시간/ 대피한 영유아 수
	대피 후 부상자 사상자 확인	부상자 사상자응급처치
119 출동 후 화세 진압 후 사태 종료	안전한 곳에서 대피 지속, 인근 병원 연락 영유아 부모에게 연락	연락 시간/ 응대 태도

(예시) ㅇㅇ 어린이집 비상대응 훈련 평가서

결재	담당자	안전관리책임관

훈련명	어린이집 화재 발생 시 비상 대응	훈련일시	2017년 3월 17일
참가자	어린이집 보육교직원 24명, 영유아 100명	훈련 진행책임자	안전관리책임관 및 안전관리자
훈련 목적	어린이집 화재 발생 시 즉각적인 대피를 위해 비상계획에 명시된 대피에 관련된 내용을 훈련함 (대피 시간 줄이기에 중점)		
비상대응상황 시나리오	조리실의 누수로 인해 전기 배선으로 물이 침투하여 약 11시경에 조리실에서 화재가 발생되어 화재경보기가 울림		

훈련 내용		평가	
대응 활동	평가중점 내용	평가항목	평 가(기술)
소화기를 사용한 초기 진화 시도	소화기사용	소화기 위치를 빠르게 파악했는가?	
		소화기 사용법을 숙지하였는가?	
각반의 영유아 대피 실시	질서유지하며 대피	남아있는 원아는 없이 안전히 대피를 하였는가?	
		영유아는 질서를 지켜 대피를 하였는가?	
119 연락	위치, 상황설명	정확한 위치와 상황을 119에 연락하여 전달하였는가?	
조리실 앞의 방화문을 내리고 계속적으로 영유아를 정해진 장소로 대피시킴	대피시간/ 대피한 영유아 수	방화문의 위치를 파악하여 작동을 실시하였는가?	
		대피 소요시간은 어떻게 되는가?	
		대피한 영유아의 인원파악을 하였는가?	
대피 후 부상자 사상자 확인	부상자 사상자응급처치	부상상태를 파악 후 적절한 조치를 취하였는가?	
		사상자 응급처치를 진행하였는가?	
안전한 곳에서 대피 지속, 인근 병원 연락 영유아 부모에게 연락	연락 시간/ 응대 태도	병원에 방문 여부를 확인 (기록)하였는가?	
		부모에게 연락을 취하였는가?	

CHAPTER 9

CHAPTER 10 재난대비안전교육

재난에 대한 올바른 대처를 위해서는 재난에 대한 올바른 이해와 평소의 대비가 필요하다. 기후 변화에 따른 지구 온난화 현상으로 자연재난의 발생도 변화무쌍해져 과거보다 예측이 힘들어지고 이에 따른 피해액도 증가하고 있는 현실을 감안할 때 영유아 교육기관에서는 여러 재난에 따른 안전교육을 통해 현명하게 대처하는 능력을 기르도록 해야 할 것이다.

1 재난대비안전교육의 개념

재난은 원래 태풍·홍수·지진과 같이 주로 자연이 주는 위급한 상황을 의미하던 것이 산업과 사회가 발전함에 따라 화재·붕괴와 같은 사람이 관계된 대형사고 상황들을 포함하게 되었다. 통상적으로 '재해'는 자연재해, '재난'은 사회재난의 의미로 사용되어 왔으나, 2004년 재난 및 안전관리기본법 제정 이후 '재난'으로 용어가 통일되었다.

재난은 그 발생원인에 따라 크게 자연재난과 인위재난으로 구분할 수 있다. 자연재난은 자연현상에 기인한 것으로 지진, 태풍, 홍수 등이 있으며, 인위재난은 붕괴, 폭발사고 등 인위적 원인에 의한 재난이다.

따라서 영유아 재해안전교육은 자연현상의 영향으로 인해 재난이 발생할 경우를 대비하여 재해로 인한 피해를 최소한으로 줄이고 인명 피해를 없애는 것과 함께 우리가 생활하는 주변 환경의 위험요소를 발견하고 제거할 수 있는 능력과 올바른 대처요령을 기르는 안전교육을 의미한다.

2 재난대비안전교육의 필요성

최근 세계적으로 지구온난화의 영향으로 인해 남북극 빙하의 감소, 대륙의 사막화, 해수면 상승 등 이상 현상이 많이 나타나고 있으며, 가뭄, 태풍, 폭설, 폭염, 홍수 등 이상 기후 현상이 빈번하게 발생하고 있다. 우리나라도 매년 집중호우와 태풍의 빈번한 발생으로 인해 막대한 인명피해와 재산피해를 입고 있는 현실이다.

자연재난은 한 가지 원인이 아닌 복합적인 원인으로 발생하기 때문에 그 발생 원인을 정확하게 예측하기가 매우 어렵고, 발생 후 인적, 물적 피해가 매우 커 재난에 올바르게 대처할 수 있는 능력을 갖춘다는 것은 인류의 삶에 있어 큰 숙제라 할 수 있다.

영유아는 재난으로부터 오는 위험을 스스로 파악하기 어렵기 때문에 그 피해는 성인보다 훨씬 크게 발생하게 된다. 따라서 영유아기 재난대비안전교육은 재난에 대한 올바른 인식과 재난을 예방할 수 있는 지식과 재난 발생 시 올바르게 행동할 수 있는 기술 습득에 초점을 두어야 한다. 따라서 영유아 교육기관에서는 재난대비안전교육을 통해 영유아기부터 재난 발생 전 주변 환경의 위험요소를 발견하고 제거할 수 있는 능력과 재난 발생 시 올바른 대처요령을 지속적이고 반복적으로 교육이 이루어져야 할 것이다.

3 재난 사고 유형과 행동요령

1) 태풍

태풍은 주로 북태평양의 서부인 필리핀 동쪽의 넓은 해상에서 발생하여 북서쪽으로 서서히 세력이 증가하면서 이동하다가 동지나해 부근에 이르면 진로를 바꾸어 북북동 혹은 북동쪽으로 대략 포물선을 그리면서 이동하는 것이 보통이다.

태풍은 매년 그 발생 횟수가 다르지만 평균적으로 일 년에 약 26개 정도가 발생하며 그중 2, 3개 정도가 우리나라에 영향을 미쳐 인명과 재산의 손실을 초래한다.

태풍이 건조한 육지로 상륙하면 점차 쇠약해지지만 이때부터 호우와 폭풍이 위력을 떨치면서 막대한 피해를 주게 된다. 우리나라는 비가 많이 내리는 7, 8월과 태풍 내습기가 겹치기 때문에 피해가 더 크게 나타난다. 때로는 9월에 태풍이 도달하여 피해를 입기도 하며 6월에도 태풍의 통과로 인한 피해를 받기도 한다.

그림 10-1 기상위성에서 관측된 태풍의 모습(좌), 기상레이더에 포착된 눈과 강우대(우)

출처: 기상청.

우리나라에 가장 큰 피해를 입힌 태풍은 바로 2002년 8월 31일 상륙한 태풍 루사이다. 루사라는 이름은 말레이시아 반도에 사는 사슴과의 일종에서 따온 이름으로, 최대 순간 풍속은 초당 39.7m, 중심 최저기압은 970hPa이었다. 루사는 큰비를 수반한 대표적인 태풍으로, 일강수량 부분 역대1위(강릉 870.5mm)를 기록하였으며, 이재민 8만 8천 명, 사망 및 실종 246명, 재산피해 5조 1,419억여 원 등 막대한 피해를 입혔다.

태풍 관련 기상특보 발효기준은 다음과 같다.

표 10-1 태풍 특보기준

명칭	주의보	경보
태풍	태풍으로 인하여 강풍, 풍랑, 호우, 폭풍해일 현상 등이 주의보 기준에 도달할 것으로 예상될 때	태풍으로 인하여 다음 중 어느 하나에 해당하는 경우 ① 강풍(또는 풍랑) 경보기준에 도달할 것으로 예상될 때 ② 총 강우량이 200mm 이상 예상될 때 ③ 폭풍해일 경보 기준에 도달할 것으로 예상될 때

출처: 기상청.

(1) 태풍 시 대처요령

① 태풍 예보 시

- 가정의 하수구나 집 주변의 배수구를 점검하고 막힌 곳을 뚫는다.
- 침수나 산사태가 일어날 위험이 있는 지역에 거주하는 주민은 대피장소와 비상연락방법을 미리 알아둔다.
- 하천 근처에 주차된 자동차는 안전한 곳으로 이동한다.
- 응급약품, 손전등, 식수, 비상식량 등의 생필품은 미리 준비한다.
- 날아갈 위험이 있는 지붕, 간판 등을 단단히 고정한다.

② 태풍의 영향권에 있을 때

- 저지대・상습침수지역 거주 주민은 대피를 준비한다.
- 공사장 근처는 가까이 가지 않는다.
- 전신주, 가로등, 신호등을 손으로 만지거나 가까이 가지 않는다.
- 집 안팎의 전기 수리는 하지 않는다.
- 운전 중일 경우 감속 운행한다.
- 천둥・번개가 칠 경우 건물 안이나 낮은 곳으로 대피한다.
- 간판, 창문 등 날아갈 위험이 있는 물건은 단단히 고정한다.
- 대형, 고층 건물에 거주하는 주민은 유리창에 X자로 테이프를 붙여 파손에 대비한다. 테이프가 없을 때는 임시로 젖은 신문지로 창을 덮어 두면 유리 조각에 의한 피해를 줄일 수 있다.
- 송전철탑이 넘어졌을 경우 119나 시・군・구청 또는 한전에 즉시 연락한 후 접근을 금지시킨다.
- 집안의 창문이나 출입문을 잠가둔다.
- 바람에 날아갈 물건이 집 주변에 있다면 미리 제거한다.
- 노약자나 어린이는 집 밖으로 나가지 않는다.
- 물에 잠긴 도로로 걸어가거나 차량을 운행하지 않는다.
- 대피할 때에는 수도와 가스밸브를 잠그고 전기차단기를 내려둔다.
- 라디오・TV・인터넷을 통해 기상예보 및 호우상황을 잘 알아둔다.

CHAPTER 10

- 정전 발생 시 사용 가능한 손전등을 준비하고 가족 간의 비상연락방법과 대피방법을 미리 의논한다.

2) 호우

호우란 일반적으로 큰비와 같은 뜻으로 사용되며, 특히 단시간에 많은 양이 내리는 비를 가리키는 경우가 많다. 집중호우란 명확한 기준은 없으나 일반적으로 하루 강수량이 연 강수량의 10% 이상일 때를 기준으로 하는 경우가 많다.

우리나라 장마철의 비는 짧은 시간에 맹렬히 쏟아지는 호우이다. 1일 강수량이 300mm를 넘는 경우도 많고, 1시간 동안 100mm를 넘는 집중호우도 곳곳에서 기록되고 있다.

표 10-2 호우 특보기준

구분	기준
호우주의보	6시간 강우량이 70mm 이상 예상되거나 12시간 강우량이 110mm 이상 예상될 때 발령
호우경보	6시간 강우량이 100mm 이상 예상되거나 12시간 강우량이 180mm 이상 예상될 때 발령

출처: 기상청.

(1) 호우 시 대처요령

① 호우주의보 및 경보 시

- 저지대・상습침수지역에 거주하고 있는 주민은 대피를 준비한다.
- 대형공사장, 비탈면 등의 관리인은 안전 상태를 미리 확인한다.
- 가로등이나 신호등 및 고압전선 근처에는 가까이 가지 않는다.
- 집 안팎의 전기 수리는 하지 않는다.
- 공사장 근처에는 가까이 가지 않는다.
- 도로에 있는 차량은 속도를 줄여서 운전한다.
- 천둥・번개가 칠 경우 건물 안이나 낮은 지역으로 대피한다.

- 물에 떠내려갈 위험이 있는 물건은 안전한 장소로 옮긴다.
- 송전철탑이 넘어졌을 경우 119나 시 · 군 · 구청 또는 한전에 즉시 연락한다.
- 감전의 위험이 있으므로 전봇대나 전선에 접촉하거나 위험, 고압이라는 글귀가 보이는 곳에서 떨어진다.
- 건물의 출입문이나 창문을 닫아둔다.
- 아파트 및 고층건물 옥상이나 지하실 및 하수도 맨홀에 가까이 가지 않는다.
- 침수가 예상되는 건물의 지하공간에는 주차를 하지 않고, 지하에 거주하고 있는 주민은 대피한다.
- 노약자나 어린이는 집밖으로 나가지 않는다.
- 라디오 · TV · 인터넷을 통해 기상예보 및 호우상황을 잘 알아 둔다.

3) 낙뢰

낙뢰(혹은 번개)는 대기 아래의 온도 차가 커 공기층이 불안정한 경우 구름 하부의 음전하와 지표면의 양전하가 각각 분리, 축적되고 일정치 이상의 전위차가 생기면 두 전하 간의 격렬한 반응으로 순간적인 대전류가 방전되는 현상이다.

한편 천둥은 구름(양극)과 구름(음극), 구름(음극)과 지표면(양극) 간의 높은 전위차에 의하여 발생하는 뇌방전 시 순간적이고 폭발적인 공기 팽창에 의해 나는 소리이다. 벼락에 직접 맞지 않아도 낙뢰가 떨어진 지점 20m 이내의 사람은 감전 피해가 발생할 수 있으며 낙뢰 전류가 흐르는 물체의 저항이 클수록 피해가 커진다.

(1) 낙뢰 시 대처요령

① 가정

- 외출을 자제한다.
- 전화기나 전기제품의 플러그를 빼어 두고, 전등이나 전기 제품에서 1m 이상의 거리를 유지한다.
- 창문을 닫고, 감전 우려가 있으므로 잠시 샤워나 설거지 등을 하지 않는다.

② 야외

- 평지에서는 몸을 낮게 하고 물이 없는 움푹 파인 곳으로 대피한다.
- 키 큰 나무나 전신주에는 낙뢰가 칠 가능성이 크므로 피한다.
- 골프, 들일, 낚시 중일 때에는 골프채, 농기구, 낚싯대 등을 몸에서 떨어뜨리고 몸을 낮추어 건물이나 낮은 장소로 대피한다.
- 대피할 때에는 다른 사람들과는 5~10m 이상 떨어지되, 무릎을 굽혀 자세를 낮추고 손을 무릎에 놓은 상태에서 앞으로 구부리고 발을 모은다.
- 하천 주변에서의 야외활동을 삼간다.
- 자동차에서는 차를 세우고 라디오 안테나를 내린 채 차안에 그대로 머문다.

4) 해일

해일은 바다에서 발생하는 대단히 긴 주기를 갖는 해양파로서, 해저 지진이나 화산활동에 의해 지층의 수평이동이나 수직이동으로 인하여 발생하는 경우(지진해일 혹은 쓰나미)와 태풍과 같이 심한 바람에 의해 발생하는 경우(태풍해일)로 구분할 수 있는데, 전자는 자연재난 중 지질재난이며 후자는 기후재난으로 해일이라는 모습은 동일하지만 원인은 다를 수 있다.

해일은 만(灣)이나 항구에서 상당한 진동을 발생시켜 해안지역에서의 침수 및 해안구조물에 심한 피해를 준다.

우리나라는 태평양에서 발생되는 해일의 경우 일본이 가로막고 있어 직접적인 피해는 받지 않고 있으나 일본 근해에 해일이 발생할 경우 동해안에서도 큰 피해를 입을 수 있다.

(1) 해일 시 대피요령

① 해일의 대비

- TV나 라디오를 통한 기상상황이나 해일경보 등을 주의 깊게 듣는다.
- 해안 저지대 주민은 대피장소 및 대피방법을 미리 알아둔다.
- 해안에서 진동을 느꼈을 경우나 지진해일 경보를 들었을 경우 즉시 높은 곳으로 대피한다.
- 지진해일 시 먼 바다에서 조업 중인 선박은 귀항하지 말고 대기하며, 항구에 있는 선박도 먼 바다로 안전하게 대피한다.
- 마실 물, 식료품, 손전등, 라디오 등을 준비한다.
- 대피에 대비하여 비상 소지품을 챙겨둔다.
- 집 주변에 있는 물건을 치우거나 고정시켜 둔다.
- 현관문턱, 개구멍 등 물이 들어올 수 있는 곳을 막아둔다.
- 집 주변 하수구가 흙이나 쓰레기로 막혀 있는지 확인하고 제거한다.

- 침수에 대비하여 방이나 거실의 중요한 물건은 높은 곳으로 옮긴다.
- 외출을 하지 않는다.

② 즉시 대피해야 하는 경우

- 기상청의 해일경보, 시·군·구청 또는 소방서의 대피명령이 있을 때 즉시 대피한다.
- 지반의 진동이 있을 때 대피한다.
- 해일이 밀려들 때 대피한다.

③ 미처 대피 못한 경우

- 1층보다는 2층, 2층보다는 3층, 경우에 따라서는 지붕이 안전하니 높은 곳으로 이동한다.
- 목조 주택은 떠내려갈 가능성이 있으니 벽돌이나 철근콘크리트 건물로 이동한다.
- 해안에 가까울수록 위험하므로 해일이 발생하면 해안에서 멀리 떨어진 급경사가 없고 지형이 높은 안전한 곳으로 이동한다.
- 해안에서 멀리 떨어진 곳은 직접적인 파도의 영향이 없으므로 바닥에서 높이가 2~3m만 높아도 비교적 안전하다.
- 지붕이나 옥상 등 안전한 곳으로 대피하고 흰 옷가지 등을 흔들어서 구조를 요청한다.
- 구조대가 도착하기 전에 떠내려갈 위험이 있다면 침착하게 문짝이나 스티로폼 상자 등을 이용하여 빠져나온다.

5) 가뭄 및 폭염

우리나라는 대규모 지하수층의 발달이 빈약하여 지하수 개발은 불리하나 홍수 시 또는 물 부족 시에 중소규모 지하수 개발로 대처할 수 있는 정도의 양은 충분하다. 그러나 이러한 수자원 공급량이 실제 수요량보다 부족하게 되면 가뭄이 발생한다. 1994년의 경우 유례없는 극심한 가뭄이 발생하여 전국적인 용수 공급 및 농작물에 극심한 피해를 주었으며 하천유지 용수의 부족 등으로 식수원이 오염되는 등 큰 피해를 입었다.

표 10-3 단계별 가뭄 상황 및 국민행동요령

구분		가뭄 상황	국민행동요령
농업용수	주의	영농기(4~10월)에 저수지 저수율이 평년의 60% 이하 또는 비영농기(11월~익년 3월)에는 저수지 저수량이 다가오는 영농기 모내기 용수공급에 물 부족이 예상되는 경우	• 물을 끌어올 수 있는 시설(수로)이나 물을 퍼올릴 수 있는 장비(양수기), 호스 등 점검·정비 • 배수로·하천의 퇴수, 양수 • 용수 절약
	심함	영농기(4~10월)에 저수지 저수율이 평년의 50% 이하인 상황에서 가뭄 피해가 발생하였거나 예상되는 경우	• 주의 단계의 국민행동요령 준수 • 농업용수 확보가 원활하지 않아 가뭄이 우려되는 지역에서는 관정·우물 등 용수원 개발
	매우 심함	영농기(4~10월)에 저수지 저수율이 평년의 40% 이하인 상황에서 대규모 가뭄 피해가 발생하거나 예상되는 경우	• 심함 단계의 국민행동요령 준수 • 지하수, 주변 하천수 등 이용 가능한 물을 끌어와 급수하기
생활 및 공업용수	주의	수자원 시설 및 하천에서 생활 및 공업용수 확보를 위해 하천유지용수 공급 제한이 필요한 경우	• 낭비되는 물이 없는지 점검하기 • 가정, 학교 등에서 물 절약 실천하기
	심함	수자원 시설 및 하천에서 생활 및 공업용수 확보에 일부 제약이 발생하였거나 우려되어 하천유지용수 및 농업용수 공급 제한이 필요한 경우	• 절수용품 설치하기 • 빗물 및 재활용수 이용하기
	매우 심함	수자원 시설 및 하천에서 생활 및 공업용수 공급 제한이 불가피한 경우	• 국가 가뭄대응 단계별 대응요령에 적극 동참하기(제한급수 등)

출처: 국민안전처.

(1) 가뭄 및 폭염 시 대처요령

① 가뭄 시 대처요령

- 가정에서는 식기류 세척·세수·샤워 시 물을 받아 사용한다.
- 가정에서 세탁할 때에는 빨래를 한꺼번에 모아서 한다.
- 식당 등 물을 많이 사용하는 업소는 물을 적게 사용하는 방법으로 영업한다.

- 정원이나 꽃밭에는 한 번 사용한 허드렛물을 재활용한다.
- 개인소유의 우물은 공동으로 이용한다.

② 폭염 시 대처요령

- 라디오나 TV의 무더위 관련 기상상황에 매일 주목한다.
- 정전에 대비 손전등, 비상 식음료, 부채, 휴대용 라디오 등을 미리 확인한다.
- 집에서 가까운 병원의 연락처를 확인하고 열사병 등 증상을 체크한다.
- 단수에 대비하여 생수를 준비하고 생활용수는 욕조에 미리 받아둔다.
- 변압기의 점검으로 과부하에 사전 대비한다.
- 창문에 커튼이나 천 등을 이용, 집안으로 들어오는 직사광선을 최대한 차단하고 맞바람이 불도록 환기한다.
- 차량의 장거리 운행계획이 있다면 도로의 변형 등으로 교통사고 등이 발생할 수 있으므로 신중히 검토한다.
- 12시~오후 5시 사이에는 야외활동을 금지하도록 한다.
- 거동이 불편한 고령, 독거노인, 신체허약자, 환자 등은 외출을 금하고, 가족 및 친척, 이웃이 수시로 상태를 점검해야 한다.

표 10-4 폭염 발령기준

폭염주의보	폭염경보
일 최고 기온이 33℃ 이상인 상태가 2일 이상 지속될 것으로 예상될 때 발령	일 최고 기온이 35℃ 이상인 상태가 2일 이상 지속될 것으로 예상될 때 발령

출처: 국민안전처.

6) 대설

우리나라의 대설은 겨울철 시베리아 대륙에서 확장하는 찬 대륙성 고기압의 세력이 호남지방과 동해상으로 확장할 때 상대적으로 서해상 저기압으로부터 남서기류에 의하여 따뜻하고 다습한 공기가 계속 다량 유입됨에 따라 발생한다.

특히 영동지방은 태백산맥을 넘는 습윤 공기와 동해에 위치한 찬 북동기류가 만나 대설의 원인이 된다.

(1) 대설 시 대처요령

① 보행자

- 가급적 외출을 자제한다.
- 외출 시에는 미끄러지지 않도록 바닥면이 넓은 운동화나 등산화를 착용한다.
- 미끄러운 눈길을 걸을 때에는 주머니에 손을 넣지 않는다.
- 걸어가는 중에는 휴대전화 통화를 삼간다.
- 계단을 오르내릴 때에는 난간을 잡고 다닌다.
- 야간보행은 매우 위험하므로 조속히 귀가한다.
- 차도로 나와서 차량에 승차하여 타 차량의 주행을 방해하지 않는다.

② 가정

- 내 집 앞, 내 점포 앞 도로의 눈은 내가 치운다.
- 내 집 주변 빙판길에는 염화칼슘이나 모래 등을 뿌려서 미끄럼 사고를 예방한다.
- 어린이 및 노약자는 외출을 삼간다.
- 30cm 이상 적설 시 차량, 대문, 지붕 및 옥상 위의 눈을 치운다.
- 노후가옥은 안전점검을 실시하여 붕괴사고를 예방한다.
- 고립지역은 비상연락체계를 유지한다.

7) 황사

주로 중국 북부나 몽골의 건조한 황토 지대에서 바람에 날려 올라간 미세한 모래와 황토 먼지가 대기 중에 퍼져서 하늘을 덮었다가 서서히 내려오는 현상 또는 내려오는 흙먼지를 말한다. 3~5월에 많이 발생하며 강한 서풍을 타고 우리나라를 거쳐 날아간다. 황사의 크기는 발원지에 따라 크기가 다르나 20㎛보다 큰 입자는 구르거나 부근에 떨어지고, 그 이하는 부유하여 대기권까지 올라간다.

우리나라에서 관측된 황사의 크기는 1~10㎛ 정도이다.

황사가 발원지로부터 우리나라까지 오는 데 걸리는 시간과 이동 고도는 중국 북부 사막지대에서는 3~5일 소요되고 이동 고도는 1~5km, 황토지대에서는 2~4일 소요되고 이동 고도는 1~4km, 만주지대에서는 0.5~3일 소요되고 이동 고도는 1~3km이다.

기상청에서는 황사로 인해 1시간 평균 미세먼지농도(PM10)가 800㎍/㎥ 이상이 2시간 이상 지속될 것으로 예상될 때 '황사경보'를 발표하고 있다.

(1) 황사 시 대처요령

황사는 알레르기성 결막염, 비염, 기관지 천식 등을 유발하므로 준비를 철저히 하여 황사로 인한 질환을 예방할 수 있도록 해야 한다.

① 가정

- 창문을 닫고 노약자, 호흡기 질환자 등은 실외활동을 삼간다.
- 가능한 한 외출을 삼가고, 외출 시에는 보호안경, 마스크, 긴소매 의복을 착용한다.
- 외출 후에는 손발을 깨끗이 씻고 양치질을 한다.
- 물을 자주 마시고 공기정화기와 가습기를 사용하여 실내 공기를 쾌적하게 한다.
- 황사에 노출된 농수산물은 충분히 세척한 후 요리한다.
- 황사가 지난 후에는 실내 환기를 철저히 하고 황사에 오염된 물품을 충분히 세척한 후 사용한다.

② 학교

- 유치원생과 초등학생들의 실외 활동을 중지하고 경보 시 수업단축 또는 휴업을 실시한다.
- 실외 활동, 운동경기 등을 중지하거나 연기한다.

8) 지진

지진은 지구 내부, 특히 지각에서 장시간 축척된 에너지가 순간적으로 방출되면서 그 에너지의 일부가 지진파의 형태로 지표면까지 도달하여 지반이 흔들리는 자연현상을 말한다.

땅속에서 지진이 발생한 장소, 즉 지진을 일으키는 에너지가 발생한 지점을 '진원'이라고 하고, 진원에서 지표면으로 수직으로 연결된 지점을 '진앙'이라고 한다. 일반적으로 진앙은 진원에서 가장 가까운 지표이기 때문에 지진이 발생했을 때 가장 큰 피해를 입는 곳이다. 지진의 종류에는 급격한 단층운동에 의한 단층지진, 화산활동에 의한 화산지진, 지반의 함몰에 의한 함락지진 등이 있다.

우리나라에서도 2016년 경주에서 규모 5.8의 지진이 발생하였고, 2017년에는 규모 5.4의 지진이 포항에서 발생해 역대 가장 많은 피해를 남기기도 하였다. 일본과 환태평양 조산대에 위치한 나라들만큼 강한 지진은 일어나지는 않았다. 하지만 우리나라도 규모 7~8 정도의 지진은 언제든 일어날 가능성이 있는 만큼 건물을 지을 때 내진 설계를 한다거나 집안 가구 등을 고정하여 2차 피해를 예방하는 등의 준비가 필요하며, 평소 지진 발생 시 대처요령을 숙지하고, 반복적인 훈련 또한 필요하다.

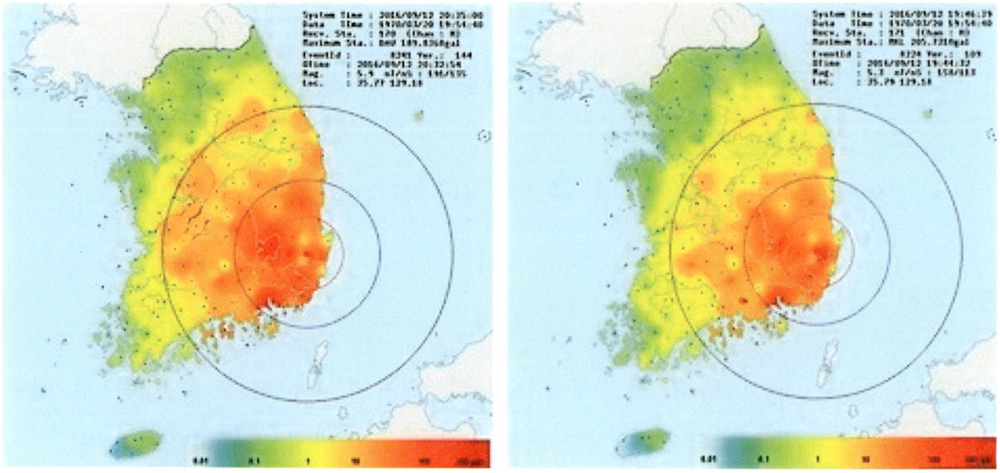

그림 10-2 경주지진(2016) 발생 시 지진발생 위치 및 진도분포도

출처: 기상청.

표 10-5 지진규모별 순위

No.	규모 (Ml)	발생연월일	진원시	진앙(Epicenter)		
				위도(° N)	경도(° E)	발생지역
1	5.8	2016. 9.12.	20 : 32 : 54	35.76	129.19	경북 경주시 남남서쪽 8.7km 지역
2	5.4	2017.11.15.	14 : 29 : 31	36.11	129.37	경북 포항시 북구 북쪽 8km 지역
3	5.3	1980. 1. 8.	08 : 44 : 13	40.2	125.0	평북 서부 의주-삭주-귀성 지역 (북한 평안북도 삭주 남남서쪽 20km 지역)
4	5.2	2004. 5.29.	19 : 14 : 24	36.8	130.2	경북 울진군 동남동쪽 74km 해역
4	5.2	1978. 9.16.	02 : 07 : 06	36.6	127.9	충북 속리산 부근지역 (경북 상주시 북서쪽 32km 지역)
6	5.1	2016. 9.12.	19 : 44 : 32	35.77	129.19	경북 경주시 남남서쪽 8.2km 지역
6	5.1	2014. 4. 1.	04 : 48 : 35	36.95	124.50	충남 태안군 서격렬비도 서북서쪽 100km 해역
8	5.0	2016. 7. 5.	20 : 33 : 03	35.51	129.99	울산 동구 동쪽 52km 해역
8	5.0	2003. 3.30.	20 : 10 : 53	37.8	123.7	인천 백령도 서남서쪽 88km 해역
8	5.0	1978.10. 7.	18 : 19 : 52	36.6	126.7	충남 홍성군 동쪽 3km 지역
11	4.9	2013. 5.18.	07 : 02 : 24	37.68	124.63	인천 백령도 남쪽 31km 해역

(계속)

11	4.9	2013. 4.21.	08 : 21 : 27	35.16	124.56	전남 신안군 흑산면 북서쪽 101km 해역
11	4.9	2003. 3.23.	05 : 38 : 41	35.0	124.6	전남 신안군 흑산면 서북서쪽 88km 해역
11	4.9	1994. 7.26.	02 : 41 : 46	34.9	124.1	전남 신안군 흑산면 서북서쪽 128km 해역

출처: 기상청.

(1) 지진 시 대처요령

① 지진 발생 중 대처요령

- 진동이 진행되고 있을 때에는 질서를 유지하면서 위치한 장소에 그대로 머무른다.
- 건물 내부에서는 파손되거나 넘어지기 쉬운 물건 주위를 피하고 견고한 탁자 밑이나 화장실로 대피한다. 대피할 때에는 유리파편 등을 조심한다.
- 문틀이 틀어져 문이 안 열리게 되어 방안에 갇힐 수 있으므로 문을 열어 둔다.
- 거리에서 심한 진동이 오면 자세를 낮추고 진동이 멈출 때까지 잠시 그 자리에 머물러 있고 건물·가로등·전선에 접근하지 않는다.
- 고층빌딩 안에 있는 경우, 창문으로부터 떨어진 견고한 책상 아래로 대피한다.
- 번화가에서는 떨어지는 물체가 위험하므로 갖고 있는 소지품으로 머리를 보호하면서 건물과 떨어진 넓은 장소나 대형건물 안으로 대피한다.
- 많은 사람이 모여 있는 곳에서는 출입구로 몰려가면 안전사고가 발생하여 더 큰 피해를 입을 수 있으므로 헬멧, 책가방, 방석 등으로 머리를 보호하고 떨어지거나 넘어질 수 있는 물건을 멀리하면서 진동이 멈출 때를 기다려 대피한다.
- 대피하지 않은 사람들은 건물 내 안전한 장소에 함께 머무르고 정전되거나 화재경보기나 스프링클러가 작동할 수 있다는 것을 기억한다.

- 이동 중인 차량은 빨리 건물, 나무, 고가도로 전선 아래, 주변의 정지된 차 등을 피해 멈추고 침착하게 차량 밖으로 탈출한다.
- 지진이나 불이 났을 때에는 엘리베이터를 이용하지 않는다.
- 엘리베이터에 타고 있을 때 지진을 느끼면 즉시 각 층의 버튼을 전부 눌러서 엘리베이터를 정지시킨 후 신속히 대피한다.
- 엘리베이터에 갇히면 휴대전화로 119신고를 하거나 인터폰으로 관리실에 구조요청을 한 후 침착하게 구조를 기다린다.

표 10-6 지진규모와 진도에 따른 피해정도

리히터 규모	수정 메르칼리 진도	피해 상황
3.4 이하	Ⅰ	인체 감지 어렵고, 지진계로만 알 수 있음
3.5~4.2	Ⅱ, Ⅲ	일부 사람만이 감지
4.3~4.8	Ⅳ	많은 사람들이 진동을 느끼며, 창문이 흔들림
4.9~5.4	Ⅴ	모두가 진동을 느끼며, 그릇과 창문이 깨짐
5.5~6.1	Ⅵ, Ⅶ	경미한 건물의 피해: 건물 벽에 균열이 생김
6.2~6.9	Ⅷ, Ⅸ	상당한 건물의 피해: 일반 건축물·특수 설계 건축물 붕괴, 굴뚝이 무너짐
7.0~7.3	Ⅹ	심한 건물의 피해: 교량이 뒤틀리고 벽이 파괴됨
7.4~7.9	Ⅺ	대규모 피해: 거의 모든 건축물 파괴, 철로 휘어짐
8.0 이상	Ⅻ	완전 파괴: 육안으로 지표면상에서 파동이 보이며, 물체가 공중으로 날아감

출처: 기상청.

그림 10-3 지진 발생 시 장소별 행동요령

출처: 국민안전처.

CHAPTER 10

그림 10-4 지진 발생 시 상황별 행동요령

출처: 국민안전처.

CHAPTER 11 응급처치

다수의 영유아들이 머물고 있는 영유아 교육기관의 교사는 영유아들이 사고로부터 안전할 수 있도록 항상 주의를 기울여야 한다. 하지만 영유아기의 아동들은 신체적 발달이 미성숙하고 판단능력이 부족하여 예기치 못한 사고의 발생 가능성이 매우 높고, 사고가 발생했을 때 교사의 대처는 매우 중요하다. 따라서 교사는 평소 응급처치에 대한 전문적 지식을 바탕으로 충분한 훈련을 통해 상황 발생 시 올바른 대처를 할 수 있어야 한다.

1 응급처치의 개념

응급처치란 예기치 않았던 때나 장소에서 일어나 외상·병에 대해 긴급히 그 장소에서 행하는 간단한 치료를 의미한다. 유아교육기관에서의 응급상황은 그 누구도 예측할 수가 없다. 예기치 못한 응급상황이 발생했을 때 종사자 중 누구라도 신속하고 정확한 행동 여부에 따라 영유아의 회복기간을 단축시킬 수도 있고, 생명을 살릴 수도 있으며, 반대로 생명을 잃거나, 영구적인 장애를 가지고 살게 될 수도 있다. 따라서 영유아기의 아동과 함께하는 부모와 교사는 응급상황에 대처할 수 있는 능력을 가질 수 있도록 응급처치에 대한 정확한 지식과 기술을 습득하고, 반복적인 교육과 훈련을 통해 언제든 올바른 응급처치를 할 수 있도록 해야 할 것이다.

응급처치의 목적은 첫째, 환자의 생명을 구하고 유지하며, 둘째, 질병이나 손상이 더욱 악화되는 것을 방지하고, 셋째, 통풍을 경감시키며, 넷째, 환자를 가치 있는 한 인간으로서 의미 있는 삶을 영위할 수 있도록 회복시키는 데 있다.

2 영유아 응급상황에 대한 사전준비

영유아에게 응급상황이 발생했을 때 신속하고 정확하게 대처하기 위하여 영유아 교육기관에서는 평소 다음과 같은 사전준비가 필요하다.

① 응급상황에 대비한 역할 분담과 매뉴얼을 준비한다. 사고가 발생할 경우, 사전에 역할 분담된 매뉴얼을 토대로 교사가 움직인다면, 신속하게 대처할 수 있다. 교사는 각자의 역할을 제대로 수행할 수 있도록 사전 훈련을 통해 응급처치에 대한 능력을 키워나가야 한다. 또한 매뉴얼은 상황별, 시간대별로 구체적이며 정확하게 작성되어야 한다.

② 응급상황이 발생할 경우 도움을 요청할 곳의 연락처와 신고매뉴얼을 비치하여 신속히 대응할 수 있도록 한다. 인근 병원이나 구급차를 부를 수 있는 전화번호, 학부모의 연락처, 신고 시 알려주어야 할 사항(장소, 환자수, 환자의 상태 등) 등을 전화기 또는 교실에 잘 보이는 곳에 붙여 놓고 신속히 신고할 수 있어야 한다.

③ 응급상황이나 안전사고 발생 시 응급처치법을 알아두고, 상황에 따라 참고할 수 있는 응급처치 매뉴얼을 제작하여 쉽게 찾을 수 있는 곳에 비치해둔다. 모든 교직원은 매뉴얼의 내용을 충분히 숙지하여야 한다.

④ 응급상황이나 안전사고 발생 시 사용할 수 있는 상비의약품과 기구를 항상 준비하고 관리한다. 상비의약품은 영유아의 손이 닿지 않는 잠금장치가 있는 곳에 보관하고 정기적으로 의약품의 유통기한을 확인하여 폐기 또는 보충하도록 한다. 야외활동 시에는 이에 필요한 휴대용 구급상자를 준비해 두면 손쉽게 활용할 수 있다.

표 11-1 구급상자에 갖추어야 할 내용물

의료용재료	바르는 약(외용제)	주의사항
붕대, 거즈, 소독솜, 삼각붕대, 탄력붕대, 칼, 가위, 핀셋, 족집게, 반창고, 일회용 장갑, 일회용 반창고, 부목류 등	과산화수소수, 베타딘, 항생제 외용연고, 근육용 마사지 연고, 화상용 바셀린 거즈, 관장약, 생리식염수, 벌레 물린 데 바르는 연고, 칼라민 로션	※ 보육시설에서의 의약품 사용은 반드시 전문의사의 진료와 처방에 의해 이루어지도록 해야 한다.

출처: 중앙보육정보센터(2009). 보육시설 응급처치 매뉴얼.

⑤ 응급처치에 필요한 아동의 개인정보를 미리 수집하여 기록하고 보관하기 위해 응급상황에 필요한 부모의 동의서를 미리 받고 관리해야 한다. 비상연락처 및 응급처치동의서는 응급상황에 필요한 다른 서류들과 함께 손쉽게 볼 수 있는 곳에 보관하고, 야외활동 시에도 반드시 챙겨 나가야 한다.

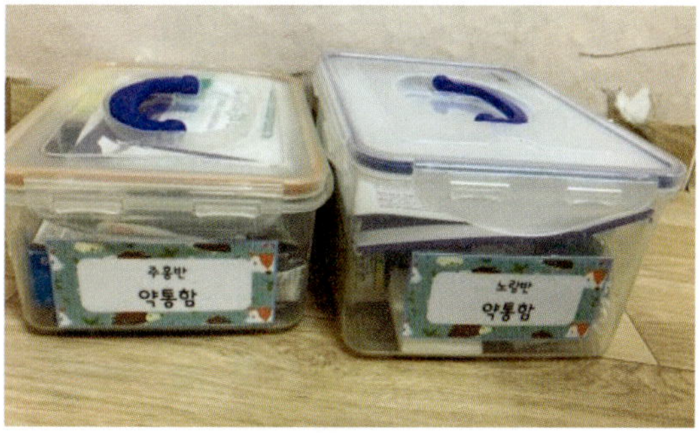

그림 11-1 구급함

CHAPTER 11

표 11-2 응급처치동의서

반이름		생년월일	
성　별	남　　여	성　명	

어린이집에서 다음의 절차에 따라 응급처치를 하는 경우, 그 권한을 귀 어린이집에 위임할 것을 동의합니다.

20　　.　　.

부 모 : ○　○　○ (서명 또는 인)

〈 응급처치 절차 〉

1. 사고 발생 시 가장 먼저 부모님께 연락합니다.

(시간/기간)　　(전화번호)

어머니와는 ________ 동안에 ______________로 연락됩니다.

________ 동안에 ______________로 연락됩니다.

아버지와는 ________ 동안에 ______________로 연락됩니다.

________ 동안에 ______________로 연락됩니다.

2. 부모님과 신속하게 연락되지 않을 경우, 부모님이 정해주신 다음의 연락처로 연락드립니다.

(이름)　　(전화번호)

① __________ 는 ______________ 로 연락할 수 있습니다.

아동과의 관계 ____________

② __________ 는 ______________ 로 연락할 수 있습니다.

아동과의 관계 ____________

3. 필요한 경우 119 구조대에 연락할 것이며 (어린이집에서 지정하는 의료기관이나, 부모님이 정하신 ______________ 의료기관)으로 응급수송할 것입니다.

4. 의료기관 수송 후에는 다음의 의료보험 관련 정보를 주어 신속하게 치료받을 수 있도록 합니다.

의료보험 종류 ______________

번호 ______________

기관 ______________

출처: 보건복지부(2020). 보육사업안내 부록.

3 응급처치의 기본원칙

인간은 살아가면서 여러 가지 응급상황이나 사고를 경험하게 된다. 응급상황이 발생하면 인간은 누구나 당황하게 되고 이성적인 판단을 하기가 어려워진다. 부모와 교사는 영유아에게 이러한 응급상황이 발생했을 때 당황하지 않는 것이 매우 중요하다. 만약 교사가 당황하게 되면 교사가 맡고 있는 모든 영유아들이 당황하고 불안해져 추가 사고로 이어질 수도 있기 때문이다. 응급처치의 매뉴얼에 따라 신속하고 정확하게 대처하는 것이 바람직하다. 응급처치의 기본원칙은 다음과 같다.

1) 침착하고 신속하게 사고 상황을 파악한다.

교사는 안전사고를 목격하게 되면, 사고 현장이 안전한지에 대한 판단을 가장 먼저 해야 한다. 안전이 확보되지 못한 곳이라면, 다친 영유아를 안전한 장소로 신속히 옮기고, 사고 현장이 안전하다고 판단이 되면, 다친 영유아를 함부로 옮기지 않는다.

표 11-3 즉각적인 의료조치가 필요한 경우

- 4개월 이하 영아가 38도 이상의 열이 있을 때
- 4개월 이상의 영아에게서 40도 이상의 열이 있을 때
- 4개월 이하의 영아가 먹은 후 2회 이상 토할 때
- 매우 아파 보이거나 점점 심해진다고 판단될 때
- 머리를 움직이거나 만지면 목이 아프다고 할 때
- 처음으로 경기할 때
- 목 강직이나 심한 두통이 있을 때
- 양쪽 눈동자 크기가 다를 때
- 두드러기가 매우 빠르게 퍼질 때
- 빠르게 숨을 쉬거나 숨쉬기 힘들어서 놀지 못할 때
- 배를 움켜잡고 소리를 지를 정도로 심하게 배가 아플 때

- 최근에 배를 다치거나 사고를 입은 후에 구토나 설사 없이 배가 아프다고 할 때
- 검은색 변을 보거나 피가 섞인 변을 볼 때
- 8시간 이상 소변을 보지 않고 있거나 혀가 말라 있을 때
- 머리를 다친 후 코나 귀에서 맑은 분비물이 계속 흐를 때

출처: 중앙보육정보센터, 2009. 보육시설 응급처치 매뉴얼.

2) 의식상태, 맥박, 호흡 유무를 조사한다.

영유아의 의식상태, 맥박, 호흡에 문제가 발생한다면 즉각적인 응급처치가 시행되어야 하는 위급상황이므로, 교사는 가장 먼저 영유아의 의식이 있는지, 맥박은 뛰는지, 숨을 정상적으로 쉬는지를 가장 먼저 확인해야 한다.

3) 출혈 정도를 관찰한다.

영유아의 몸 전체를 살펴 출혈이 있는지 점검해야 한다. 출혈이 심한 경우에는 짧은 시간 내에 상태가 악화될 수 있으므로 119구조대에 신속히 신고하고, 상처부위를 지혈해주어야 한다.

4) 응급처치와 동시에 구조를 요청한다.

사고 아동에 대한 응급처치를 진행하면서 간단하게 처치할 수 없는 경우에는 119에 신고하여야 한다. 119신고는 다음 4단계에 따라 진행한다.

① 119에 즉시 신고한다.

② 전화상담원에게 필수적인 정보를 주고, 전화상담원의 질문에 정확히 답변한다.

③ 전화상담원이 전화를 끊을 때까지 전화를 끊지 않는다. 이는 전화상담원이 환자를 처치하는 최상의 방법을 말해 줄 수도 있기 때문이다.

④ 전화를 걸고 난 후 즉시 환자에게 처치를 계속한다.

119에 신고를 할 때 전화상담원에게 아래와 같은 사항을 설명해야 한다.

① 전화 거는 사람의 이름
② 무슨 일이 일어났는지?
③ 얼마나 많은 사람이 다쳤는지?
④ 환자의 부상 상태는 어떠한지?
⑤ 응급상황이 발생한 정확한 장소(주소, 근처 지형과 건물이름 등)

5) 부모에게 연락한다.

사고 직후 신속하게 부모에게 연락하여 사고 상황을 빠짐없이 정확하게 알려주어야 한다. 교사는 부모가 도착할 때까지 영유아의 보호와 응급처치에 노력해야 한다.

6) 사고 보고서를 작성한다.

영유아 교육기관에서는 모든 안전사고에 대한 사고 보고서를 반드시 작성하고 이를 토대로 동종사고의 예방에 활용하며 원장은 사고발생 24시간 이내에 사고보고서를 작성하여 시장・군수・구청장에게 보고하여야 하며, 중대사고(중상 이상의 안전사고, 감염병 및 식중독 등 집단질병, 화재・침수・붕괴 등 재난사고 등)는 사고발생 즉시 보고(즉시 유선보고 후 24시간 이내 서식에 의한 보고)하여야 한다.

표 11-4 영유아 사고보고서

어린이집명 (유형)	( ) *전담지정종류 포함		인가일	최초 : 년 월 일 변경 : 년 월 일	
주 소			연락처		
어린이집 현황	정원( )명, 현원( )명, 보육교직원( )명				
반별 현황	0세반( )명 1세반( )명 2세반( )명 3세반( )명 4세반( )명 5세반( )명 시간제( )명 방과후( )명 야간연장( )명 24시간( )명				
사고아동명		성별	남 여	생년월일	년 월 일
사고일자	년 월 일	목격자명		사고시간	오전/오후
사고 당시 원장 및 담임교사 근무상황					
부모연락사항					
연락시간	오전/오후	119신고여부	□ 안 함 □ 신고함 (오전/오후 시)		
사고발생 장소	□ 수송 중 □ 견학중 □ 실외놀이장 □ 실내놀이실 □ 화장실 □ 복도 □ 주방 □ 대근육활동실(유희실) □ 교사실 □ 식당 □ 계단 □ 기타( )				
사고당시 활동내용	□ 목욕 및 배변시간 □ 교실활동 □ 계단 오르내리기 □ 실내자유놀이 □ 점심/간식/수유시간 □ 실외자유놀이 □ 계획된 실외놀이 □ 놀이시설 설비 □ 물놀이 □ 견학 □ 낮잠 □ 기타( )				
상해를 입은 시설 설비	□ 오르기 시설 □ 평균대 □ 크롤(기어나가는 시설) □ 장애설비 □ 현관문/교실문 □ 실외고정물 □ 회전대 □ 놀이집 □ 시소 □ 미끄럼틀 □ 그네 □ 바퀴 달린 탈 것 □ 바퀴 달린 장난감 □ 잘 모르겠음 □ 기타( )				
상해의 유형	□ 화상 □ 쇼크/질식 □ 추락/강타 □ 물체에 끼임 □ 찢어짐 □ 뼈가 부러지거나 탈구 □ 압박, 눌림 □ 베임 □ 찰과상(벗겨짐) □ 삠 □ 물림 □ 찔림 □ 식중독 □ 기타 중독 □ 호흡곤란 □ 기타( )				

<table>
<tr><td colspan="2">상해를 입은 다른 아동이 있는가 ?</td><td colspan="2">☐ 예 ☐ 아니오</td></tr>
<tr><td>사고원인</td><td colspan="3">☐ 바닥으로 떨어짐 : 떨어진 높이 약 m
바닥의 형태 :
☐ 뛰거나 발을 헛디뎌 넘어짐 ☐ 다른 유아에게 물림
☐ 다른 유아에게 맞거나 밀림 ☐ 바퀴 달린 탈것(인라인스케이트 등)
☐ 물체에 의해 다침 ☐ 음식물에 의한 질식
☐ 곤충에 물리거나 쏘임 ☐ 동물에게 물림
☐ 열, 추위에 노출 ☐ 기타( )</td></tr>
<tr><td>다친 부위
(좌, 우 표시)</td><td colspan="3">☐ 머리 ☐ 눈(좌, 우) ☐ 귀(좌, 우)
☐ 코 ☐ 입 ☐ 목
☐ 가슴 ☐ 등 ☐ 엉덩이(좌, 우)
☐ 생식기 ☐ 팔(좌, 우) ☐ 손(좌, 우)
☐ 다리(좌, 우) ☐ 발(좌, 우)</td></tr>
<tr><td>사고 관련
특이사항</td><td colspan="3"></td></tr>
<tr><td colspan="4">보육기관에서 행해진 응급처치(상술 예 : 압박붕대, 세척, 붕대, 위로 등)</td></tr>
<tr><td colspan="4"></td></tr>
<tr><td colspan="4">상해·배상보험 가입 현황</td></tr>
<tr><td colspan="4">☐ 상해 ☐ 배상 ☐ 기타( ) 보험금 최고한도 인당( )만 원 건당( )만 원</td></tr>
<tr><td>응급처치자</td><td></td><td>의료기관 진료여부</td><td>☐ 안 함 ☐ 함</td></tr>
<tr><td>의료기관 진료를
한 경우</td><td colspan="3">☐ 외래 진료를 받음(예 : 진료실, 응급실)
☐ 입원(시간/일)</td></tr>
<tr><td colspan="2">기타 사후처리 상황
(경찰조사, 피해합의 등)</td><td colspan="2"></td></tr>
<tr><td colspan="2">사고아동 보호(치료)를 위한 추후 계획</td><td colspan="2"></td></tr>
<tr><td colspan="2">재발방지를 위한 조치사항</td><td colspan="2"></td></tr>
<tr><td>직원 서명</td><td colspan="3">(인) 날짜 : . . 오전/오후</td></tr>
<tr><td>부모 서명</td><td colspan="3">(인) 날짜 : . . 오전/오후</td></tr>
</table>

출처: 보건복지부(2020). 보육사업안내 부록.

CHAPTER 11

4 응급처치의 실제

1) 심폐소생술

심폐소생술(Cardiopulmonary resuscitation, CPR)이란 예기치 못한 사고나 심정지로 심장과 폐의 활동이 멈추어 호흡이 정지되었을 경우에 실시하는 응급처치이다. 인간의 뇌세포는 약 4~5분 이상 산소공급이 되지 않으면 심각한 뇌손상을 입을 수 있다. 따라서 영구적인 뇌손상을 방지하기 위해서는 신속하고 정확하게 심정지 4분 이내 심폐소생술을 실시하는 것이 가장 중요하다. 따라서 부모와 교사는 영유아에게 발생할 수 있는 응급상황에 대비하여 평소 반복적인 훈련을 통해 만약의 상황에 대비할 수 있는 능력을 갖추어야 한다.

(1) 영아 심폐소생술(출생~12개월까지)

① 의식 유무확인

영아가 의식을 잃고 쓰러져 있다면 발바닥을 간질이거나 자극을 주어 의식을 확인하고, 귀를 코와 입 사이에 가져다 대어 호흡을 느끼고, 가슴을 바라보며 심장을 확인한다.

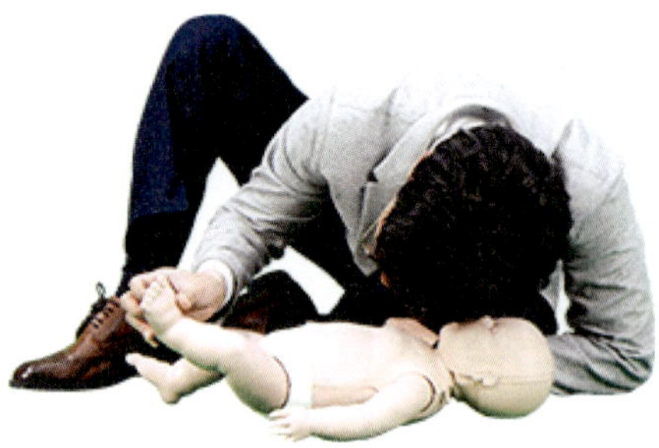

② 구조요청

영아가 무반응시(무호흡, 무의식, 심정지) 주위에 한 명을 정확히 지목하여 신고를 요청하고 심폐소생술을 실시한다.

③ 흉부압박 위치 찾기

흉부압박점(흉부의 정중앙)에서 손가락 한 마디 아래쪽을 두 손가락으로 압박한다.

④ 흉부압박

분당 최소 100회(100~120회)의 속도로 압박 깊이 4cm로 30회 압박을 실시한다.

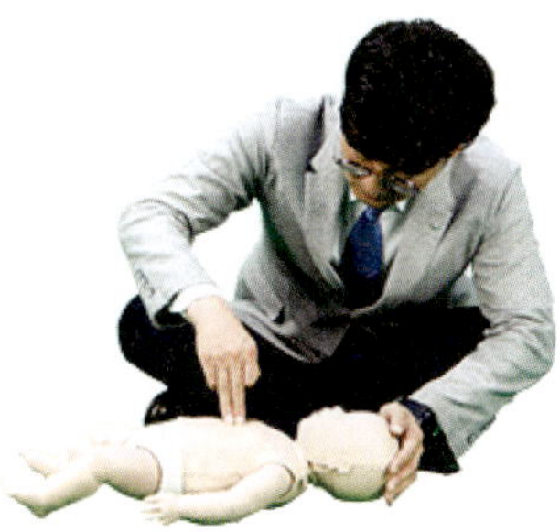

⑤ 기도 열기

턱을 위쪽으로 들어 올려 기도를 확보한다.

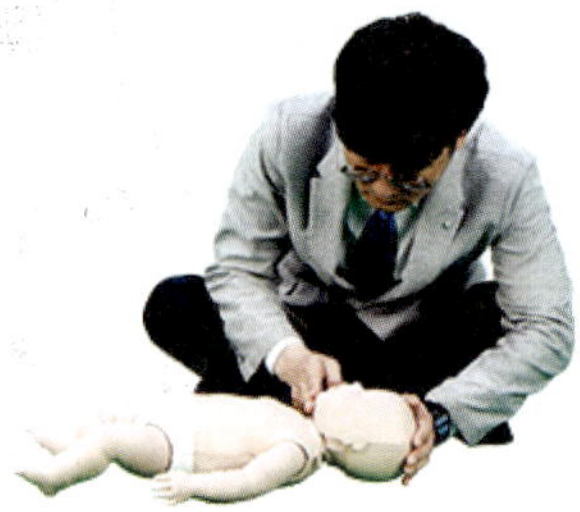

⑥ 인공호흡

구조자의 입으로 환자의 코와 입을 완전히 덮은 다음 1초 동안 가슴이 올라갈 정도로 숨을 불어넣고 1초 동안 가슴이 올라오는지 확인한다. 호흡은 2회 실시한다.

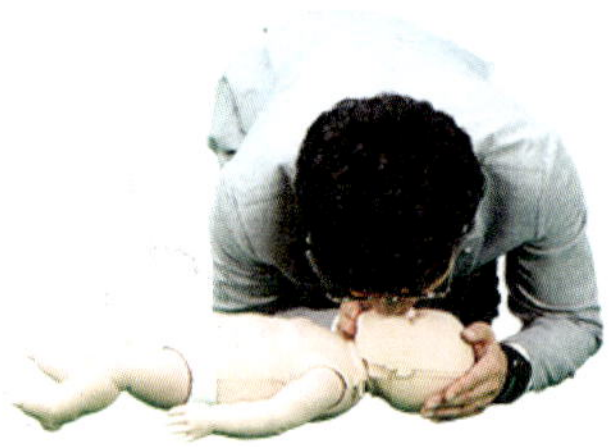

⑦ 흉부압박과 호흡반복

압박과 호흡을 30:2 비율로 환자가 움직이거나 구급대원, 전문 의료인이 도착할 때까지 계속 실시한다. 인공호흡을 할 수 없는 경우 흉부압박만 반복해서 실시한다.

(2) 유아 심폐소생술(12개월 초과~8세 미만)

① 의식 유무확인

유아가 의식을 잃고 쓰러져 있다면 양손으로 어깨를 가볍게 두드리고 큰소리로 외쳐 의식을 확인하고, 귀를 코와 입 사이에 가져다 대어 호흡을 느끼고, 가슴을 바라보며 심장을 확인한다.

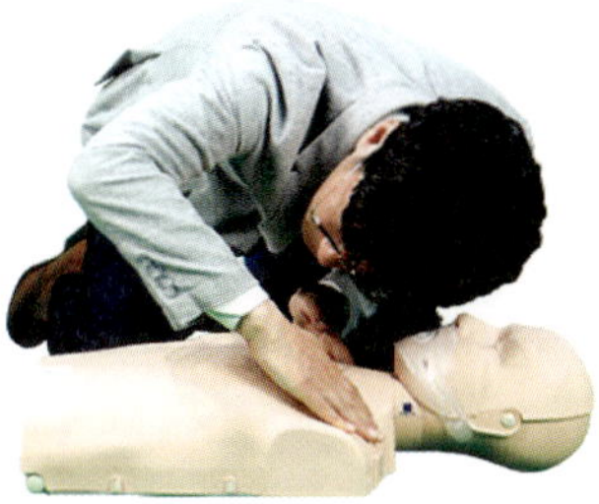

② **구조요청**

유아가 무반응 시(무호흡, 무의식, 심정지) 주위에 한 명을 정확히 지목하여 신고를 요청하고 심폐소생술을 실시한다.

③ **흉부압박 위치 찾기**

흉부압박점(흉부의 정중앙)에 한 손바닥의 손꿈치를 대고 압박을 실시한다.

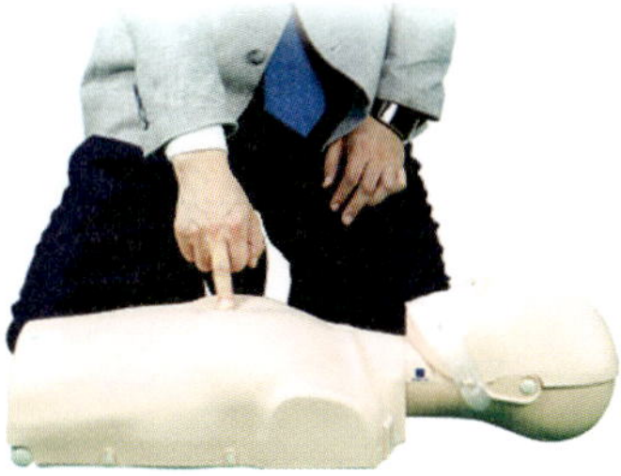

④ **흉부압박**

팔꿈치를 굽히지 말고 분당 최소 100회(100~120회)의 속도로 압박 깊이 5cm로 30회 압박을 실시한다.

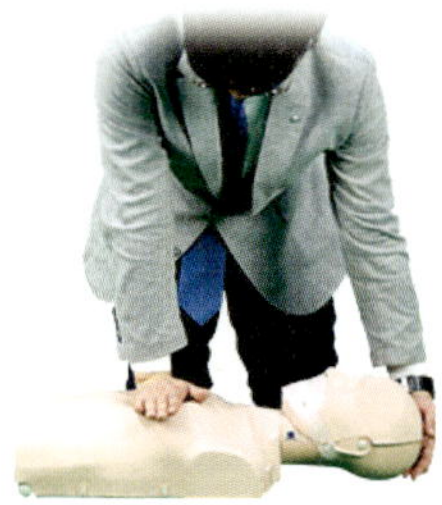

⑤ **기도 열기**

턱을 위쪽으로 들어 올려 기도를 확보한다.

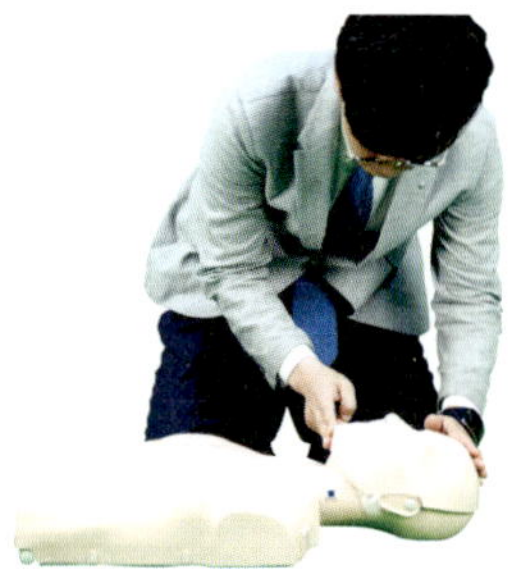

⑥ **인공호흡**

한 손으로 코를 막고 구조자의 입으로 환자의 입을 완전히 덮은 다음 1초 동안 가슴이 올라갈 정도로 숨을 불어넣고 1초 동안 가슴이 올라오는지 확인한다. 호흡은 2회 실시한다.

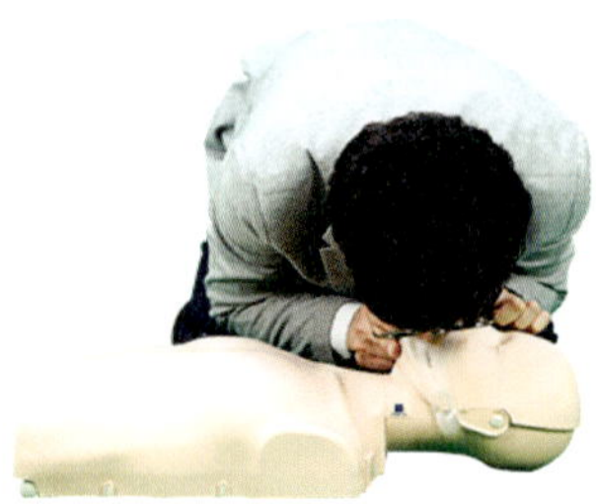

⑦ 흉부압박과 호흡반복

압박과 호흡을 30:2 비율로 환자가 움직이거나 구급대원, 전문 의료인이 도착할 때까지 계속 실시한다. 인공호흡을 할 수 없는 경우 흉부압박만 반복해서 실시한다.

2) 이물질에 의한 기도폐쇄

영유아는 깨물어 삼킬 수 있는 능력이 많이 부족하고, 음식이 아닌 물질을 입으로 탐색하려는 발달적 특성이 뚜렷하다. 땅콩, 사탕 등의 딱딱하고 작고 동그란 음식이나 장난감, 건전지, 옷핀 등 음식이 아닌 이물질에 의해서도 기도폐쇄가 일어날 수 있다. 이물에 의한 기도폐쇄의 경우 주로 9세 이전에 주로 나타나며 2세에서 가장 빈도가 높다.

기도 이물 폐쇄 시 증상으로는 다음 표와 같다.

표 11-5 기도폐쇄 시 증상

부분 기도폐쇄	완전 기도폐쇄
• 숨을 쉴 수 있다. • 말하는 것을 힘들어한다. • 기침을 한다.	• 말을 할 수 없다. • 숨을 쉴 수 없다. • 기침을 할 수 없다. • 처음에는 얼굴이 충혈되고 나중에는 피부가 파래진다(청색증). • 한 손 또는 두 손으로 목을 움켜잡는다(V-sign).

만약에 말을 할 수 있다면 완전히 기도가 막힌 것은 아니며, 대부분 기침이 가능하기 때문에 힘차게 기침을 하도록 하여 이물을 뱉어내도록 한다. 하지만 영아거나 유아라도 기도 이물 폐쇄 때문에 말을 할 수 없는 경우에는 즉시 119에 신고를 하고 이물을 제거하기 위한 응급처치를 실시하여야 한다.

(1) 영아 기도폐쇄 시 응급처치법(출생~12개월까지)

① 위치확보

얼굴을 위로 향하게 하여 턱을 잡고, 다른 손으로 영아의 머리와 목을 받친다.

② 압박 위치 확인 및 압박

영아의 등이 위로 향하도록 뒤집어 얼굴을 아래로 향하게 한다. 영아의 머리를 영아의 가슴보다 아래로 향하게 한 채 손꿈치로 견갑골 중앙부를 5회 쳐준다.

③ 이물질이 나오지 않았을 경우

영아의 머리와 목을 받치고 영아의 얼굴이 위를 향하도록 뒤집는다.

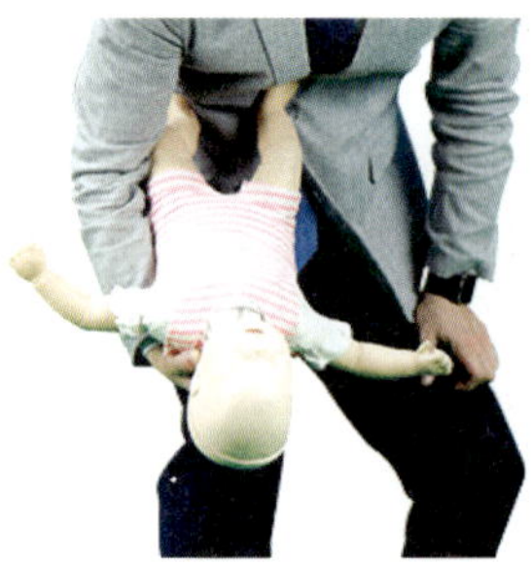

④ 가슴 압박 위치 확인 및 압박

영아의 가슴 중앙직하부를 가슴 두께의 1/3(4cm) 깊이로 5회 압박한다.

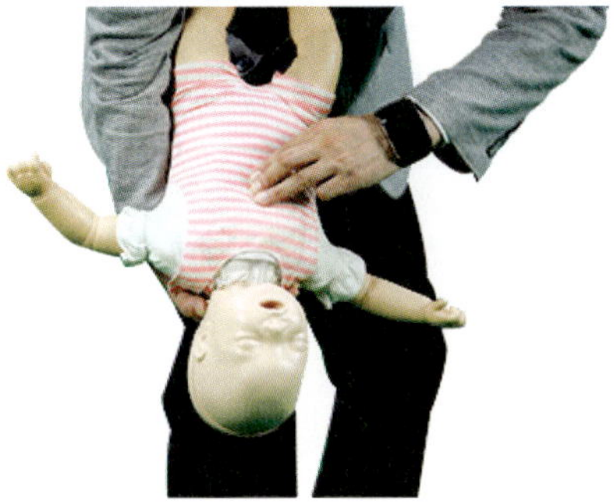

⑤ 압박 반복

이물질이 제거되지 않았다면 등 두드리기와 가슴압박을 5회씩 반복적으로 실시한다.

(2) 유아 기도폐쇄 시 응급처치법(12개월 초과~성인)

① 위치확보

유아 뒤에 서서 한쪽 다리를 환자의 다리 사이에 지지한다. 의식을 잃어 뒤로 쓰러지더라도 환자의 몸무게를 충분히 지탱할 수 있어야 한다.

② 복부위치 확인

유아의 겨드랑이 사이로 팔을 감싸 안는다.

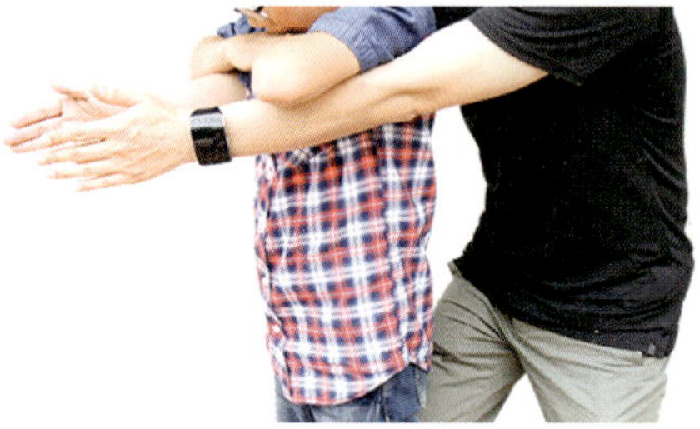

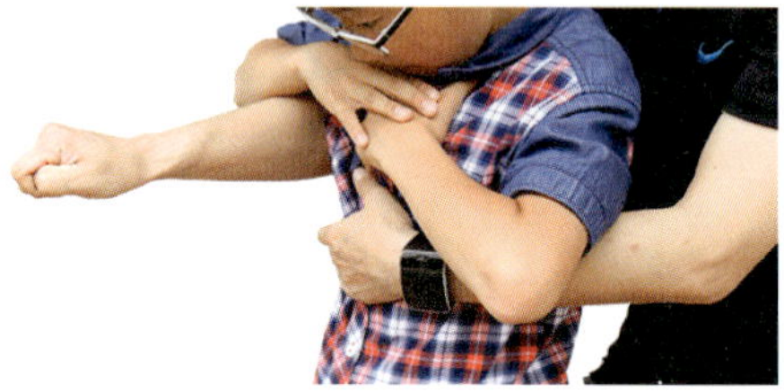

③ 복부 압박 위치 확인

손으로 배꼽과 명치 사이의 위치를 확인한다.

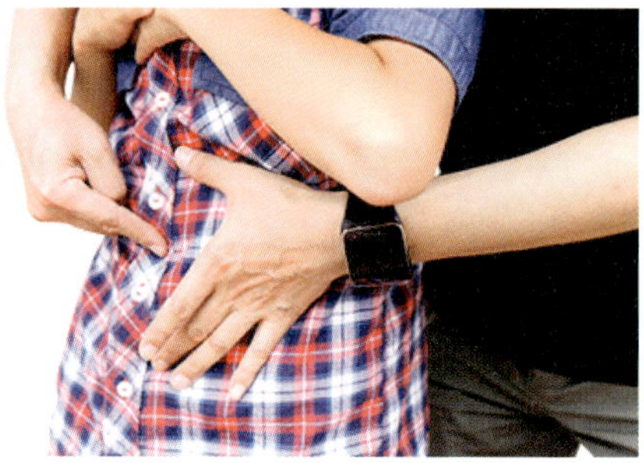

④ 손 모양 만들기

엄지손가락이 복부를 향하도록 주먹을 쥔다.

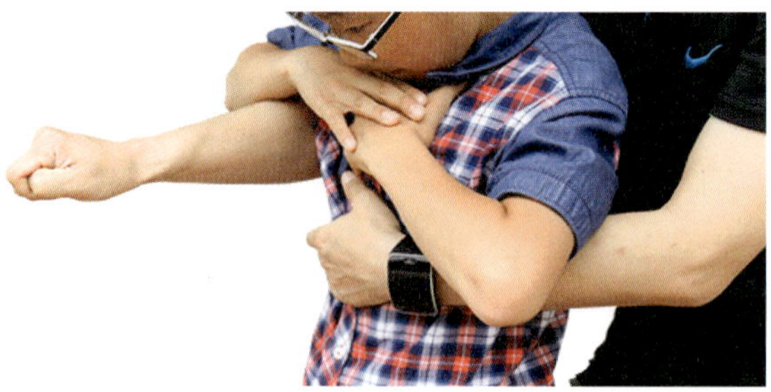

⑤ 복부 중앙에 한 손 대기

다른 한 손은 주먹을 감싸 쥔다.

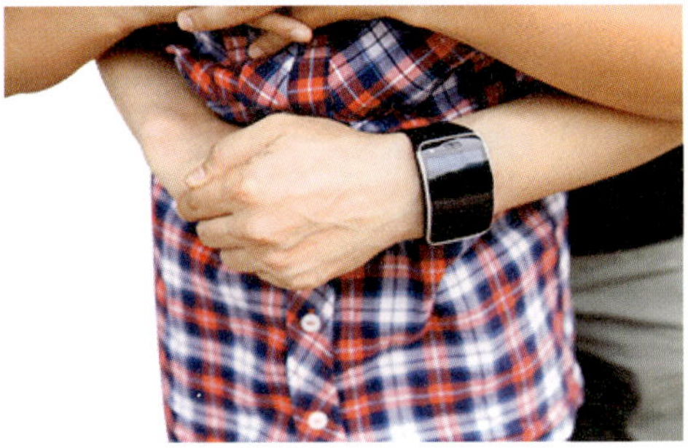

⑥ 복부압박

몸 안쪽 위로 복부압박을 연속하여 5회 빠르게 후상방향으로 압박을 가한다.

어린이시설 종사자 77만 명, 年 4시간 이상 '안전교육' 의무화
행안부 '해인이법' 체계적 추진
어린이집 · 유치원 · 초등학교 등
응급환자 발생하면 즉시 신고
"연령 · 특성 따른 적정 교육 필요"
전문기관 지정, 주기적 점검까지

어린이 이용시설 유형

구 분	시설개수	교육대상 추산인원	시설유형
어린이 상주시설	9만 141개	76만 2,009명	유원시설, 박물관, 과학관 등 7개 유형
어린이 왕래시설	2,693개	1만 2,007명	어린이집, 유치원, 초등학교, 학원 등 10개 유형
기타	1,252개	1,410명	공공도서관, 사회복지관 등 5개 유형
합계	9만 4,086개	77만 5,426명	22개 유형

어린이 안전교육 주6요 내용

안전교육 방법	
교육시간	매년 4시간
교육내용	응급상황 행동요령, 주요 내 · 외과적 응급처치이론, 소아심폐소생술을 포함한 응급처치 실습교육(2시간 이상) 등
교육대상	어린이안전 관리담당자, 어린이와 대면업무를 수행하는 자 중 교육 · 보육 · 상담 · 체험활동 등에 관한 업무 수행자
교육기관	행정안전부에서 지정받은 어린이 안전교육 전문기관에서 이수

자료: 행정안전부

지난 2016년 4월, 한 어린아이가 어린이집 하원길에 차량에 치여 사망하는 사고가 발생했다. 안타까운 사망사고는 사회적으로 큰 파장을 남겼다. 적절한 응급조치만 이뤄졌다면 아이가 사망까지 이르지 않았을 사고라는 목소리가 이어지기도 했다. 결국 어린이시설 종사자의 응급조치 의무에 대한 여론이 조성됐고 '어린이 안전관리에 관한 법률(어린이안전법)' 제정으로 이어졌다. 법은 사고를 당한 어린이(이해인, 당시 4세)의 이름을 따 '해인이법'으로 널리 알려졌다.
지난 4월 진통 끝에 이른바 '해인이법'으로 불린 '어린이안전법'이 국회를 통과했다. 이에 따라 어린이집 등 어린이 이용시설 관리주체와 종사자에게 응급처치 의무를 부과하고 어린이 안전교육도 매년 4시간 이상 받아야 한다.
행정안전부도 이번 법령 제정에 따라 어린이안전 업무를 체계적으로 추진하기 위해 나서기로 했다.

■ 어린이시설 종사 77만 명 '의무교육'

지난 11월부터 시행된 '어린이안전법'에 따라 어린이 이용시설 관리주체의 응급조치 의무가 부과됐다. 어린이 응급환자가 발생하는 즉시 응급의료기관 등에 신고해야 하고 환자 이송과 그 밖에 필요한 조치도 뒤따라야 한다. 안전사고 위험을 알게 된 때에도 즉시 관할 지자체 등에 신고해야 하고 응급처치 실습을 포함한 안전교육 이수도 매년 4시간 이상(실습 2시간 포함) 받아야 한다.

법률이 적용되는 어린이시설은 총 22개 유형이다. 어린이집, 유치원, 초등학교 등 교육시설 뿐만 아니라 객석 1000석 이상 공연장, 매장면적 1만㎡ 이상 대규모 점포, 관람석 5000석 이상 전문체육시설 등 어린이 왕래가 잦은 시설도 적용 대상에 포함됐다. 관련 시설물 수만 총 9만 4000여 개에 달한다. 종사자는 77만 명에 이른다.

■ "어린이집에서 성인 대상 교육도"

기존에 관련 교육이 없었던 것은 아니다. 학교보건법(교육부), 응급의료법(보건복지부)에 따라 이전부터 교육해오고 있다. 문제는 어린이가 이용하는 다수시설이 아닌 일부 시설에 국한해 교육이 이뤄졌고 종사자 안전교육에 대한 인프라도 제대로 갖춰지지 않았다는 점이다. 이에 교육 대상자 범위를 어린이가 상주하거나 왕래하는 시설의 대면 업무 수행자 넓히고, 실질적인 안전교육을 하도록 규정했다.

이창희 남서울대 응급구조학과 교수는 "실습 교육이 중요한데 교사 1명이 다수를 대상으로 이론을 교육하는 데 그치는 경우가 많다"고 말했다. 그는 "어린이집 교사분들이 교육을 많이 받는다"면서도 "어린이집에는 12개월이 안 된 영아도 돌보는데도, 성인 대상 교육을 받는 문제점이 있다. 시설 이용 어린이의 연령, 특성 등에 따라 적정한 교육이 진행돼야 한다"고 지적했다.

■ 행안부, 어린이안전 업무 직접 챙겨

이 같은 문제점 해결을 위해 행안부는 '안전교육 전문기관' 지정을 추진하고 있다. 검증된 전문인력과 시설, 장비 등을 갖춰야 전문기관으로 지정될 수 있다. 민간기관이어도 주기적인 점검을 받고 수준 높은 교육을 위해 노력해야 한다. 현재 진행 중인 전문기관 지정 신청에 8개 기관이 참여 의사를 밝힌 상황이다.

행안부는 이번 법령 제정에 따라 부처별로 산재해 있는 어린이안전 업무의 체계적 추진에 대한 책임도 맡게 됐다.

행안부가 5년마다 수립·추진하는 '어린이안전 종합계획'에 따라 관계부처·지자체는 매년 시행계획을 수립·시행해야 한다. 시행 결과도 자체 점검해 행안부 장관에게 제출해야 한다.

김기영 행안부 생활안전정책관은 "법 시행 초기인 만큼 어린이안전법에 담긴 각종 제도가 조기에 효과적으로 안착될 수 있도록 많은 분의 관심과 노력이 필요하다"며 "어린이안전법 시행을 계기로 우리 사회의 미래인 어린이들이 더욱 안전하게 생활하고 성장해 나갈 것으로 기대한다"고 전했다.

출처: 파이낸셜뉴스(https://www.fnnews.com).

3) 열성경련

영유아기에 나타나는 경련(경기)의 원인은 대부분 고열이 원인으로 열성경련이며, 분노발작과 같은 감정적 변화, 알레르기 등에 의해서도 경련이 일어날 수 있다. 열성경련은 대부분 생후 6개월~6세 영유아에게 흔히 발생하며, 처음 고열이 오르는 시기에 나타나 2~3분 경련 후 대부분 멈춘다. 경련은 몸이 뻣뻣하게 굳는 것으로 시작되어 의식을 잃고 안구가 돌아가며, 이를 악물고 입에 거품을 품기도 한다. 또한 호흡곤란, 팔다리의 강직 혹은 이완성 경련, 입술이 파래지고 안색이 창백해지며, 때로는 소변이나 대변이 배출되기도 한다.

아동이 경련을 일으킬 때 응급처치의 목적은 경련을 멈추기보다는 아동이 경련 중 외상을 입지 않도록 보호하는 데 있다.

① 열성경련

- 5세 이하의 유아에게서 고열이 나면서 경련을 일으킬 수 있다.
- 열만 떨어져도 대부분 경련을 멈춘다.
- 담요나 옷을 벗기고 시원하게 해준다.
- 전신을 골고루 미지근한 물로 닦아준다.

② 분노경련

- 영유아가 심하게 울다가 파랗게 변하면서 경련을 일으킬 수 있다.
- 경련을 멈추면 대부분 이상은 없다.

〈이렇게 하세요〉

- 편안하게 눕히고 주위의 위험한 물건을 치운다.
- 고개를 옆으로 기울여 분비물에 의해 기도가 막히지 않도록 한다.
- 의복을 헐렁하게 하고 될수록 부드러운 것을 머리 밑에 대주어 머리를 보호한다.

- 경련을 멈추면 회복자세를 취해준다.
- 병원으로 이송한다.

4) 출혈

출혈이란 혈액이 동맥, 모세혈관, 정맥으로부터 외부로 유출되는 것을 의미하여 출혈 부위에 따라 외부 및 내부출혈로 구분된다.

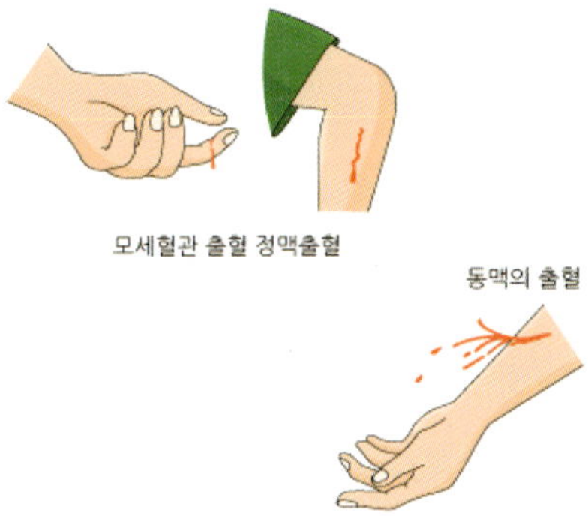

① 증상

- 호흡과 맥박이 빨라지고 호흡이 곤란하다.
- 피부가 창백해지고 체온이 떨어진다.
- 갈증을 느끼면서 불안감을 갖는다.
- 동공이 확대되고 구토가 발생한다.

② 지혈

〈직접압박지혈: 가장 보편화된 방법〉

- 출혈이 멈춘 후에는 소독 거즈를 덮고 압박붕대로 감아준다.
- 출혈이 멈추지 않으면 더 강하게 압박해본다.
- 사지에서 출혈이 있는 경우 출혈 부위를 심장보다 높여준다.

〈동맥점 압박 지혈〉

- 팔이나 다리에서의 출혈이 직접압박으로 지혈되지 않으면, 동맥의 근위부를 압박한다.
- 상지출혈 상완동맥압박 → 손의 출혈 → 요골동맥압박 하지출혈 → 대퇴동맥 압박

〈지혈대 이용 지혈〉

- 지혈대는 다른 방법으로도 출혈을 멈출 수가 없을 때에 사용되는 방법이다. 신경이나 혈관에 손상을 줄 수 있으며 팔이나 다리에 괴사를 초래할 수 있으므로 시간마다 지혈대를 풀어서 괴사를 방지하는 것이 중요하다.
- 출혈 부위를 묶는다. → 충분히 쥔다. → 지혈대가 풀리지 않도록 마감처리를 잘한다. → 지혈시간을 표시한다.

③ 코의 출혈(코피)

- 앉은 자세를 유지하게 하여 환아의 혈압을 낮춘다.
- 머리를 약간 앞으로 숙이게 해서 혈액이 목으로 넘어가지 않고 코의 앞부분을 통해 흘러나올 수 있게 한다.
- 목 뒤로 넘어가게 되면 질식하거나 메스꺼움, 구토 등을 일으킨다.
- 엄지와 다른 두 손가락으로 코를 쥐고 5분간 서서히 압박한다.
- 환자는 윗입술과 잇몸 사이에 둥글게 말은 거즈를 넣고 압박한다.
- 코에 타박상을 입은 경우는 코와 뺨에 얼음물 주머니를 올려 지혈을 돕는다.

〈병원으로 가야 하는 경우〉

- 코피가 나면서 몸의 다른 곳에서도 출혈이 있는 경우
- 너무 많은 피를 흘렸을 때
- 얼굴이 창백해질 때
- 의식이 흐려질 때
- 식은땀을 흘릴 때
- 코가 자주 막히면서 코피가 자주 날 때
- 입으로 피를 토할 때
- 머리를 부딪친 후에 코피를 흘릴 때

〈코에 이물질이 들어감〉

- 반대편 콧구멍을 막고 세차게 코를 풀어본다.
- 면봉으로 제거하려고 시도할 경우, 더 깊이 밀어 넣거나, 코피를 유발할 수 있으므로 병원에 가서 안전하게 제거한다.

5) 쇼크

쇼크란, '산소를 함유한 혈액이 인체의 각 부분에 충분히 전달되지 않아서 발생하는 순환계의 기능장애'를 말한다. 쇼크는 조직 내 혈액이 손실되어 발생된다.

① 증상

- 불안, 긴장, 초조감 등의 상태의 변화를 보일 수 있다.
- 피부, 입술, 손톱이 창백하고 차가워지거나 축축해질 수가 있다.
- 메스꺼움이나 구토를 할 수 있다.

- 초기쇼크 시 호흡과 맥박이 빨라진다.
- 심한 쇼크일 때에는 무반응을 보인다.

② 응급처치

- 가급적 환아를 눕힌 상태로 유지한다.
- 환아의 다리를 15~25cm 정도 올려준다(머리부상 환아는 제외).
- 의식이 없거나 구토하는 환아 등은 옆으로 눕힌다.
- 가슴부상, 호흡장애, 심장환자는 반쯤 앉은 자세를 취한다.
- 담요나 옷을 바닥에 깔고 덮어주어 체온손실을 막는다.
- 병원에 도착할 때까지 호흡과 맥박상태를 관찰한다.

6) 손상

손상은 창상보다 포괄적인 개념으로 신체조직의 상해나 근골격계 등의 창상을 말한다.

① 두부 및 척추 손상

각종 외상에 의해(자동차사고 등) 발생된 두부 및 척추 손상은 단순하게 다량의 출혈을 유발하는 두피열상도 있지만 뇌손상에 의한 사망, 척추손상에 의한 전신마비까지 다양한 양상을 보인다.

② 응급처치

- 두부나 척추손상을 입은 환아에게 제공할 수 있는 최상의 처치는 두부 및 척추를 고정하는 것이다.
- 119 신고 후 기도, 호흡, 순환을 점검한다.
- 두피에 출혈이 있는 경우는 소독된 드레싱으로 상처부위를 감싼다.
- 부상자의 목을 고정시켜 움직이지 않게 한다.
- 환아를 함부로 옮기거나 들어 올리지 않는다.
- 필요시 통나무 굴리기를 하여 이동시킨다.

7) 절단

절단은 절단, 손상 등으로 인하여 신체의 정상조직과 완전히 분리된 상태를 말한다.

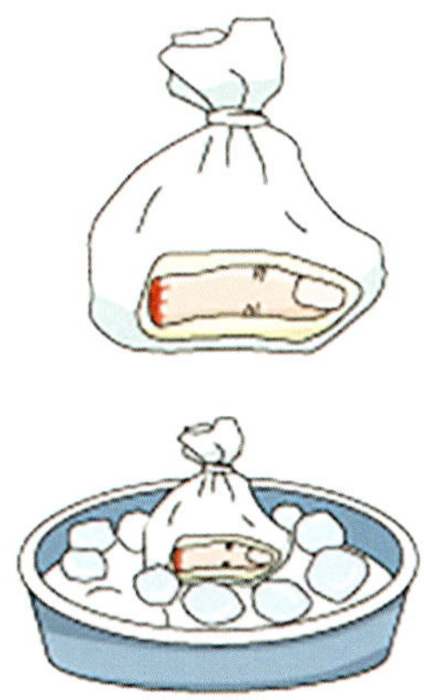

- 상처 부위는 직접압박 또는 압박점을 찾아서 지혈하고, 실패할 경우 지혈대를 사용한다.
- 절단된 부위는 생리식염수로 적신 거즈를 꽉 짜서 감싼 후 비닐봉지에 담아 얼음물에 띄운다.
- 비닐봉지는 얼음물과 같은 차가운 용기에 넣어서 조직의 괴사가 발생하지 않도록 한다.

〈확인〉

- 절단 부위가 직접 얼음에 닿지 않도록 하여 분리된 조직은 환자와 함께 병원으로 이송한다.

8) 화상

화상은 뜨거운 물 또는 마찰 등으로 인해 신체조직이 손상된 상태를 말한다.

- 화상 부위에 붙어있는 옷가지 등은 제거하지 말고 오염물이 접촉되지 않도록 한다.
- 화상 부위가 적을 경우는 깨끗한 수돗물로 냉각하여 통증을 감소시킨다.
- 특히 간장, 기름, 된장 등을 바르지 않도록 한다.
- 소독거즈로 화상 부위를 덮어주는 것이 좋다.

〈확인〉

- 피부에 물집이 생겼을 경우 터뜨리지 않도록 한다.
- 화학물질에 화상을 입은 경우는 구급차가 도착할 때까지 상처 부위를 낮게 하고 물로 계속 세척한다.

9) 일사병

일사병은 햇볕에 심하게 노출된 경우를 말한다.

- 바람이 잘 통하고 그늘진 곳으로 빨리 옮긴다.
- 눕힌 후 옷을 벗기거나 풀어주고 미지근한 물수건으로 몸을 닦아준다.
- 의식이 회복되면 차가운 이온음료수를 자주 준다. 맹물만 줄 경우 근육경련이 일어날 수 있다.
- 의식이 없는 상태에서 고열이 계속될 경우 병원으로 데리고 간다.

〈확인〉

- 의식이 혼미한 상태의 환자에게 음료수를 줄 경우 기도폐쇄로 인한 응급상황에 빠질 수 있다.

10) 골절

① 폐쇄성 골절

피부가 손상되지 않고 골절 부위 근처에 전혀 상처가 없다.

② 개방성 골절

뼈가 피부 밖으로 빠져나오거나 골절시 피부에 가해진 직접적인 충격으로 상처가 있다.

③ 응급처치

개방성 골절이라고 하더라도 당장 생명이 위험한 경우는 드물다.

- 즉시 119에 신고한 후 주위가 위험한 상황이 아니면 환자를 가급적 움직이지 않는다.
- 다친 곳의 옷은 조심스럽게 벗긴다. 필요시 옷을 잘라내야 한다.
- 발가락이나 손가락을 가볍게 만져 감각이 있는지 물어본다.
- 감각이 없다면 신경계나 척추손상의 우려가 높으므로 주의한다.
- 부러진 곳을 부목으로 고정시킨다.
- 환자를 완전하게 고정시킨다.

④ 부목고정의 장점

- 골절된 부위에 의한 근육, 신경, 혈관의 손상을 방지한다.
- 골절된 부위에 의한 피부의 열상을 방지한다. 즉, 폐쇄성 골절이 개방성 골절로 이행되는 것을 방지한다.
- 혈관이 압박되는 것을 방지한다. 즉, 혈액순환이 차단되는 것을 방지한다.
- 손상 부위 조직에서 과도하게 출혈하는 것을 방지한다.

11) 염좌(삐었을 경우)

① 증상

시간이 지나면서 염좌된 부위가 점점 붓고, 멍이 든 것처럼 시퍼렇게 된다.

② 응급처치

- 염좌 관절 부위와 연결된 건강한 부위까지 얼음주머니나 찬찜질을 해주어 붓지 않도록 한다.→ 병원으로 이송한다.
- 염좌 부위는 다른 부위보다 높여준다.

12) 약물중독

약물중독은 약물을 지나치게 쓰거나 잘못 썼을 때 나타나는 중독이다. 특히, 약물복용에 의한 환아는 복용 초기에 신속하게 약물을 제거하여 환아의 생명을 구한다.

① 증상

약물중독환자에게는 구토, 호흡곤란, 복통, 발한, 의식장애, 경련 등이 나타난다.

② 응급처치

- 의식을 확인하고 기도를 유지한다.
- 만일 환자가 의식이 없으면 호흡과 맥박을 확인한다.
- 중독물질을 복용하였을 때는 우유와 물을 마시게 하여 중독물질을 희석시키거나 구토를 유발시킨다.
- 단, 환자가 의식이 없거나 경련이 있을 경우에는 구토를 시키지 않도록 한다.
- 중독가능성이 있는 약물, 화학물질, 약병 등을 수거하여 비닐백에 담아

병원으로 가져간다.

- 약물복용에 의한 중독환자는 복용 초기에 신속한 약물제거가 환자의 생명을 구하는 데 지름길이다.

13) 식중독

상한 음식물을 먹음으로써 생기는 중독상태 즉 발열, 구토, 설사, 복통, 발진 등의 증상이 나타난다.

- 식중독의 발병여부는 섭취된 세균의 독성과 수에 달려 있고 일반적으로 소화기 질환에 의한 증상과 식중독에 의한 증상의 구별이 어렵다.
- 따라서 119 신고 등 환자를 신속히 병원으로 이송하는 것이 좋다.

〈확인〉

- 환자가 섭취하다가 남은 음식물은 병원으로 반드시 가져가도록 한다.

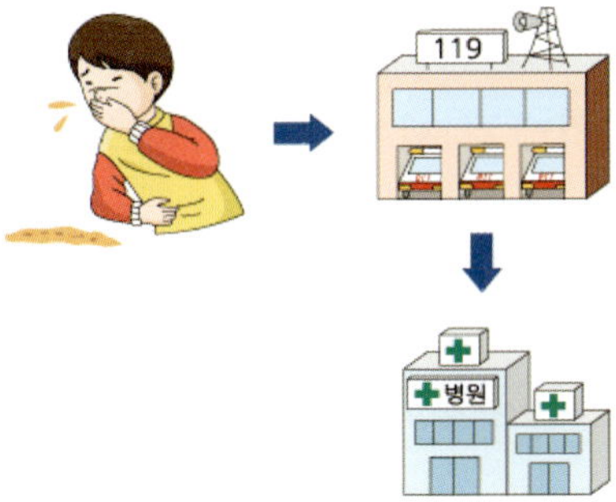

14) 벌에 쏘였을 때

독을 가진 여러 종류의 벌레는 사람을 쏘거나 물어버림으로써 중독을 유발할 수 있기에 어린이집에서는 실외활동 시 더욱 주의하여야 한다.

① 벌 쏘임 예방 및 대응방법

- 산행 시 벌을 자극하는 향수와 화장품, 밝은색 계통의 옷은 피한다.
- 실수로 벌집을 건드렸을 경우 가능한 낮은 자세(엎드린 자세)를 취하여 스스로 물러갈 때까지 기다린다.
- 침이 박힌 피부주위를 핀셋이나 집게를 이용하여 벌침을 제거하지 말고 신용카드 등으로 벌침을 밀어 벌침을 뺀다.
- 핀셋이나 집게로 벌침을 제거할 경우 벌독을 짜는 효과가 있다.
- 통증을 해소하고 부기를 막기 위해서 얼음찜질을 하고 안정을 취한다.
- 통증, 부기, 구토, 어지러움이 계속되거나 가슴이 답답하면 즉시 응급처치를 받는다.
- 보호장구를 착용하지 않은 채 벌집제거를 시도하지 않는다.

〈벌레가 귀에 들어갔다면〉

- 귓구멍 속에서 돌아 나올 수 있는 정도의 작은 벌레가 아니라면, 계속 고막 쪽으로 파고들 수 있기 때문에 바로 병원으로 간다.
- 핀셋이나 면봉으로 벌레를 제거하려고 시도하는 것은 자칫 벌레를 더 자극할 수 있기에 하지 않는다.

15) 개나 고양이 등 동물에 물렸을 때

- 생리식염수나 흐르는 물로 씻는다.
- 상처부위를 세척하고 이물질을 제거한다.
- 응급실로 가는 도중에 이물질 등이 자연스럽게 배출되도록 한다.
- 의사와 예방조치를 논한다. 광견병에 노출되었다면 긴급한 상태임을 인지한다.
- 의사가 적절하게 판단하여 파상풍 치료와 다른 항생제 치료의 필요성을 고려한다.

참고기사 어린이집 사고 · 학대 늘지만 보육교사 의무교육 이수율은 0%~31%

어린이집 내 안전사고와 아동학대 발생 건수는 증가하고 있는 반면, 보육교직원의 관련 의무교육 이수율은 낮은 것으로 조사됐다.
21일 국회 보건복지위원회 더불어민주당 최혜영 의원이 보건복지부에서 제출받은 자료에 따르면, 지난해 기준 안전사고 예방교육의 이수율은 13%, 아동학대 예방교육의 이수율은 31%에 그쳤다. 영유아보육법에 따라 어린이집 원장과 보육교사는 의무적으로 보수교육을 받아야 한다.

〈연도별 보육교직원 의무교육 이수 비율〉

(단위: 명, %)

구분	2018			2019			2020		
	보육 교직원	교육 이수	이수 비율	보육 교직원	교육 이수	이수 비율	보육 교직원	교육 이수	이수 비율
안전사고 예방교육	333,420	41,322	12.3%	331,444	44,101	13.3%	317,656	7,984	2.5%
아동학대 예방교육	278,941	76,698	27.5%	277,141	84,780	30.5%	31,511	35,240	11.0%

※ 보건복지부 제출자료, 최혜영 의원실 재구성

CHAPTER 11

CHAPTER 12 가정안전

2020년 한국소비자원에서 발표한 어린이 안전사고 동향 분석을 살펴보면 우리가 평소 가장 안전하다고 생각하는 가정에서의 사고 비중이 최근 5년간 평균 69.0%로 가장 높게 나타났다. 영유아들의 발달에 가장 중요한 역할을 해야 하는 부모가 안전에 대한 지식과 기술을 습득하여 영유아가 안전한 습관이 형성될 수 있도록 안전한 환경제공과 유아교육기관에서 이루어지고 있는 안전교육의 내용이 가정에서도 일관성 있게 실시될 수 있도록 노력해야 할 것이다.

1 가정안전교육의 개념 및 필요성

1) 가정안전교육의 개념

가장 평안하고 안전하다고 생각하는 가정에서 영유아의 안전사고가 가장 많이 발생하고 있다. 가정에서 발생하는 영유아의 안전사고는 영유아들뿐만 아니라 부모에게도 정신적・육체적 손실을 가져오기 때문에 많은 주의가 필요하다.

영유아기는 발달특성상 안전사고에 노출될 위험이 높다는 것과 안전사고를 예방하는 데 있어서 부모의 지도와 교육이 중요하다는 것을 의미한다. 특히 영유아 시기는 왕성한 호기심과 사고의 위험성을 인지하지 못하므로 부모의 주의가 더욱 요구된다.

부모는 평소 안전에 관련된 내용을 설명을 통해 영유아들이 쉽게 이해할 수 있도록 지도해야 하며, 일상생활 속에서 안전한 행동의 모델이 되어 행동함으로 인해 올바른 안전한 행동의 규칙을 알려주어야 한다.

2) 가정안전교육의 필요성

안전교육이란 교육이라는 수단을 통해서 영유아 스스로 위험 상황을 인지하고 자신을 보호할 수 있는 지식, 기술, 태도를 익히며, 나아가 타인의 생명과 안전까지도 지켜줄 수 있도록 하는 교육으로 궁극적으로 영유아 자신에 대한 보호는 물론이고 타인의 생명까지도 존중할 수 있는 존엄성을 배울 수 있는 교육이다(한국아동안전관리교육협회, 2003).

따라서 가정안전교육이란, 가정생활 속에서 위험상황으로부터 자신을 보호하고 타인의 안전을 지킬 수 있는 안전의 지식, 기술, 태도를 익히는 교육이다.

대부분의 현대사회 가정의 주거형태가 성인 중심으로 설계가 되어 있어 자칫 영유아들에게는 위협적인 공간이 될 수밖에 없는 것이 현실이다. 영유아들의 위험한 행동이 사고로 이어지지 않게 하기 위해서는 무엇보다도 안전한 환경의 제공이 우선이다. 가정에서도 영유아교육기관과 마찬가지로 안전장치들의 설치가 매우 중요하다 할 것이다.

부모는 본인들과 함께 생활하는 공간의 위험성의 부족과 안전교육을 어떻게 지도해야 하는지, 사고가 발생되었을 때 어떻게 대처해야 하는지 몰라서 당황하기도 한다. 따라서 집 안 장소별로 발생하는 안전사고의 유형을 살펴보고 그에 맞는 대책을 세워 영유아들에게 안전한 환경과 지속적이고 반복적인 안전교육이 가정에서도 이루어져야 할 것이다.

2 가정 안전사고의 실태

1) 어린이 안전사고 동향

한국소비자원(www.kca.go.kr)이 소비자위해감시시스템(CISS)을 통해 접수된 어린이 안전사고 건수는 2020년도에 18,494건으로 전체 안전사고 건수의 26.4%를 차지하며 최근 5년간의 현황 중 최저 비율을 나타내었다. 그러나 우리나라 총 인구 대비 어린이 인구 비중 12.2%에 비해서는 여전히 매우 높은 결과를 나타내 안전사고에 매우 취약한 계층임을 알 수 있다.

표 12-1 최근 5년간 어린이 안전사고 현황

(단위: %)

구분(대분류)	2016년	2017년	2018년	2019년	2020년
전체 안전사고 건수	69,018	71,000	72,013	73,007	70,022
어린이 안전사고 건수	22,545	25,699	24,097	24,971	18,494
전년대비 증감률	–	14.0	△6.2	3.6	△25.9
어린이 안전사고 비율*	32.7	36.2	33.5	34.2	26.4

* 전체 안전사고 중에서 어린이 안전사고가 차지하는 비율

출처: 한국소비자원, 2021.

(1) 남아가 여아보다 발생비율이 높다.

최근 5년간 남아와 여아의 비율을 살펴보면, 매년 6:4의 비슷한 양상을 보였으며, 이는 남아가 여아에 비해 상대적으로 활동적인 발달특성이 있기 때문인 것으로 분석되며, 2020년 남아의 안전사고는 11,002건으로 전체의 59.5%를 차지하였고 여아는 7,462건으로 40.3%를 차지하였다.

그림 12-1 가정에서 놀이 모습

CHAPTER 12

표 12-2 성별현황

[단위: 건, (%)]

구분	2016년	2017년	2018년	2019년	2020년
남아	13,929(61.8)	15,706(61.1)	14,704(61.0)	15,257(61.1)	11,002(59.5)
여아	8,613(38.2)	9,990(38.9)	9,388(39.0)	9,676(38.7)	7,462(40.3)
미상	3(0.0)	3(0.0)	5(0.0)	38(0.2)	30(0.2)
합계	22,545(100.0)	25,699(100.0)	24,097(100.0)	24,071(100.0)	18,494(100.0)

출처: 한국소비자원, 2021.

(2) 발달단계별 현황

최근 5년간 걸음마기, 유아기, 학령기 및 영아기 순으로 안전사고가 발생하였으며, 특히 걸음마기는 활동범위가 넓어지나 균형감각 및 신체의 민첩성이 떨어져 안전사고에 가장 취약한 것으로 나타났다.

2020년에 총 18,494건의 14세 이하 어린이 안전사고 중 걸음마기가 7,933건으로 42.9%를 차지해 가장 많았고, 유아기 4,438건(24.0%), 학령기 4,403건(23.8%), 영아기 1,720건(9.3%) 순으로 나타났다.

표 12-3 발달단계별 현황

[단위: 건, (%)]

구 분		2016년		2017년		2018년		2019년		2020년	
취학전	영아기(0세)	2,219	(9.8)	2,340	(9.1)	1,986	(8.2)	2,167	(8.7)	1,720	(9.3)
	걸음마기(1~3세)	11,081	(49.2)	12,186	(47.4)	11,678	(48.5)	11,495	(46.0)	7,933	(42.9)
	유아기(4~6세)	4,924	(21.8)	5,907	(23.0)	5,586	(23.2)	5,669	(22.7)	4,438	(24.0)
	소 계	**18,224**	**(80.8)**	**20,433**	**(79.5)**	**19,250**	**(79.9)**	**19,331**	**(77.4)**	**14,091**	**(76.2)**
학령기(7~14세)		4,321	(19.2)	5,266	(20.5)	4,847	(20.1)	5,640	(22.6)	4,403	(23.8)
합계		**22,545**	**(100.0)**	**25,699**	**(100.0)**	**24,097**	**(100.0)**	**24,971**	**(100.0)**	**18,494**	**(100.0)**

출처: 한국소비자원, 2021.

(3) 위해발생장소별 현황

어린이 사고는 최근 5년간 주택에서 매년 평균 69.5%로 전 연령의 사고 비중(52.5%)과 비교해 매우 높게 나타났으며, 이는 어린이가 가정 내에서 보내는 시간이 많기 때문인 것으로 분석되었다. 어린이 이용률이 높은 교육시설, 여가문화 및 놀이시설의 경우에도 전체연령보다 더 높은 비중을 나타내었다.

보호자는 주택에서 발생할 수 있는 안전사고의 다양한 사고유형을 인지하고 자녀에게 예방법 등 정기적인 안전교육의 실시와 안전한 환경의 제공에 힘써야 할 것이다.

표 12-4 안전사고 발생장소별 현황

[단위: 건, (%)]

장소(대분류)	2016년	2017년	2018년	2019년	2020년
주택	15,836(70.2)	17,605(68.5)	16,343(67.8)	16,749(67.1)	13,218(71.5)
교육시설	1,157(5.1)	1,492(5.8)	1,474(6.1)	1,602(6.4)	513(2.8)
여가문화 및 놀이시설	1,177(5.2)	1,395(5.4)	1,309(5.4)	1,500(6.0)	788(4.3)
도로 및 인도	868(3.9)	1,132(4.4)	789(3.3)	1,147(4.6)	1,528(8.3)
숙박 및 음식점	530(2.4)	812(3.2)	827(3.4)	725(2.9)	473(2.5)
스포츠/레저시설	440(2.0)	540(2.1)	428(1.8)	614(2.5)	340(1.8)
쇼핑시설	277(1.2)	302(1.2)	265(1.1)	266(1.1)	110(0.6)
기타 상업시설*	123(0.6)	103(0.4)	98(0.4)	112(0.4)	76(0.4)
교통시설	95(0.4)	104(0.4)	125(0.5)	108(0.4)	32(0.2)
의료서비스시설	65(0.3)	87(0.3)	87(0.4)	121(0.5)	70(0.4)
종교 및 문화시설	40(0.2)	62(0.2)	55(0.2)	63(0.3)	12(0.0)
자연 및 관련시설	49(0.2)	24(0.1)	30(0.1)	27(0.1)	33(0.2)
복지 및 노인요양시설	2(0.0)	10(0.1)	10(0.1)	10(0.0)	3(0.0)
농·수·축산업지역	2(0.0)	4(0.0)	1(0.0)	7(0.0)	7(0.0)
공공시설	5(0.0)	2(0.0)	5(0.0)	8(0.0)	–
그 외 또는 미상	1,879(8.3)	2,024(7.9)	2,251(9.4)	1,912(7.7)	1,291(7.0)
합계	**22,545(100.0)**	**25,699(100.)**	**24,097(100.0)**	**24,971(100.0)**	**18,494(100.0)**

* 주유소, 세차장, 편의점, 제과점, 이·미용실 등

출처: 한국소비자원, 2021.

CHAPTER 12

(4) 영아기의 가정 내 안전사고 현황

기본적인 반사운동과 감각능력이 발달하기 시작하면서 가장 극적인 성장과 발달이 이루어지는 시기로 목 가누기, 앉기 등 기본적인 대근육과 손 뻗기, 잡기, 쥐기 등의 소근육 발달이 이루어진다.

영아기 안전사고의 위해품목을 살펴보면, 침실가구가 평균 36.8%로 1위를 차지하였으며, 이어 유아용 가구, 거실가구 및 바닥재 순으로 매년 유사한 추이를 나타내었다. 이는 성인 중심의 가정환경의 문제를 나타낸다고 할 수 있으며, 성인에게는 전혀 위험하지 않은 환경이 자녀에게는 엄청난 사고로 이어질 수 있다는 것을 인지하여야 한다.

표 12-5 영아기 위해유형별 현황(2016~2020년)

(단위: 건, %)

순위	구분(대분류)	주요 원인품목(소분류)	건수	비율
1	추락	침대, 소파, 유모차, 유아용 침대 등	5,303	50.8
2	부딪힘	침대, 거실장 및 TV장, 식탁, 테이블 등	1,076	10.3
3	미끄러짐 · 넘어짐	목재마루재, 바닥재, 침대 등	858	8.2
4	식품섭취에 의한 위해	분유류, 달걀, 치즈류, 이유식 등	694	6.7
5	고온물질에 의한 위해	커피포트, 전기밥솥, 전기압력밥솥 등	667	6.4
6	이물질 삼킴/흡인	스티커, 완구, 비닐 랩, 전지 등	553	5.3
7	눌림 · 끼임	문, 승용물, 옷장, 냉장고 등	468	4.5
8	베임 · 찔림	손톱깎이, 완구류, 면도기, 옷걸이 등	323	3.1
9	충돌 · 추돌 등 물리적 충격	전신거울, 완구류, 선풍기, 덤벨 등	159	1.5
10	약물 부작용	주사액, 약품류, 항생제 등	52	0

출처: 한국소비자원, 2021.

영아기 안전사고 총 10,432건 중 추락사고가 5,303건(50.8%)으로 가장 많았으며, 주요 원인품목은 침대, 소파, 유모차 등으로 나타났다. 다음으로는 부딪힘 사고가 1,076건(10.3%)이고, 주요 원인품목은 침대, 거실장, TV장, 식탁, 테이블 등이었으며, 이외에 미끄러짐과 넘어짐 858건(8.2%), 식품 섭취로 인한 위해가 694건(6.7%) 순으로 나타났다.

그림 12-2 거실모습

영아기 안전사고의 위해품목을 살펴보면, 침실가구가 평균 36.8%로 1위를 차지하였으며, 이어 유아용 가구, 거실 가구 및 바닥재 순으로 매년 유사한 추이를 나타내었다. 이는 성인 중심의 가정환경의 문제를 나타낸다고 할 수 있으며, 성인에게는 전혀 위험하지 않은 환경이 자녀에게는 엄청난 사고로 이어질 수 있다는 것을 인지하여야 한다.

(5) 걸음마기의 가정 내 안전사고 현황

영아기보다는 뛰기, 계단 오르기 등의 신체능력이 향상되고 신장에서 머리의 비중이 점점 작아져 신체균형이 안정적인 자세를 유지하는 것이 가능해지게 되며, 언어와 상징을 사용하여 사고하며, 분류능력의 발달로 단순한 사물을 분류할 수 있고, 자아개념이 발달하기 시작하는 시기이다.

걸음마기 안전사고의 위해품목을 살펴보면, 바닥재의 비중이 전년대비 6.5% 증가하여 2016년 이후 처음으로 20%를 넘겼으며, 완구의 비율이 큰 폭 상승하여 2020년에 2순위를 나타내었다. 바닥재의 선택과 완구의 선택에 있어서도 영유아의 발달특성을 이해하고 안전을 최우선으로 고려해야 할 것이다.

표 12-6 영아기 위해유형별 현황(2016~2020년)

(단위: 건, %)

순위	구분(대분류)	주요 원인품목(소분류)	건수	비율
1	미끄러짐 · 넘어짐	목재마루재, 바닥재, 킥보드 등	14,285	26.3
2	부딪힘	침대, 식탁, 책상, 테이블 등	12,615	23.2
3	추락	침대, 소파, 의자 등	9,540	17.5
4	이물질 삼킴/흡인	구슬, 완구, 조립용 블록, 스티커 등	4,917	9.0
5	눌림 · 끼임	문, 승용문, 엘리베이터 등	4,376	8.0
6	베임 · 찔림	칼, 완구, 가위 등	2,128	3.9
7	고온물질에 의한 위해	정수기, 전기압력밥솥, 커피포트 등	2,123	3.9
8	식품섭취에 의한 위해	달걀, 우유, 조리식품, 치킨 등	1,990	3.7
9	충돌 · 추돌 등 물리적 충격	선풍기, 거울, 문, 서랍장 등	977	1.8
10	파열 · 파손 · 꺾여짐	유리컵, 유리병, 그릇 등	358	0.7
기 타			1,064	2.0
합 계			54,373	100.0

출처: 한국소비자원, 2021.

최근 **그림 12-3** 킥보드 타는 모습과 같이 연간 마루재, 바닥재, 킥보드 등에서 미끄러짐 · 넘어짐 사고는 14,285건(26.3%)이며, 침대, 식탁, 책상, 테이블 등에 부딪힘 사고는 12,615건(23.2%)으로 두 유형의 사고가 전체의 절반 가까이 차지하고 있다. 다음으로는 침대, 소파, 의자 등에서 추락하는 사고가 9,540건(17.5%), 구슬, 완구, 조립용 블록, 스티커 등 이물질을 삼키거나 흡입하는 사고가 4,917건(9.0%)으로 나타났다. 부모는 각각의 안전사고 발생 시 응급

그림 12-3 킥보드 타는 모습

처치법을 정확히 인지하여 준비가 철저히 되어있어야 하며, 걸음마기는 호기심이 왕성하고 끊임없이 주변을 탐색하며, 활동범위가 점차 넓어지나, 신체 균형이 완전하지 못하고 위험상황에 대한 인지능력이 부족하여 관련 안전사고가 발생할 가능성이 높다는 것을 인지해야 한다.

(6) 유아기의 가정 내 안전사고 현황

유아기는 신체의 균형이 잡히면서 움직임이 더욱 안정되고 유연해지며, 소근육 조절 능력이 발달하면서 양손을 이용한 활동이 자유로워지는 시기이다. 보다 활동적인 놀이를 즐기게 되며, 유아교육기관과 놀이터, 키즈카페 등 외부활동이 증가하며, 구체적인 사물이나 행동이 제시되지 않아도 상상하거나 추측하여 행동하는 것이 부분적으로 가능해지는 시기이다.

유아기 안전사고의 위해품목을 살펴보면, 걸음마기와 동일하게 바닥재 관련 사례가 매년 가장 높게 나타났으며, 다양한 실외활동으로 인해 놀이터 시설, 기타 승용물, 자전거 등 외부활동과 관련된 품목의 비중이 높게 나타나고 있다. 놀이장비에 대한 올바른 사용법과 안전교육이 필수적이며, 놀이장비 이용 시 보호장구의 착용도 필수적으로 챙겨주어야 할 것이다.

표 12-7 유아기 위해유형별 현황(2016-2020년)

(단위: 건, %)

순위	구분(대분류)	주요 원인품목(소분류)	건수	비율
1	미끄러짐・넘어짐	킥보드, 바닥재, 마루재 등	8,314	31.3
2	부딪힘	책상, 침대, 식탁, 문 등	5,706	21.5
3	추락	침대, 소파, 미끄럼틀, 놀이시설 등	4,264	16.1
4	눌림・끼임	문, 승용물, 어린이 자전거 등	2,105	7.9
5	이물질 삼킴/흡인	구슬, 완구, 블록, 동전 및 화폐 등	2,006	7.6
6	식품 섭취에 의한 위해	치킨, 고기류, 조리식품 등	1,240	4.7
7	베임・찔림	가위, 칼 등	1,108	4.2

(계속)

순위	구분(대분류)	주요 원인품목(소분류)	건수	비율
8	충돌·추돌 등 물리적 충격	승용물, 시소, 문, 완구 등	538	2.0
9	고온물질에 의한 위해	화로, 글루건, 정수기, 고데기 등	414	1.6
10	파열·파손·꺾여짐	세면대, 유리병, 유리컵, 유리창 등	212	0.8
기 타			617	2.3
합 계			26,524	100.0

출처: 한국소비자원, 2021.

유아기의 경우 최근 5년간, 킥보드, 바닥재 등으로 인한 미끄러짐·넘어짐 사고가 8,314건(31.3%)으로 가장 많았으며, 책상, 침대 등의 부딪힘 사고는 5,706건으로 21.5%를 차지하였다. 다음으로 침대, 소파 등에서 추락하는 사고가 4,264건(16.1%), 목재문, 승용물 등에 눌리거나, 끼이는 사고가 2,105건(7.9%)으로 나타났다.

(7) 어린이 가정 내 안전사고 유형 분석

① 미끄러짐·넘어짐·부딪힘

어린이가 미끄러지거나 넘어지고 부딪히는 사고는 어린이 발달단계와 무관하게 가장 많이 발생하는 사고 유형이다.

표 12-8 어린이 미끄러짐·넘어짐·부딪힘 상위 위해품목 현황

[단위: 건, (%)]

주요 위해품목	중독사고
바닥재	13,607 (25.0)
거실가구	3,799 (7.0)
침실가구	3,654 (6.7)
놀이장비 및 액세서리	3,401 (6.3)
놀이터 시설	3,010 (5.5)
자전거	2,547 (4.7)

(계속)

주방가구	2,406	(4.4)
학생용 및 서재용 가구	2,314	(4.3)
문	1,963	(3.6)
교육, 연구기관 시설 및 서비스	1,824	(3.4)

출처: 한국소비자원, 2021.

성인에 비해 신체발달이 완전하지 않으며, 가정 내에서 뛰어다니기를 반복하고, 균형을 잡는 능력이 떨어지는 시기이므로 바닥 미끄럼 방지매트, 가구 모서리 보호대 등 충격 완화장치를 설치해 안전사고를 예방하고, 킥보드, 자전거 등의 놀이장비 사용 시 안전수칙과 보호장구 착용을 생활화해야 한다.

▶ 바닥재

- 2020년 1월 유○○(여, 만 2세)은 거실 목재마루재에서 넘어지며 TV장에 부딪혀 이마의 열상으로 치료받음

▶ 가구

- 2020년 3월 반○○(여, 만 2세)은 거실 소파에서 미끄러지며 바닥에 놓여 있던 장난감 레고에 부딪혀 머리의 열상으로 치료받음

▶ 놀이장비 및 액세서리

- 2020년 8월 강○○(남, 만 6세)은 내리막길에서 킥보드를 타고 내려가다 넘어져 이마의 부종으로 치료받음

② 추락사고

추락사고는 영아기와 걸음마기에 가장 많이 발생하는 사고 유형 중 하나로 다른 사고유형에 비해 비중이 매우 높게 나타난다.

표 12-9 어린이 추락사고 상위 위해품목 현황

[단위: 건, (%)]

주요 위해품목	중독사고	
침실가구	7,647	(34.9)
놀이터 시설	4,021	(18.3)
거실가구	2,534	(11.6)
유아용 가구	2,131	(9.7)
주방가구	1,364	(6.2)
기타 가구 및 가구부품	987	(4.5)
학생용 및 서재용 가구	969	(4.4)
상품진열 및 매장용 가구	226	(1.0)
완구	214	(1.0)
위생도기 및 욕실가구	163	(0.7)

어린이 추락사고를 일으키는 주요 품목은 침실가구, 놀이터 시설, 거실가구, 유아용 가구 순으로 나타나 주로 가구나 놀이터 시설에서 떨어져 다치는 것으로 나타났다. 영아기에 침대나 소파에서 추락하여 골절이나 타박상을 입는 사례가 많으므로, 침대 등에는 안전가드 설치, 바닥매트 등으로 충격 완화장치를 활용하여 위험한 행동이 일어나도 사고로 이어지지 않도록 안전한 환경을 제공해 주어야 한다.

▶ 가구

- 2020년 9월 박○○(남, 만 3세)은 이층침대의 2층에서 아래를 내려다보다 떨어져 머리에 뇌진탕을 입고 치료받음

▶ 놀이터 시설

- 2020년 7월 홍○○(남, 만 6세)은 아파트 놀이터 미끄럼틀에서 떨어지며 바닥에 부딪혀 팔꿈치의 타박상으로 치료받음

▶ 완구

- 2020년 8월 김○○(여, 만 1세)은 집 거실에서 장난감 말을 타고 놀던 중 바닥으로 떨어져 오른쪽 팔꿈치에 타박상을 입고 치료받음

그림 12-4 놀이터

③ 눌림 · 끼임 사고

어린이가 물건이나 시설 등에 끼이는 사고는 2016년부터 2018년까지 매년 감소 추세였다가 2019년 증가를 나타내고 있다.

표 12-10 어린이 눌림 · 끼임 사고 상위 위해품목 현황

[단위: 건, (%)]

주요 위해품목	눌림 · 끼임 사고	
문	3,914	(46.8)
기타 승용물	1,373	(16.4)
자전거	506	(6.0)
리프트 시설	467	(5.6)
침실가구	289	(3.5)
주방 가전	201	(2.4)
창틀	153	(1.8)
자물쇠 및 방범용품	121	(1.4)
놀이터 장비 및 용품	100	(1.2)

눌림·끼임 사고의 주요 위해품목은 문이 3,914건으로 절반가량을 차지하였고, 차량 문 등 기타 승용물이 14.6%, 자전거 6.0%, 엘리베이터 또는 에스컬레이터 등 리프트 시설 등의 순으로 나타났다.

가정의 방문에 손 끼임을 방지하는 고무나 문 닫힘 방지 안전보호대를 반드시 설치하고, 자동차나 엘리베이터 등에 탑승 시 보호자의 감독이 필요하고, 올바르게 사용하는 안전수칙에 대한 교육이 가정에서도 반드시 이루어져야 한다.

그림 12-5 엘리베이터

표 12-11 이물질 삼킴/흡인 주요 위해품목

[단위: 건, (%)]

주요 위해품목	이물질 삼킴/흡인	
완구	3,725	(45.1)
문구용품 및 학습용품	544	(6.6)
기타 생활용품	344	(4.2)
배터리, 전지 및 액세서리	328	(4.0)
서적·인쇄물 및 음반	324	(3.9)
모조보석 제품	253	(3.1)
곡류-콩류	231	(2.8)
가정용 청소 및 세탁용품	213	(2.6)
의약외품	199	(2.4)
빵(떡) 및 과자류-과자	160	(1.9)

보호자는 어린이가 호기심에 작은 완구나 구슬, 동전 등을 삼키거나 코나 귀에 넣는 사례가 많아 어린이 주변에 크기가 작은 물건을 두지 않고 장난감 구매 시 사용 권장 연령대를 반드시 확인하여야 한다.

▶ 완구

• 2020년 1월 박○○(여, 만 4세)은 우측 콧속에 지름 5mm 크기의 플라스틱 구슬이 들어가 이물로 치료받음

▶ 문구용품 및 학습용품

• 2020년 10월 김○○(남, 만 7세)은 가로 2cm, 세로 1cm의 자석을 삼켜 소화계통의 이물로 치료받음

▶ 동전 및 화폐

• 2020년 6월 김○○(남, 만 3세)은 500원짜리 동전을 삼켜 소화계통의 이물로 치료받음

④ 고온물질에 의한 위해

최근 5년간 어린이가 고온물질에 의해 화상 등을 입는 사고가 매년 평균 700건 이상 발생되고 있다.

표 12-12 고온물질로 인한 위해 주요 위해품목

[단위: 건, (%)]

주요 위해품목	고온물질로 인한 위해	
주방 가전	1,388	(41.9)
이미용 및 생활가전	503	(15.2)
식기, 접시 및 컵	498	(15.0)
취사도구	359	(10.8)
주방용구 및 용품	174	(5.3)
가정용 공구 및 용품	120	(3.6)
냉난방 및 계절가전	100	(3.0)
가정용 난방·환기용품	77	(2.3)
위생도기 및 욕실가구	52	(1.6)
각종 등(램프) 및 부품	43	(1.3)

전기압력밥솥, 정수기, 난방기구, 고데기 등 고온제품은 어린이 손이 닿지 않는 곳에 두고 사용 후 열기가 식을 때까지 지속적인 주의가 필요하며, 어린이가 함께 있는 장소에서는 사용을 금하는 것이 바람직하다.

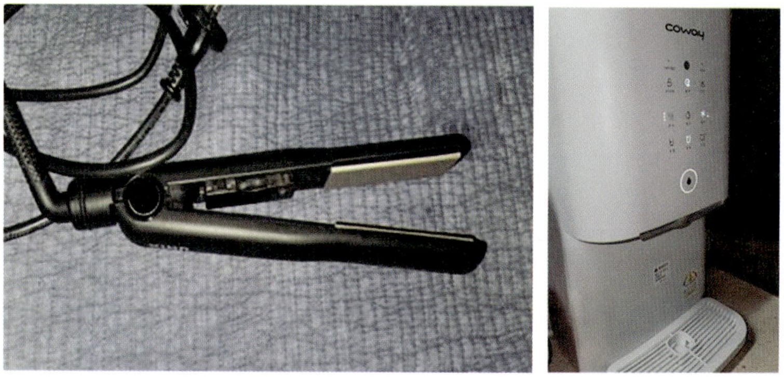

그림 12-6 고데기와 정수기

▶ 주방 가전

• 2020년 5월 김○○(여, 만 1세)은 자택 주방에서 전기밥솥에서 나오는 뜨거운 김에 데어 왼손에 1도 화상을, 손가락에 2도 화상을 입고 치료받음

▶ 이미용 및 생활가전

• 2020년 8월 정○○(여, 만 5세)은 자택에서 고데기에 데어 왼발등과 발바닥에 화상을 입고 치료받음

▶ 식기, 접시 및 컵

• 2020년 4월 김○○(남, 만 1세)은 커피포트의 뜨거운 물에 데어 얼굴에 1도 화상, 가슴 및 양 팔목에 2도 화상을 입고 치료받음

⑤ 중독사고

어린이가 약물 등에 중독 작용을 일으킨 위험사례는 2016년 62건에서 2020년 30건으로 큰 폭으로 감소하는 추세를 보이고 있다.

표 12-13 중독사고 주요 위해품목

[단위: 건, (%)]

주요 위해품목	중독사고	
의약품	90	(46.4)
의약외품	34	(17.5)
가정용 청소 및 세탁용품	27	(13.9)
외식-분식	8	(4.1)
가정용 난방·환기용품	7	(3.6)
주방용구 및 용품	7	(3.6)
방향용 화장품	6	(3.1)
손발톱용 화장품	5	(2.6)
완구	5	(2.6)
인체 세정용 화장품	5	(2.6)

보호자는 가정에서 의약품, 가정용 청소 및 세탁용품을 어린이의 눈에 띄지 않도록 별도의 장소에 보관하며 잠금장치가 있는 곳 또는 어린이들의 손이 닿지 않는 곳에 보관하는 것이 안전하다.

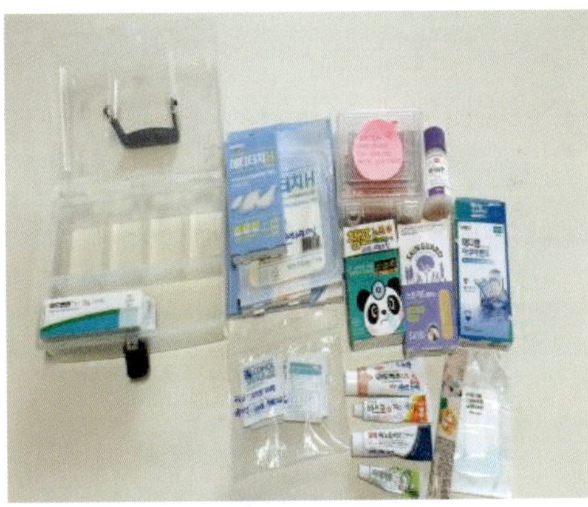

그림 12-7 가정용 의약품

CHAPTER 12

▶ 의약품

• 2020년 3월 박○○(남, 만 2세)은 가정에서 성인용 혈압약을 삼킨 후 약물중독으로 치료받음

▶ 의약외품

• 2020년 5월 김○○(남, 만 1세)은 손 소독제를 삼킨 후 전신의 화학물질중독으로 치료받음

▶ 가정용 청소 및 세탁용품

• 2020년 2월 서○○(여, 2개월)은 구연산을 삼켜 소화계통의 화학물질 중독으로 치료받음

⑥ 손 소독제에 의한 안전사고

2020년 국내 코로나19 감염병의 확산으로 인해 어린이 손 소독제 안전사고는 2020년에만 32건이 발생하였다. 손 소독제로 인한 안전사고가 주로 발생하는 장소는 주택이 28건으로 66.7%이며 이런 가게 등의 기타상업시설과 의료서비스시설이 각각 3건(7.1%), 쇼핑시설이 2건(4.8%) 등의 순으로 나타났다.

표 12-14 장소별 손 소독제 위해 현황

[단위: 건, (%)]

구 분	건수(비율)	
주택	28	(66.7)
기타 상업시설*	3	(7.1)
의료서비스시설	3	(7.1)
쇼핑시설	2	(4.8)
숙박 및 음식점	1	(2.4)
스포츠/레저시설	1	(2.4)
기타	4	(9.5)
합계	42	(100.0)

* 가게 등

손 소독제가 눈에 들어가 결막염 또는 안구손상이 19건으로 가장 많이 발생하였고, 손 소독제 삼킴사고로 인한 체내위험 이물질이 9건으로 절반 이상을 차지하였다. 보호자는 손 소독제에 대한 안전교육도 반드시 실시하여야 하며, 손 소독제에 대한 관리도 철저히 해야 한다.

▶ 손 소독제 안구 유입 사례

- 2020년 7월 정○○(남, 만 6세)은 가게에서 선반 위에 놓여 있는 손 소독제를 누르다가 눈에 튀어 각막에 화학화상이 발생하여 치료받음
- 2020년 9월 김○○(여, 만 2세)은 아파트 엘리베이터 안에서 손 소독제를 사용하다 눈에 튀어 안구 손상을 입고 치료받음

▶ 손 소독제 삼킴 사례

- 2019년 6월 장○○(남, 만 2세)은 손 소독제를 삼켜 소화계통의 장기손상을 입고 치료받음
- 2020년 12월 김○○(여, 만 4세)은 가정에서 손 소독제를 삼킨 후 목의 불편감과 복부 통증으로 치료받음

※ 손 소독제 안전사고 예방을 위한 주의사항

- 손 소독제 관련 어린이 교육
  - 손 소독제가 눈, 코, 입에 들어가면 위험하므로 조심스럽게 사용하고 장난을 치지 않는다.
  - 가정에서는 손 소독제보다는 물과 비누를 이용하여 손을 자주 씻도록 한다.
  - 엘리베이터 등 공공장소에 비치된 손 소독제를 사용할 경우 반드시 보호자 또는 주변 성인의 도움을 받도록 한다.
- 손 소독제 선택과 관리
  - 어린이가 있는 가정에서는 음료 또는 젤리로 오인하기 쉬운 용기, 캐릭터가 들어있거나 식품 향 등이 첨가되어 호기심을 자극할 수 있는 제품은 가급적 피한다.
  - 펌프형 제품은 분출구가 곡선으로 구부러진 제품을 선택하여 평평한 장소에 비치하고 노즐 내에 소독제가 굳지 않도록 깨끗이 관리한다.

- 손 소독제 사용 중 주의사항
  - 펌프형 제품은 눈높이 아래에 두고 천천히 부드럽게 눌러 사용한다.
  - 스프레이형 제품은 눈에서 멀리 떨어뜨려 사용한다.
  - 제품 도포 후 양손을 충분히 비벼 완전히 건조시키도록 한다.
  - 손 소독제 사용 직후에는 눈과 코, 입 등 얼굴을 만지지 않는다.
  - 화재의 위험이 있으므로 손 소독제 사용 직후에는 촛불을 켜거나 전기용품 등을 만지지 않는다.
- 손 소독제가 눈에 들어갔을 경우 응급처치 방법
  - 절대 눈을 비비거나 만지지 않는다.
  - 손 소독제가 들어간 눈의 방향으로 얼굴을 옆으로 기울이고 생리식염수 또는 물을 눈 안쪽에서 바깥쪽으로 부드럽게 흘려보낸다.
  - 응급처치 후 즉시 응급실 또는 안과에 내원하여 전문적 치료를 받는다.

PART 4

국가수준 교육과정과 안전교육

13 CHAPTER 국가수준의 교육과정과 안전교육의 실제

1 표준보육과정의 영역별 안전교육(제4차 어린이집 표준보육과정 누리과정 해설서, 2020)

어린이집 표준보육과정은 0~5세 영유아를 위한 국가수준의 보육과정이며 0~1세 보육과정, 2세 보육과정, 3~5세 누리과정으로 구성된다.

0~2세는 6가지 영역인 기본생활, 신체운동, 의사소통, 사회관계, 예술경험, 자연탐구에서 기본생활 '안전하게 생활하기' 목표를 포함하고 있으며, 3~5세 누리과정은 5가지 영역으로 신체운동・건강, 의사소통, 사회관계, 예술경험, 자연탐구에서 신체운동・건강 '안전하게 생활하기' 목표를 포함하고 있다.

표준보육과정 중 안전과 관련된 내용의 목표를 살펴보면 0~2세 보육과정에서는 '자신의 소중함을 알고, 건강하고 안전한 환경에서 즐겁게 생활한다.' 목표를 가지고 있고, 3~5세 누리과정에서는 '자신의 소중함을 알고, 건강하고 안전한 생활습관을 기른다.' 목표에 안전과 관련된 내용을 포함하고 있다.

표 13-1 영역별 내용

<table>
<tr><th>구분</th><th>기본생활</th><th>신체운동</th><th>의사소통</th><th>사회관계</th><th>예술경험</th><th>자연탐구</th></tr>
<tr><td rowspan="3">0~2세 영역별 내용</td><td>건강하게 생활하기</td><td>감각과 신체 인식하기</td><td>듣기와 말하기</td><td>나를 알고 존중하기</td><td>아름다움 찾아보기</td><td>탐구과정 즐기기</td></tr>
<tr><td>안전하게 생활하기</td><td>신체활동 즐기기</td><td>읽기와 쓰기에 관심 가지기</td><td>더불어 생활하기</td><td>창의적으로 표현하기</td><td>생활 속에서 탐구하기</td></tr>
<tr><td></td><td></td><td>책과 이야기 즐기기</td><td></td><td></td><td>자연과 더불어 살기</td></tr>
<tr><td rowspan="3">3~5세 영역별 내용 (누리과정)</td><td colspan="2">신체활동 즐기기</td><td>듣기와 말하기</td><td>나를 알고 존중하기</td><td>아름다움 찾아보기</td><td>탐구과정 즐기기</td></tr>
<tr><td colspan="2">건강하게 생활하기</td><td>읽기와 쓰기에 관심 가지기</td><td>더불어 생활하기</td><td>창의적으로 표현하기</td><td>생활 속에서 탐구하기</td></tr>
<tr><td colspan="2">안전하게 생활하기</td><td>책과 이야기 즐기기</td><td>사회에 관심 가지기</td><td>예술 감상하기</td><td>자연과 더불어 살기</td></tr>
</table>

표준보육과정은 영아가 건강하고 안전하게 생활할 수 있도록 돕는 것을 목표로 한다. 영아에게는 일상에서 환경의 변화에 적응하는 데 필요한 건강하고 안전한 생활을 지속적으로 경험하는 것이 중요하다. 또한 위험한 상황에 대처하는 방법들을 배울 수 있도록 지원해야 한다. 표준보육과정을 통해 영아는 자신의 소중함을 알게 되고, 건강하고 안전한 환경에서 즐겁게 생활하는 경험을 하며 건강한 사람으로 성장해 나간다(제4차 어린이집 표준보육과정).

표 13-2 표준보육과정 목표(안전 내용)

<table>
<tr><th>0~2세 보육과정</th><th>자신의 소중함을 알고, 건강하고 안전한 환경에서 즐겁게 생활한다.</th></tr>
<tr><th>3~5세 보육과정(누리과정)</th><th>자신의 소중함을 알고 건강하고 안전한 생활습관을 기른다.</th></tr>
<tr><td colspan="2">표준보육과정은 영유아가 자신의 소중함을 알고, 건강하고 안전하게 생활할 수 있도록 돕는 것을 목표로 함. 영유아는 놀이를 통해 몸을 마음껏 움직이며 자신의 감정과 욕구에 귀를 기울여 조절하는 경험을 함. 또한 영유아에게는 일상에서 환경의 변화에 적응하는 데 필요한 건강하고 안전한 생활을 지속적으로 경험하는 것이 중요함. 표준보육과정을 통해 영유아는 자신의 소중함을 알게 되고, 건강하고 안전한 환경에서 즐겁게 생활하는 경험을 하며 건강한 사람으로 성장해 나감</td></tr>
</table>

출처: 보건복지부(2020). 제4차 어린이집 표준보육과정 고시문.

2 0~1세, 2세 표준보육과정과 안전교육

0~1세 목표는 '건강하고 안전한 일상생활을 경험한다.'에서 영역별 안전교육 목표인 '안전한 일상생활을 경험한다.'로서 내용은 '안전한 상황에서 놀이하고, 생활한다, 안전한 상황에서 교통수단을 이용해 본다, 위험하다는 말에 주의한다.'를 포함하고 있다.

2세는 '건강하고 안전한 생활습관의 기초를 형성한다.'에서 영역별 안전교육 목표인 '안전한 생활습관의 기초를 형성한다.'로서 내용은 '일상에서 안전하게 놀이하고 생활한다. 교통수단을 안전하게 이용해 본다. 위험한 상황에 대처하는 방법을 경험한다.'를 포함하고 있다.

<table>
<tr><th colspan="2">구분</th><th>0~1세(기본생활>안전하게 생활하기)</th><th>2세(기본생활>안전하게 생활하기)</th></tr>
<tr><td colspan="2">영역별 목표</td><td>건강하고 안전한 일상생활을 경험한다.
• 안전한 일상생활을 경험한다.</td><td>건강하고 안전한 생활습관의 기초를 형성한다.
• 안전한 생활습관의 기초를 형성한다.</td></tr>
<tr><td rowspan="3">내용 범주</td><td rowspan="3">안전하게 생활하기</td><td>안전한 상황에서 놀이하고 생활한다.
• 0~1세 영아가 안전한 상황에서 놀이하고 생활하도록 하는 내용</td><td>일상에서 안전하게 놀이하고 생활한다.
• 2세 영아가 안전한 상황과 장소에서 놀이 및 일상생활을 하고 주변의 위험 요소에 주의를 기울이거나 이를 조심하여 안전하게 지내도록 하는 내용</td></tr>
<tr><td>안전한 상황에서 교통수단을 이용해 본다.
• 0~1세 영아가 차량으로 이동할 경우 안전장구를 착용하고 안전하게 이용하는 경험을 하도록 하는 내용</td><td>교통수단을 안전하게 이용해 본다.
• 2세 영아가 교통수단을 안전하게 이용해 보는 경험을 통해 교통수단의 위험을 인식하고 사고 위험으로부터 자신을 보호하는 안전습관의 기초를 형성하는 내용</td></tr>
<tr><td>위험하다는 말에 주의한다.
• 0~1세 영아가 위험하다는 말을 듣고 이에 반응을 보이며 주의할 수 있도록 하는 내용</td><td>위험한 상황에 대처하는 방법을 경험한다.
• 2세 영아가 사고, 화재, 재난 등 위험한 상황에서 어른의 지시에 따라 대피하거나 대처하는 방법을 경험해보도록 함으로써 비상시 대처능력의 기초를 형성하는 내용</td></tr>
</table>

1) 교사 지도법

영유아기관에서 영아와 안전하게 생활하기 위하여 교사의 지도법은 다음과 같다(성미영 외, 2020).

- 안전 점검표에 따라 정기적으로 보육실 위험요인을 점검하고, 위험요소를 제거하거나 안전장치를 하여 보육환경을 조성한다.
- 놀이 중 안전사고를 예방하기 위하여 지속적으로 영아를 관찰하고, 놀이 규칙을 알려주어 영아가 위험한 행동을 하지 않도록 지도한다.
- 영아에게 응급상황이 발생하였을 경우 가족과 관련 기관에 재빨리 연락하고 적절한 조치를 취한다.
- 정기적으로 소방훈련, 교통안전교육, 실종·유괴 예방교육, 약물오남용 예방교육, 재난대비안전교육, 성폭력 예방교육 등을 실시한다.
- 영아가 길을 잃거나 낯선 사람을 따라가지 않도록 하고 자신의 몸을 소중히 여기도록 지도한다.
- 영아에게 응급상황이 발생했을 때 부모와 관련 기관에 재빨리 연락하고 적절한 조치를 한다.

2) 영아 실제

(1) 0~1세 '안전하게 생활하기 활동' 실제

내용범주	활동실제	사진
안전한 상황에서 놀이하고 생활한다.	ㅇㅇ이는 그림책을 보려고 책상 위에 올라 앉았으나 교사의 손을 잡고 내려와 바닥에서 책을 보았다. ㅇㅇ이는 안전한 상황에서 놀이하는 경험을 하였다.	

(계속)

안전한 상황에서 교통수단을 이용해 본다.	ㅇㅇ이는 어린이집 차량을 타기 위하여 선생님의 손을 잡고 자동차 발판을 밟으며 천천히 올라가서 의자에 바르게 앉았다.	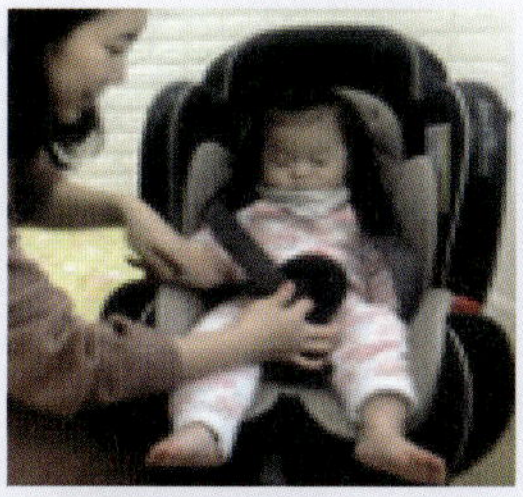
위험하다는 말에 주의한다.	ㅇㅇ이는 창밖을 보려고 자동차를 밟고 올라서서 두 팔로 몸을 지탱하며 발 끝에 힘을 주었다. 교사가 위험하다는 말에 주의를 기울였다.	

영아 경험 이해

- 아영이는 그림을 보려고 책장으로 가서 아래쪽 틀에 한 발을 올려보았다. 다른 쪽 발도 올리고, 양손으로 위쪽 틀을 잡아 **몸의 균형을 맞추었다.** 그러다가 교사의 **위험하다는 말에 주의를 기울였다.**
- 아영이는 그림책을 보려고 책상에 올라앉았으나 교사의 손을 잡고 내려와 바닥에서 책을 보았다. 아영이는 **안전한 상황에서 놀이**하는 경험을 하였다.
- 은혁이는 창밖을 보려고 자동차를 밟고 올라서서 **두 팔로 몸을 지탱하며 발끝에 힘을 주었다.** 교사가 쌓아놓은 매트를 창문 아래로 이동시켜주어 **안전한 상황에서** 창밖을 볼 수 있었다.
- 호윤이는 선반 위를 보려고 책장에 매달렸다. **안전하게** 볼 수 있도록 교사가 안아 올려주자 책장 선반이 아래로 보이는 **공간감을 경험했다.**

교사 지원

- **공간**
  - 영아의 대근육 발달을 고려하여 안전하게 활동할 수 있는 대근육 활동공간을 구성하였다.
- **자료**
  - 안전과 관련된 동화책, 그림 자료 등을 비치하여 영아가 관심을 보일 때 이를 탐색할 수 있도록 지원하였다.
- **상호작용**
  - 영아가 원하는 것에 공감해주고, 위험한 이유를 구체적으로 말해준 후, 안전하게 행동하는 대안을 제시하였다.
  - 부정어 대신 긍정어를 사용하고, 안전하게 행동한 영아를 격려해주는 긍정적 지도방법을 사용하였다.
  - "선생님이랑 같~이~ 선생님이랑 같~이~"와 같이 짧은 문장을 노래 부르듯 반복적으로 말하여 영아가 안전 규칙을 쉽게 인식할 수 있도록 지원하였다.
- **안전**
  - 영아가 생활하는 환경에 위험한 물건이 없도록 점검하고, 안전한 상황이 유지될 수 있도록 관리하였다.
  - 영아의 행동에 즉각적으로 위험을 알려 영아가 위험을 인식할 수 있도록 하였다.

자동차를 타던 은혁이가 창가에 멈춰 자동차를 밟고 올라서서 창밖을 본다.

교사: 은혁이가 창밖이 보고 싶구나~ 미끌미끌 바퀴가 있는 자동차 위에 올라가면 넘어질 수 있어. 여기 안전한 매트 위에 올라가서 보자.

은혁이는 매트 위에 올라가 창밖을 본다.

호윤이가 책장을 빙글빙글 돌고 있다.
하린이가 의자 위로 올라가 선반의 인형을 잡는다.
호윤이도 책장 난간을 밟고 올라서서 선반 속을 들여다본다.

교사: 호윤이도 이 위에 뭐가 있나 보고 싶구나?
책장에 매달리면 책장이 무너질 수도 있고, 네가 떨어질 수도 있어.
다칠 수 있으니까 내려와서, 선생님이랑 같이 뭐가 있나 보자.

호윤이가 교사에게 안긴다.
교사는 "선생님이랑 같~이~ 선생님이랑 같~이~ 보자."라고 노래 부르듯 말하며 호윤이를 안아 올린다.

출처: 보건복지부(2020). 제4차 어린이집 표준보육과정 해설서.

(2) 2세 '안전하게 생활하기 활동' 실제

내용범주	활동실제	사진
일상에서 안전하게 놀이하고 생활한다.	ㅇㅇ이가 큰 인형을 팔에 안고 이동을 한다. 앞이 보이지 않은 ㅇㅇ이에게 교사가 앞이 잘 보이지 않아 위험하다고 말하자 ㅇㅇ이는 큰 인형을 내려놓고 끌면서 이동을 한다.	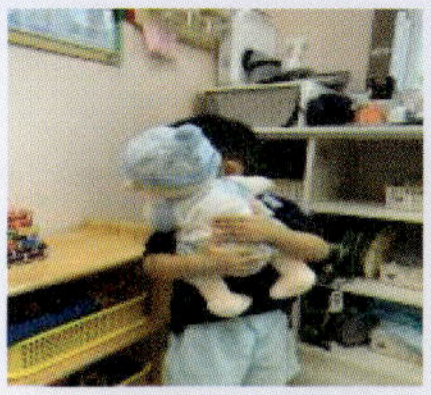 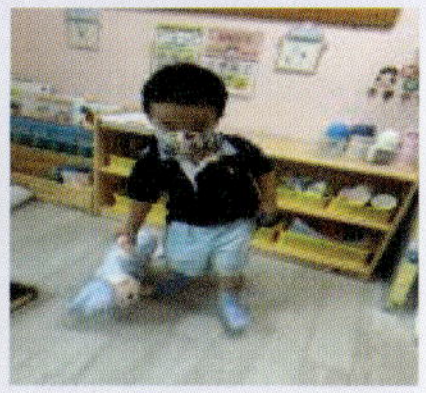
교통수단을 안전하게 이용해 본다.	견학을 가기 위해 ㅇㅇ이는 견학버스 의자에 앉았다. 교사가 카시트에 앉은 ㅇㅇ이의 카시트 착용을 도와준다.	 
위험한 상황에 대처하는 방법을 경험한다.	ㅇㅇ이는 바닥에 있는 책을 인식하지 못하고 밟고 지나려다가 교사의 말을 듣고 책을 책장에 정리하였다.	 

❹ 영아 경험의 실제	바닥을 살펴봐요.

준범이가 손잡이 북으로 줄에 달린 풍선 치기 놀이를 한다.

이윽고 손잡이 북을 내려놓고 점프하며 손으로 풍선을 잡는다.

교사: 준범아 손잡이 북이 바닥에 있네~ 준범이가 점프하다가 북 밟아서 넘어질 수 있겠다.

준범: (북을 잡으며) 집에 데려다줄래~

교사: 우와~ 준범이가 북 정리해주었네~ 이제 준범이 넘어지지 않고 신나게 놀이할 수 있겠다~

영아 경험 이해

· 유림이는 점토를 팔에 안고 이동하려고 하였다. 교사가 미끄러질까 위험하다고 말하자, 종이를 밟지 않으려고 **조심하며 옆으로 비켜섰다.**

· 건율이는 바닥에 있는 책을 의식하지 못하고 밟고 지나려다가, 위험하다는 교사의 말을 듣고 책을 집어서 책장에 갖다 넣는 **정리 행동**을 하였다.

· 준범이는 손잡이 북으로 천장에 매달린 풍선을 쳐보다가, 북을 내려놓고 몸의 균형을 잡은 후 점프하여 풍선을 건드려보고, 두 손을 뻗어 풍선을 잡아 보았다. **위험하다는 교사의 말을 관심 있게 들은 후** 북을 제자리에 가져다 두었다.

· 영아들은 위험하다는 교사의 말에 주의를 기울이고 이를 조심하여 **일상에서 안전하게 놀이하고 생활**하는 경험을 하였다.

교사 지원

• **공간 및 안전**

· 영아가 안전하게 신체활동을 할 수 있도록 보육실 내에 충분한 공간을 마련하였다.

· 놀잇감은 영아가 자유롭게 꺼내어 쓰고 스스로 정리할 수 있도록 개방된 교구장이나 바구니 등에 배치하였다.

· 사용하지 않는 놀잇감이 바닥에 많이 나와 있는 경우 이를 일부 정리하여 영아들이 밟고 미끄러지거나 걸려 넘어지는 안전사고가 발생하지 않도록 하였다.

• **상호작용**

· 영아가 위험 요소에 주의를 기울일 수 있도록 대상과 이유를 구체적으로 설명하였다.

· 위험 요인이 발견되는 경우 즉시 이를 제거해주거나 혹은 영아가 이를 피할 수 있도록 안내하였다.

출처: 교육부(2019). 개정 누리과정 해설서.

3 3~5세 누리과정과 안전교육

3~5세는 '실내외에서 신체활동을 즐기고, 건강하고 안전한 생활을 한다.'에서 영역별 안전교육 목표인 '안전한 생활 습관을 기른다.'로서 내용은 '일상에서 안전하게 놀이하고 생활한다. TV, 컴퓨터, 스마트폰 등을 바르게 사용한다. 교통안전 규칙을 지킨다. 안전사고, 화재, 재난, 학대, 유괴 등에 대처하는 방법을 경험한다.'를 포함하고 있다.

또한 유아가 안전하게 놀이하고 생활하며, 자주 접하는 TV, 컴퓨터, 스마트폰을 바르게 사용하고, 안전하게 다닐 수 있도록 교통안전 규칙을 지키며, 안전사고, 화재, 재난, 학대, 유괴 등의 위험한 일이 발생하였을 때 도움을 요청하거나 대처할 수 있는 방법을 경험하는 내용이다(교육부, 2018).

누리과정에서 '안전하게 생활하기' 내용은 유아가 안전하게 놀이하고 생활하며, 자주 접하는 TV, 스마트폰, 컴퓨터를 바르게 사용하고 안전하게 다닐 수 있도록 교통안전 규칙을 지키며, 안전사고, 화재, 재난, 학대, 유괴 등의 위험한 일이 발생하였을 때 도움을 요청하거나 대처할 수 있는 방법을 경험하는 내용을 포함하고 있다.

구분		3~5세(신체운동 · 건강 >안전하게 생활하기)
목표		실내외에서 신체활동을 즐기고, 건강하게 안전한 생활을 한다.
내용 범주	안전하게 생활하기	일상에서 안전하게 놀이하고 생활한다. • 유아가 일상에서 위험한 장소, 상황, 도구 등을 알고 안전한 놀이 방법과 놀이 규칙을 지키며 놀이하고 생활하는 내용
		TV, 컴퓨터 스마트폰 등을 바르게 사용한다. • 유아가 일상에서 자주 접하는 TV, 컴퓨터, 스마트폰 등을 필요한 상황에서 적절하게 사용하며, 바른 자세로 이용하는 내용
		교통안전 규칙을 지킨다. • 유아가 안전한 보행 및 도로 횡단, 교통기관의 안전한 이용 등 교통안전 규칙을 알고 실천하는 내용
		안전사고, 화재, 재난, 학대, 유괴 등에 대처하는 방법을 경험한다. • 유아가 안전사고, 화재, 재난, 학대, 유괴 등의 위험에 처한 상황을 알고, 주변에 도움을 요청하는 방법을 배우며, 평소 훈련에 따라 대피하는 연습을 하는 등의 안전교육과 관련된 내용

1) 교사 지도법

영유아기관에서 유아와 안전하게 생활하기 위하여 교사의 지도법은 다음과 같다(성미영 외, 2020).

- 안전점검표를 통해 실내, 실외 위험을 확인하고, 위험요인을 제거하여 안전한 보육활동을 제공한다.
- 유아가 안전 지식을 지니고 안전습관을 형성하고 안전기술을 습득할 수 있도록 안전교육을 정기적으로 실시한다.
- 유아는 운동능력과 지각 판단 능력이 미숙하기 때문에 놀이 상황에서 자신과 타인에게 위험이 되는 행동을 할 수 있다는 점을 고려하여 유아를 주의깊게 감독한다.
- 유아가 학대나 유괴, 성폭력이 무엇이며 어떻게 발생하는지를 알고 위험한 상황에서 적절하게 대처할 수 있도록 정기적, 반복적으로 지도한다.
- 정기적으로 소방훈련, 교통안전교육, 실종 및 유괴 예방교육, 약물오남용 예방교육, 재난대비안전교육, 성폭력 예방교육 등을 실시하고 유아가 안전교육의 중요성을 알고 교육에 적극적으로 참여하도록 격려한다.
- 교통수단의 이용에 따른 위험을 알고 안전하게 이용하도록 하며 차량보호장구의 중요성을 알고 착용하도록 한다.
- 유아에게 응급상황이 발생하였을 때 부모와 관련 기관에 재빨리 연락하여 적절한 조치를 취한다.

2) 유아 실제

(1) 3~5세 '안전하게 생활하기 활동' 실제

내용범주	활동실제	사진
일상에서 안전하게 놀이하고 생활한다.	한 유아가 미끄럼틀을 타고 내려오려고 한다. 다른 유아가 미끄럼틀 아래서 바라보다가 올라가려고 한다. 이때 미끄럼틀을 타고 내려오던 유아가 "비켜, 다쳐!" 하고 큰소리로 외친다. 이 모습을 본 교사는 유아들에게 안전하게 미끄럼틀을 타기 위한 약속을 정하자고 제안한다.	 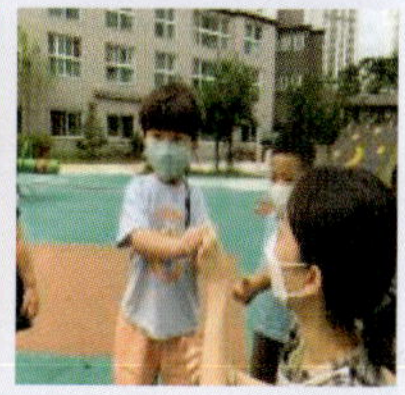
TV, 컴퓨터, 스마트폰 등을 바르게 사용한다.	유아들이 색종이를 반으로 접어 한면은 모니터를 그리고, 다른 한 면은 컴퓨터 자판 모양처럼 그린다. 다른 유아들에게 '나는 컴퓨터로 공룡에 대해 찾아보고 있어'라고 이야기하며 색종이 자판을 두드린다. 그리고 옆에 있던 친구에게 '같이 찾아볼래?'라고 말한다.	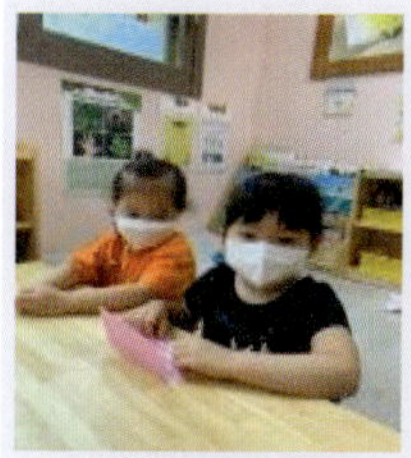 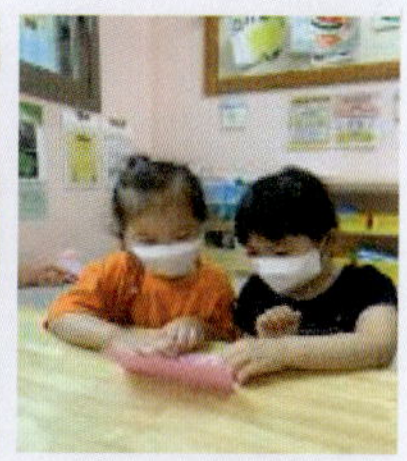
교통안전 규칙을 지킨다.	유아들이 종이벽돌을 연결하여 도로를 만들고 그 위에 교통표지판, 자동차를 일렬로 놓는다. 만들어진 길을 바라보다 팔이 움직이는 사람 모형 2개를 가지고 와 팔 한쪽을 반복적으로 들어 올리고 내리면 "조심히 지나가세요. 자동차들은 우리가 건너면 지나가요."라고 흥얼거린다.	 
안전사고, 화재, 재난, 학대, 유괴 등에 대처하는 방법을 경험한다.	화재경보기 소리와 함께 지진 대피 방송이 들리자 유아들은 재빨리 책상 아래와 벽 쪽으로 대피한다. 지진이 잠시 멈췄다는 안내 방송 후 유아들은 교사의 안내에 따라 침착하면서도 신속하게 바깥으로 대피한다.	 

CHAPTER 13

4 안전교육 계획안

안전교육계획안			
주제	놀이할 수 있어요.		
활동명	(재난) 불이 날 때 숨으면 안돼요. 선생님과 함께 대피해요.		
활동유형	이야기 나누기	대상연령	만 0~1세
교육목표	• 불이 났을 때 하면 안 되는 행동에 대해 안다. • 불이 났을 때 안전한 곳으로 피할 수 있다.		
표준보육	• 기본생활 - 안전하게 생활하기 - 위험하다는 말에 주의한다. • 의사소통 - 듣기와 말하기 - 표정, 몸짓, 말과 주변의 소리에 관심을 갖고 듣는다.		
활동자료	그림자료(화재 시 대피하는 모습, 불이 난 모습, 불 그림)		
단계	활 동 내 용	교사지원	
활동방법	**1. 불 그림을 보면서 영아들이 관심을 보이는지 관찰한다.**  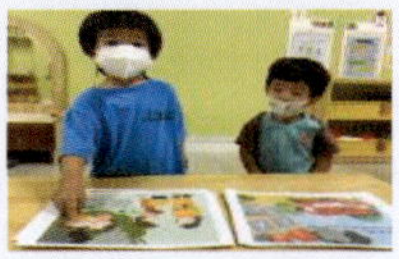 **2. 불 그림을 보며 관심을 가지면 영아들이 탐색해 볼 수 있도록 한다.** – 이건 무슨 그림일까요? – 불을 만지면 어떨까요? – 뜨거워요. 불은 절대 만지면 안 돼요. – 불이 나면 어떻게 해야 할까요? – 우리 소방대피 훈련처럼 선생님이랑 코랑 입을 막고 밖으로 나가야 해요.   **3. 불이 났을 때 안전하게 대피하는 방법의 그림을 보며 대피하는 방법에 대해 알아본다.** – 교실에 불이 났어요. 어떻게 할까요? – 책상 밑이나 화장실에 숨으면 안 돼요. – 보이지 않은 곳에 있으면 선생님이 도와줄 수 없어요. – 불이 나고 소리가 나면 놀라지 말고, 선생님과 함께 코랑 입을 막고 숙여서 밖으로 나가요. – 우리 한번 해볼까요?  	불 그림을 관찰할 수 있도록 영아들에게 제시하기 영아들이 표현해 볼 수 있도록 격려하기	
확장 놀이	교실에 불이 났을 때 방법을 부착해놓고, 역할놀이		

출처: 키드키즈(http://www.kidkids.net) 수정 · 보완.

<table>
<tr><th colspan="4">안전교육계획안</th></tr>
<tr><td>주제</td><td colspan="3">좋아하는 놀이가 있어요.</td></tr>
<tr><td>활동명</td><td colspan="3">(교통안전) 위험해요. 피하세요.</td></tr>
<tr><td>활동유형</td><td>이야기 나누기 (동화)</td><td>대상연령</td><td>만 2세</td></tr>
<tr><td>교육목표</td><td colspan="3">• 자동차, 자전거 등이 다가올 때 피해야 한다는 것을 안다.
• 안전한 행동과 위험한 행동에 대해 알 수 있다.</td></tr>
<tr><td>표준보육</td><td colspan="3">• 기본생활 - 안전하게 생활하기 - 위험하다는 말에 주의한다.
• 의사소통 - 책과 이야기 즐기기 - 책에 관심을 가진다.</td></tr>
<tr><td>활동자료</td><td colspan="3">동화(빵빵 피하세요. 따르릉 따르릉 비켜나세요)</td></tr>
<tr><td>단계</td><td colspan="2">활 동 내 용</td><td>교사지원</td></tr>
<tr><td>활동방법</td><td colspan="2">1. 안전교육 동화를 제공한 뒤 영아가 관심을 보이는지 관찰한다.

2. 영아가 동화에 관심을 보이면 탐색한다. (영아가 먼저 동화를 탐색할 수 있도록 한다.)
– (표지를 보며) 이건 무슨 책일까?
– (영아들이 탐색하면서 책을 볼 수 있도록 한다.) 어떤 그림들이 있을까?
– 어떤 이야기일까?

3. 교사와 함께 동화를 보며 이야기 나눈다.
– 자동차, 자전거의 경적이 울리면 어떻게 해야 할까요?
– 동화에 나오는 친구는 어떻게 했나요?
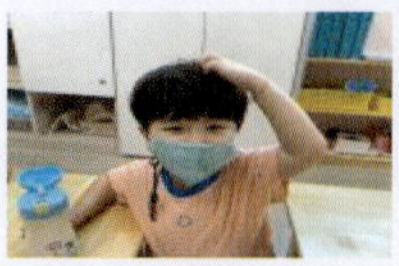 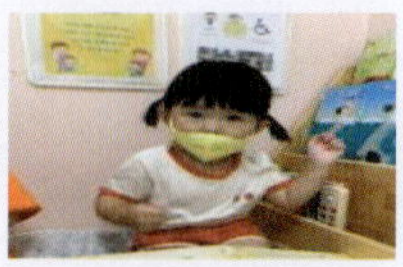
4. 동화를 듣고 난 후 안전한 행동과 위험한 행동에 대해 알아본다.
– 자동차의 경적 소리가 나면 어떻게 해야 할까요?
– 자전거나 자동차가 지나가면 어떻게 해야 할까요?
– 안전한 곳으로 피하고, 움직이지 말고, 그 자리에 서서 자동차, 자전거가 지나가기를 기다려야 해요.
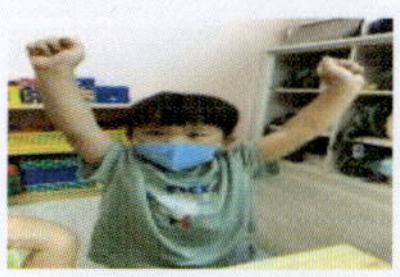 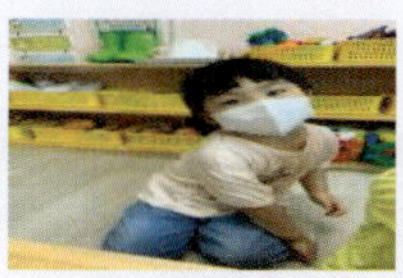</td><td>그림책을 관찰할 수 있도록 영아들에게 제시하기

영아들이 표현해 볼 수 있도록 격려하기</td></tr>
<tr><td>확장 놀이</td><td colspan="2">인형을 이용하여 자동차와 자전거의 움직임에 따라 어떻게 하면 좋은지 놀이하기</td><td></td></tr>
</table>

출처: 키드키즈(http://www.kidkids.net) 수정・보완.

CHAPTER 13

<table>
<tr><th colspan="4">안전교육계획안</th></tr>
<tr><td>주제</td><td colspan="3">환경과 생활</td></tr>
<tr><td>활동명</td><td colspan="3">(성폭력 및 아동학대) 몸도 마음도 소중해요.</td></tr>
<tr><td>활동유형</td><td>이야기 나누기</td><td>대상연령</td><td>만 3~5세</td></tr>
<tr><td>교육목표</td><td colspan="3">* 내 몸의 소중함을 알 수 있다.
* 내 몸을 스스로 보호하는 것에 관심을 가진다.</td></tr>
<tr><td>누리과정</td><td colspan="3">* 사회관계 - 더불어 생활하기 - 약속과 규칙의 필요성을 알고 지킨다.
* 사회관계 - 나를 알고 존중하기 - 나를 알고 소중히 여긴다.</td></tr>
<tr><td>활동자료</td><td colspan="3">애니메이션 (우린 모두 소중해 - 키드키즈)</td></tr>
<tr><td>단계</td><td colspan="2">활 동 내 용</td><td>교사지원</td></tr>
<tr><td>활동방법</td><td colspan="2">1. 나쁜 기분이나 느낌이 든 경험이 있는지 이야기 나눈다.
– 혹시 기분이 나쁘거나 느낌이 든 경험이 있었나요?

2. 누군가 우리 몸을 만지거나 볼 때 어떻게 해야 하는지 이야기 나눈다.
– 혹시 누군가 우리 몸을 만지거나 몸을 볼 때 어떻게 해야 할까요?
– 기분이 이상하거나 나쁘면 어떻게 이야기할까요?
– 그러면 이런 일을 누구에게 가장 먼저 알려야 할까요?

3. 내 몸을 보호하는 방법에 대해 이야기 한다.
– 소중한 나를 지키려면 어떻게 해야 할까요?
– 모르는 사람, 아는 사람이지만 부모님이 계시지 않을 때 맛있는 과자를 사준다거나, 강아지를 보러 가자고 할 때 어떻게 해야 할까요?
– 누군가 내 몸을 만지려고 할 때 어떻게 해야 할까요?
– 누군가가 내가 예쁘다고 안거나 뽀뽀하려고 할 때 어떻게 해야 할까요?
– 기분 나쁜 일이 있을 때 꼭 부모님, 선생님에게 이야기해야 한다는 것을 안내한다.
4. 나의 몸이 소중하다는 것을 이야기한다.
– 나의 몸은 멋지고 소중해요. 우리 스스로 칭찬을 해볼까요?
– 우리는 잘하는 것도 많고, 모두 소중해요.
– 스스로 몸을 안아주고 만져보면서 “많이 사랑해” 이야기해 보아요.
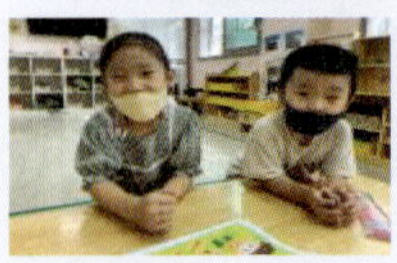 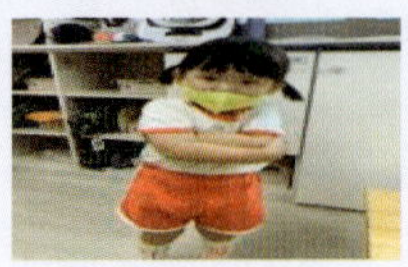</td><td></td></tr>
<tr><td>확장 놀이</td><td colspan="3">내 몸을 그리며 내 몸의 자랑거리 써보기</td></tr>
</table>

출처: 키드키즈(http://www.kidkids.net) 수정・보완.

유아와 함께 안전하게 놀이 계획안을 만들어 보세요.

학번, 이름:

날짜

▶ 놀이 활동을 위한 준비물, 방법, 교사의 지원 등을 만들어 보세요.

교사의 지원

참고문헌

강병권(2014). 실종/유괴에 대한 인식조사 결과보고서. 초록우산 어린이재단 발간물.

강인숙, 오윤란, 황인주, 손명희(2020). 아동안전관리. 서울: 창지사.

과학기술정보통신부, 한국지능정보사회진흥원(2020). 2020년 스마트폰 과의존 실태조사.

곽은복(2008).

교육부(2019). 2019 개정 누리과정 놀이실행자료.

교육부, 경상남도교육청, 학교안전공제중앙회(2016). 학교안전교육 7대 표준안 유치원용.

교육부, 보건복지부(2016). 유치원, 어린이집 아동학대조기발견 및 관리・대응 매뉴얼.

구경선, 김태임, 서영희, 홍은숙(2015). 아동안전관리 2판. 경기: 정민사.

국가기술표준원(2021). 생활용품-어린이보호포장(https://www.kats.go.kr/content.do?cmsid=52). (2021.07.01.).

국가법령정보센터(2021)(https://www.law.go.kr/LSW/main.html).

국민안전처(www.mpss.go.kr).

국민안전처(2016). 생애주기별 안전교육 길잡이 지도서(1권).

국민재난안전포털. https://www.safekorea.go.kr.

권덕수, 김애란, 김지영, 우민정, 한진원(2020). 아동안전관리(3판). 경기: 정민사.

기상청(www.kma.go.kr).

김병록(2008). 실종사건 대처방안에 관한 연구. 한세대학교 경찰법무대학원 석사학위논문.

김일옥(2018). 아동안전관리. 경기: 양서원.

김종호(2013). 아동청소년 실종 관련 제도 고찰 및 개선방안. 순천향대학교 법과학대학원 석사학위논문.

김현자, 김성은, 강경민(2020). 영유아 안전교육. 경기: 공동체.

도로교통공단(http://cyedu.koroad.or.kr).

도로교통공단, 어린이통학버스 교통안전(https://www.koroad.or.kr/kp_web/knchildrenBusSafety.do).

박상균(2009). 아동실종 예방을 위한 안전교육실태. 용인대학교 대학원 석사학위논문.

박혜란(2008). 유아 유괴 예방 프로그램 효과 연구. 성균관대학교 대학원 석사학위논문.

법무부(2016). 아동학대 없는 행복한 사회.

보건복지부(2020). 제4차 어린이집 표준보육과정 해설서.

________(2020). 「코로나바이러스감염증-19」 유행대비 어린이집용 대응 지침 Ⅶ-1판.

_________(2020). 고농도 미세먼지・오존 대응매뉴얼(어린이집용).

_________(2020). 보육사업안내.

_________(2020). 제4차 어린이집 표준보육과정 고시문.

보건복지부, 식품의약품안전청, 한국의약품안전관리원, 건강보험공간, 건강보험심사평가원 (2012). 소비자를 위한 안전상비의약품.

보건복지부, 한국보육진흥원(2020). 어린이집 평가 매뉴얼.

보육사업안내(2020). 보건복지부.

부산시교육청(2014). 유치원 안전교육 교수-학습지도 매뉴얼.

부산유아교육진흥원(2020). 유치원 평가 매뉴얼.

성미영, 민미희, 정현심(2020). 4차 표준보육과정 반영한 아동안전관리. 서울: 학지사.

소방청(2020). 2019년도 화재통계연감.

스마트쉼센터. https://www.iapc.or.kr/kor/index.do(2021.07.01.).

시사매거진(2020.03.05). 영유아 디지털 미디어 중독에 빠지다(http://www.sisamagazine.co.kr/news/articleView.html?idxno=314377).

신상도, 윤선화, 정윤경, 이경선(2011). 영유아 및 아동을 위한 응급처치 매뉴얼. 한국생활안전연합.

심윤희, 김용희, 황혜경, 김보영, 이희현, 이미란(2018). 영유아교육기관에서의 안전교육. 경기: 파워북.

안전Dream 아동・여성・장애인 경찰지원센터(http://www.safe182.go.kr).

어린이경찰청(http://www.police.go.kr).

어린이안전학교(2021). 약물 및 사이버안전(http://www.go119.org/_sub03/sub07.asp)(2021.07.01.).

어린이집안전공제회(2021). 2021 어린이집 보육교직원 안전교육 심화과정.

엄세진, 이해정, 윤정진, 강현영, 서현아, 좌승화(2020). 아동안전관리. 경기: 공동체.

오주현, 박용완(2019). 영유아의 스마트 미디어 사용 실태 및 부모 인식 분석. 육아정책연구, 13(3), 3-26.

윤선화(2012). 유아교육기관에서 발생하는 유아교사의 안전사고 실태. 육아지원연구, 7(2). 103-124.

이성한, 김경승, 김미진, 변수정, 이윤정, 하연희(2020). 아동안전관리 2판. 서울: 창지사.

참고문헌

이영환, 고선옥, 김경신, 김정희, 이수재(2020). 아동안전관리. 서울: 창지사.

이혜정, 임미혜(2020). 아동안전관리. 경기: 양성원.

인천광역시 교육청(2015). 교사 학부모를 위한 성폭력예방 가이드북(초등).

정승희(2014). 영유아교육기관에서의 효율적 화재안전교육 프로그램 개발. 서울과학기술대학교 일반대학원 석사학위논문.

정재경, 이봉자, 이순애, 이현아, 최지현, 현혜정(2017). 아동안전관리. 서울: 동문사.

조경자, 이현숙(2019). 영유아 안전관리와 교육. 서울: 학지사.

조희연, 조경자, 김진선, 정동희(2011). 놀이안전교육. 서울: 동문사.

채수미(2015). 약물오남용의 실태와 개선방안. 보건복지포럼, 228(1). 66-76.

파이낸셜뉴스(2020.12.17). 어린이시설 종사자 77만명, 年 4시간 이상 '안전교육' 의무화.

키즈현대(https://kids.hyundai.com).

학교안전공제중앙회(www.ssif.or.kr).

한국성폭력상담소. 2019년 한국성폭력상담소 상담통계 분석(2020.3.4.).

한국소비자원(www.kca.go.kr)

한국소비자원(2020). 2019년 어린이 안전사고 동향 분석. 위해정보국 위해예방팀.

한국소비자원(2021). 2020년 어린이 안전사고 동향분석 결과. 위해정보국 위해예방팀.

한국소비자원(www.kca.go.kr).

한국아동안전관리교육협회(2003). 아동안전교육개론. 서울: 학문사.

한국아동청소년안전교육협회(2018). 학교안전교육. 경기: 공동체.

행정안전부, 동영상 교육자료－영유아기(http://kasem.safekorea.go.kr/ptl/fms/main.do?menu_pk=M012100&menu_key=form).

행정안전부(2019). 주민등록 인구현황 통계.

황현주, 신현정, 신희이, 이성복(2020). 아동안전관리. 서울: 창지사.

Babynews(2019). https://www.ibabynews.com/news/articleView.html?idxno=79309(2021.07.01.).

Berman, C., & Fromer, J.(1991). Teaching children about food: A teachers and activities guide. Paloalto, CA: BullPublishing Co.

Heinrich H. W., Petersen D., & Roos N. R.(1980). Industrial Accident Prevention: A Safety Management Approach(5th ed.). New York: McGraw-Hill.

REFERENCE

Hendricks, S. C. & Smith, C. J.(1996). Transforming Health Curriculum. In S. Bredekamp & T. Rosegrant(eds), Reaching Potential: Transforming Early Childhood Curriculum and Assesment(vol. 2). NAEYC.

Mickalide, & Angela D.(1994). Creating safer environments for children. Childhood Education. 70(5). 263-266.

Pixabay(https://pixabay.com/ko).

저자소개

■ **정재경**

계명대학교 유아교육대학원 유아교육전공(교육학 석사)
계명대학교 일반대학원 유아교육학과 박사수료
현) 대구과학대학교 아동청소년지도과 조교수
대구안전생활실천시민연합 사무처장
병무청 사회재난과 안전 강사
어린이집 안전공제회 보육교직원안전교육 기본, 심화과정 강사

■ **송민서**

성균관대학교 일반대학원 아동청소년학과(아동학전공)
경성대학교 유아교육학과 박사(교육학 박사)
현) 서영대학교 유아교육과 조교수

■ **이현아**

대구대학교 교육대학원 교육학과 유아교육전공(교육학 석사)
대구대학교 일반대학원 유아교육학과 박사수료
현) 대구과학대학교 유아교육과 조교수
한국유아교육학회 대경지회 이사

아동안전관리

초판 1쇄 인쇄 / 2021년 10월 20일
초판 1쇄 발행 / 2021년 10월 25일

•

공저자 / 정재경 · 송민서 · 이현아
발행인 / 이　중　수
발행처 / **동　문　사**

•

서울특별시 서대문구 홍제원 1길 12
(홍제동 137-8)
Tel : 02)736-3718(대), 736-3710, 3720
Fax : 02)736-3719
등록번호 : 제9-17호
가격 : 20,000원

•

ISBN : 979-11-6328-263-1(93370)
E-mail : dong736@naver.com
www.dongmunsa.com